夏老漫谈

夏书章行政学随笔（增订版）

中国行政管理学会
中国行政管理杂志社　编

中国人民大学出版社
·北京·

编　者　序

1919年1月20日出生的夏书章教授，即将迎来百岁华诞。

夏书章这个名字，是与中国行政管理学紧密联系在一起的，他的经历就是一部中国行政管理学"活的教科书"。夏书章教授的学术追求源于他探求民族复兴的家国情怀。怀揣"国家兴亡，匹夫有责"和"上医医国，其次医人"的抱负，他于国立中央大学（今南京大学）政治学系毕业后，在美国哈佛大学立陶行政学院（今肯尼迪政治学院）获得专业硕士学位，自1947年起在中山大学任教。他为中国行政管理学科的重建、发展做出了卓越贡献，是改革开放后第一个发文呼吁重建行政管理学学科的人，是行政管理学恢复过程中编写出第一本《行政管理学》教科书的人，是第一位出版行政学专著的人，也是中国第一个倡导引入MPA学位教育的学者，被誉为"中国行政管理学界的泰斗"和"中国MPA之父"。

夏书章教授被公认为中国特色社会主义行政管理学的主要奠基人和开拓者，他把自己一生的热情和心血都倾注到中国行政管理学学科的建设和发展的事业中。"文化大革命"结束后，在邓小平同志拨乱反正、号召政治学等学科"赶快补课"之际，夏老一马当先，以过人的胆识和学识，于1982年1月29

日在《人民日报》上发文呼吁："把行政学的研究提上日程是时候了"。从那时起，夏老始终站在中国行政管理学的前沿。年过花甲的夏老先后编写出版了《行政管理学》《管理·伦理·法理》《管理·心理·医理》《人事管理》《行政学新论》等；古稀之年他写出了《"三国"智谋与现代管理》《〈孙子兵法〉与现代管理》《香港行政管理》《新加坡行（市）政管理》《小政府大社会之路》《市政学引论》《行政效率研究》等；耄耋之年，他仍然笔耕不辍，出版了《现代公共管理概论》《知识管理导论》《学林寄语序言集》《行政成本概论》等；年届期颐，他又接连出版了《夏书章自选集》《论实干兴邦》等论著。

夏书章教授也是中国行政管理学会的主要创建人之一。1984年8月，在国务院办公厅、劳动人事部召开的行政管理学研讨会上，夏书章教授呼吁成立全国性的行政管理学会。会后，他作为中国行政管理学会筹备组副组长，为学会的成立积极奔走、规划。1988年10月，中国行政管理学会正式成立。此后近30年，夏书章教授先后担任学会第一、二、三、四届副会长和第五、六届名誉会长，一直积极参与领导学会的各项事业，关注学会的发展。尽管年事已高，但每次开会他都尽可能地参加，每次参加都认真发言。万一不能到会，他总会认真地准备一个书面发言，郑重地委托参会人员宣读。我们从中可以体会到夏老作为行政学界的前辈、一名老知识分子，对学会、对学术事业的那份沉甸甸的情感和深深的关注之情。

《中国行政管理》杂志是中国行政管理学会主办的综合性学术月刊。夏老作为杂志的顾问，既"顾"又"问"，亦"引"亦"领"，为杂志的发展出谋划策、倾力支持。从2001年第一期起，年过八旬的夏书章教授开始在《中国行政管理》上开设"夏老漫谈"专栏，每月撰写短文1篇，每篇约800字，目前已经刊出200余篇。夏老以庄谐兼具的词锋、清新犀利的文风、敏锐深刻的视点，谈管理、说行政、讲改革、论现实，把自己关于行政管理学的学识与读者分享，使"夏老漫谈"专栏成为《中国行政管理》杂志一道独特亮丽的风景线，为刊物增添异彩。2009年，逢夏书章教授90岁华诞，中国行政管理杂志社编选了"夏老漫谈"专栏中100篇隽永的短文，于2010年结集出版了《夏老漫谈——夏书章行政学随笔》。今年，在祝贺夏老的百岁华诞之际，中国行政管理学会和中国行政管理杂志社组织力量，重新编辑了《夏老漫谈——夏书章行政学随笔（增订版）》。增订版不仅增加了近100篇文章，而且在中国特色社会主义进入新时代的历史背景下，依照国家治理体系和实践进展及中国行政管理的学科发展，在专题框架方面也做了新的设计和编排。希望这本书也能成为对这个伟大变革时代的一种记录。

"高山仰止，景行行止。"夏老对中国行政管理学科的建设和发展做出了巨大贡献。木铎起而千里"书"，席珍流则万世"章"。我们热爱夏老，敬仰夏老。在夏书章教授百岁华诞之际，谨以此书献给夏老，献给正在为中国行政管理学学科发展做出不懈努力和贡献的同人们，以表达我们的崇高敬意！

中国行政管理学会
中国行政管理杂志社
2017年12月8日

目　录

卷首语　全球合作治理：中国梦与人类梦/1

卷一　传统文化中的公共管理智慧

中国传统优劣明，国治邦安睦诸邻，传优存善知弃取，统筹兼顾保太平。

百年回顾/17	五行有水/19
读陆游诗/21	汉字猜想/23
王婆卖瓜/25	道在屎溺/27
大禹治水/29	读《书》有感/31
古文今读/33	孟子新闻/35
趋吉避凶/37	乡音无改/39
及时到位/41	取用之间/43
为"公"立"功"/45	见怪不怪/47
雪泥鸿爪/49	简称趣谈/51
顾此失彼/53	桥路相连/55
议巧克力/57	应该讲理/59
前人之言/61	

卷二　当代治国理政中的行政学内涵

"行政的实质在于'行'，或者说行政的要害、关键、精髓与根本在于'行'"。

依法行政/65	科教兴国/67

依法治国/69　　　　　以德治国/71

小平永在/73　　　　　造福一方/75

公共服务/77　　　　　制度重要/79

行政成本/81　　　　　必反可防/83

行政区划/85　　　　　和谐社会/87

议老龄化/89　　　　　齐抓共管/91

赞"十不让"/93　　　　花甲大庆/95

六五三十/97　　　　　三十加六/99

职、责、质、值/101　　国情教育/103

公职吃香/105　　　　　四菜一汤/107

世博主题/109　　　　　动态管理/111

大可对比/113　　　　　就是要比/115

节水目标/117　　　　　旧话重提/119

四大"绝招"/121　　　合作治理/123

打铁趁热/125　　　　　简政放权/127

必须查明/129　　　　　天津新城/131

汉语重数/133

卷三　社政评点与公共价值

　　在公共领域合作的双方或各方，都应当是一心为公的。既要体现一般的"我为人人，人人为我"的合作精神，也必须坚守公正合理、平等互利的合作原则。

不可自外/137　　　　　再谈自外/139

太不像话/141　　　　　夸佛山市/143

"空调"之弊/145　　　　赞"三绝招"/147

北京户口/149	喜见转变/151
苏州近事/153	再谈副职/155
润扬大桥/157	投资浪费/159
十件大事/161	大有希望/163
义乌现象/165	青藏铁路/167
"中式"装修/169	"中式"奢侈/171
暴殄天物/173	闲话单车/175
再说单车/177	去汽车化/179
市民素质/181	创新能力/183
重在治本/185	堵住赌注/187
森林面积/189	说普通话/191
病从口入/193	狠抓教育/195
一氧化碳/197	经济责任/199
今昔对比/201	

卷四 中国问题与本土话语

曾经有人建议建立中国特色社会主义行政管理学流派，我认为如果能真正和确实做到这一点，那就相当值得自豪了。

事出有因/205	官邪败国/207
官僚作风/209	必须严实/211
怒批懒政/213	贪腐嘴脸/215
海绵城市/218	不要"鬼城"/220
再说"鬼城"/222	县长助理/224
副秘书长/226	行政科长/228
更名杂议/230	政绩工程/232

"城管"火好/234	反腐治庸/236
正本清源/238	当凭绩效/240
谈弃票权/242	流未必失/244
综合实力/246	人才难得/248
公车改革/250	高效政府/252
坏事变好/254	蚯蚓工程/256
廉价政府/258	城市交通/260

卷五　全球治理与人类命运共同体

"人为万物之灵"，总不该让世界不文明下去。

当观后效/265	世界新桥/267
花费惊人/269	内外一体/271
语言问题/273	误判有因/275
全球治理/277	短讯传真/279
应当研究/281	以邻为鉴/283
孔子学院/285	德媒报道/287

卷六　学术生态与公共情怀

我们的学科体制、教育体制，都需要改革，如果保守的话，那会产生不利的影响。

官与非官/291	勿乱封官/293
政府学院/295	智力投资/297
游戏规则/299	填表重负/301
案例教学/303	案例大赛/305
学术腐败/307	实事求是/309

哲学该热/311	大势所趋/313
性别平等/315	文盲代价/317
误译当纠/319	勿轻汉语/321
"热"则不"难"/323	赶快补课/325
经常提醒/327	学科盛会/329

卷七　治学箴言与人生寄语

　　做学问一定要认识到自己的渺小与不足，不断地读书、充电和加油。我从来不同意"人到中年万事休""七十老翁何所求"这类的说法，只要一息尚存，我就会在学术道路上继续前行。

敬用五事/333	九项能力/335
听言观行/337	说话算数/339
贵在有方/341	数贵切实/343
勇改积习/345	从"头"做起/347
预为之计/349	争分夺秒/351
学以致用/353	冷静思"考"/355
走路行为/357	亲笔签名/359
繁简之间/361	烦繁拣简/363
简未必易/365	业余阅读/367
关注睡眠/369	完人无过/371
应当小心/373	新年旧话/375
自食其果/377	时间宝贵/379
姚明送书/381	说中山装/383
读报偶议/385	不拘小节/387

新、行、醒、信/389　　太离谱了/391

星座歧视/393　　　读一封信/395

严厉警告/397　　　前事不忘/399

旁观者清/401　　　吃动平衡/403

半世纪后/405　　　开学感言/407

旧闻杂忆/409　　　时间问题/411

执迷不悟/413　　　老当益壮/415

勤工俭学/417　　　车祸背后/419

一项民调/421　　　老兵新愿/423

编后记/425

卷首语

全球合作治理：中国梦与人类梦

中国梦是热门话题

最近一个时期以来，在中国和世界范围内，中国梦已成为被讨论和提及频率很高的热门话题。揆其原因，主要在内外两个方面。一方面，对内来看，中国梦所期待实现的是国家富强、民族振兴和人民幸福。在较短的历史时期内，国家得到较快的发展。中国特色社会主义小康社会已在眼前，国际地位也已显著提高。中国当然还要继续前进，那么，中国梦要进入的究竟是一种什么境界呢？最好的说明莫如按三个层次、十二个要点，每个要点两个字来表达。首先是国家层次，要富强、民主、文明、和谐。其次是社会层次，要自由、平等、公正、法治。最后是个人层次，要爱国、敬业、诚信、友善。这十二个要点是关系密切和缺一不可的整体，并且每个要点都具有丰富的内涵。例如，只讲富强不顾民主不行，文明既有物质文明也有精神文明，等等，其余依此类推。因此，中国梦是中国人民的好梦、美梦，在国内成为热门话题是非常自然的，还会一直热下去。

另一方面，世界各国和地区人民面对作为文明古国和新兴大国的中国的发展状况不可能熟视无睹或者无动于衷。尤其是在经济全球化趋势日益明显和信息技术空前发达的今天，中国的巨大变化已给世人留下深刻印象。曾被形容为"一穷二白"

· 1 ·

"东亚病夫"的中国，怎么很快就变成世界第二大经济体和体育强国？人们也在议论当前中国对世界的贡献和影响，但真的有可能"中国打一个喷嚏，世界就感冒"[①]吗？诸如此类的报道不一而足。所以关于何为中国梦的问题成为世人共同感兴趣的热门话题，是完全可以理解的。

类似话题由来已久

现在所讲的中国梦虽然是刚提出不久的崭新话题，但是类似的话题实际上早已出现即由来已久。说类似指的是不一定带有梦字的各种设想或指望，例如各种政治、社会、文化、宗教等团体，无不标榜其宗旨、原则、信条之类，要求其全体成员去努力做出贡献和严格遵守。在学术研究中，在这方面曾有许多专著和形成学派的例证。值得和应该注意的是：无论什么梦想都离不开特定的历史环境和时代背景，正如任何归宿都有其出发点一样。以下仍试从内外两方面来略予说明：

先说国外，西方古典名著像柏拉图的《理想国》（或译《国家篇》《共和国》），就是关于国家的梦想，尽管强调理性统治，却是强化奴隶制国家统治的方案。又如英国莫尔著的《乌托邦》一书，原书名很长——《关于最完美的国家制度和乌托邦新岛的既有益又有趣的全书》（乌托邦原是拉丁语"utopia"的音译，恰好也是"乌有之乡"的意思），但明白无误地表明了原是一场虚构的空想。书中主张废除私有财产，实行公有制、按需分配等，可是经济基础是农业和手工业，仍保留奴隶等，因而只能算是欧洲第一部影响较大的空想社会主义著作

---

① 参考消息，2013-07-26.

了。到了近现代,也有以国家命名的梦,"美国梦"便是美国总统奥巴马频繁提到的一个,他警告:"美国梦有沦为'神话'的危险。"①

再说国内,在中国的许多古籍中,对于如何修身、齐家、治国、平天下,处理好公共与人际如君臣、父子、夫妇等关系提出了许多要求和希望。比较集中谈关于理想国家的,莫如《礼记》中的《礼运》篇,即"大道之行也,天下为公。选贤与能,讲信修睦,故人不独亲其亲,不独子其子,使老有所终,壮有所用,幼有所长,矜寡孤独废疾者,皆有所养。男有分,女有归。货恶其弃于地也,不必藏于己;力恶其不出于身也,不必为己。是故谋闭而不兴,盗窃乱贼而不作,故外户而不闭,是谓大同",描绘了大同社会的全景。该篇还有从小康进入大同的设计,孙中山颇为欣赏,曾亲笔抄录全文,并单独题写"天下为公"四个大字。此外,历代不少爱国诗文也提到过"中国梦"。不过,现在的中国梦是在另一种历史条件下提出的,那就是19世纪40年代鸦片战争以后,世界列强侵略中国,使中华民族大受屈辱,经过长期抗争,中国终于在中国共产党领导下建设中国特色社会主义,开始和平崛起。中国梦即将在这个基础上走向未来。

中国梦也是人类梦

这里说中国梦也是人类梦,绝对不是随便把自己的主观愿望强加于人,而是完全以事实真相为依据,做客观理性分析的结果。前面在谈到中国梦是热门话题时,已经涉及国外的有关

---

① 参考消息,2013-07-26。

议论及其引发的联想。正是因为存在这种情况，关于全人类发展前途问题便顺势而来。有问题就需要做出有针对性和使问题得到解决的回答。以下是可以和应该考虑的几个重要方面：

一是思前想后。凡是正常、健康的人都有相当的思维能力和活动。思前想后有两层意思：其一是对自己包括家庭和所在国家等的过去、现在和未来的想法；其二是与旁人及其国家等的比较，是勇往直前还是自甘落后。在中国梦面前，思想会有所触动。

二是观左察右。这也有两层意思：其一是方位如左邻右舍，即别人的有关情况，可以进行对比、参照、借鉴、仿效，像国际上某些国家的维新、变法之类事件；其二是发展过程急躁冒进可能谓之为"左"，而保守后退甚至有反动迹象，则常以"右"来形容。中国梦也要警惕这两种倾向，过去的经验教训都是众所周知的。

三是分清虚实。同样有主客之分，对自己应心中有数，保持清醒。既不打肿脸来充胖子搞虚张声势，也要或者说更要实事求是地提升相应的实力。对别人则须力求有全面和深入的了解，在打交道中避免虚应故事，贵能落到实处。中国梦中"空谈误国，实干兴邦"的警语是中国人民应牢牢记取和借以共勉的。

四是辨明真伪。对人对己都要去伪存真。所谓自欺欺人，其实是只会自食其果，欺人未必得逞。有人搞两套标准，结果是"西洋镜"被彻底揭穿，使人看到自由平等也有真假之分。"国际接轨""游戏规则"若有人操纵会变成圈套、陷阱。中国梦强调的诚信值得重视。

五是各有特色。许多事既有共性又有个性。说中国梦也是人类梦并不是说二者一模一样，而是实质相同、各有特色。这才符合世界多元化的本来面貌。特色是个性（国情）的反映，共性要结合个性发展，否则不服水土。毛泽东思想与中国特色社会主义理论体系，正是马克思主义的普遍真理本土化的杰出结晶。

平等互利，同舟共济

有一种叫"同床异梦"的说法，那是指各人都有一个小算盘，只为自己的利益打算。志同道合则大不一样，常见现象如同声相应、同气相求、同心协力、殊途同归。同时会有一些不约而同、心照不宣的相互关系方面应予遵守和坚持的原则或信条。以下只是作为举例，试述几个基础性的要点。

首先是平等。这可不应仅仅是满足于口头说说、纸上写写，而必须使之见诸日常生活和实际行动。无论是人际关系还是国际关系，都应体现平等，没有歧视。要真正做到这一点，当然很不容易。但若对此确有共识，做不懈的努力去争取，改变局面和风气仍大有希望。例如"公仆"一词，长期以来在较多场合总是说得好听。"门难进，脸难看，话难听，事难办"的问题一定要改。"选举结束，恶政开始"的积弊又怎能容忍！这些无不饱含不平等的因素。至于大国小国、富国穷国、强国弱国之间，不平等的状况更显而易见。孙中山早就呼吁"联合世界上以平等待我之民族，共同奋斗"和"废除不平等条约"[①] 了。

其次是互利。这是最具体和最现实不过的事。倘能做到、

---

① 孙中山. 孙中山选集. 北京：人民出版社，1956：921.

做好，必将广受欢迎。反之，利己主义突出，损人利己无所顾忌，有时会发展到欺人太甚，令人难以忍受和引起公愤的程度。别人避之犹恐不及，自然不可能与你有共同语言和行动。侵略者、殖民主义者的嘴脸久已暴露无遗，人们看重的是结果。

最后是同舟必须共济。我们所同的"舟"有大有小，大到地球和宇宙空间。过去已演过和现在正在或今后还要演"同舟敌国"的悲、蠢、丑剧，表明人类在整体上尚未大彻大悟。本来，良性竞争是好事，更好和最好是能做到共襄和共享其成。西方学者理查德·哈斯在文章中提出"究竟有没有'国际社会'？"的问题和"根本没有什么'国际社会'"[1] 的论断。他认为，"一个原因是缺少让'世界'团结起来的机制。……其结果就是，世界比原本应该的更加混乱和危险。……无法达成共识"[2]。可见大家的关注和遗憾同时存在。

中国梦的环境要求

干什么都要从实际出发，都要面临环境问题，包括当时的环境和完成任务、达到目标需要怎样的环境。中国梦的形成、发展和实现，正是在一系列不同环境（包括历史的、现实的、未来的环境）中进行的，对环境的认识和态度显得非常重要，将在很大程度上关系或影响到工作顺利与否以及事业的成败。历史事实俱在，经验教训分明，对我们很有启发。

这里说的环境要求，既然主要是指要有对我们共同事业发展有利的环境，那么，在比较复杂的情况下，对大小具体环境是否有利进行分析、做出判断和决定应对之方等，实在

---

[1][2] 哈斯. 什么国际社会?. 参考消息，2013-07-29.

是对有关人员智能水平的严峻考验。回忆革命初期，环境非常恶劣、艰险。"星星之火，可以燎原"的希望虽有，但信心未必很足，敌对势力更将其讥为做白日梦。其实存在一个至关重要的因素，即人心的向背。人心所向就大大增强了革命胜利的信念。正是有这样的前提、背景和基础，无数人民英雄在正确领导之下大有用武之地，从而取得越来越大的胜利。否则便难以解释中国共产党如何从人数不多的小组成长为八千九百多万人的世界第一大党。新中国的变化也有目共睹，足见人心所向，力大无比，用"人心齐，泰山移"来描述似乎还不够。

中国梦的完全实现还有一段很长的路要走，让我们来考察一下现实环境。不用评功摆好，要十分留意保持可持续发展和发展得更好的事。面对已得到公认的世界第二大经济体和即将来临的小康社会，是不是应该认真看看继续前进的一些必要条件？毋庸讳言，有不少情况和问题很值得引起高度重视。如小富即安、贪腐成风、干部脱离群众、收入差距拉大、经济亟待转型、公款浪费惊人……不能列举无遗。可喜的是党和国家领导人已着手整顿，令人想起作为立党之本、执政之基、力量之源的"三个代表"重要思想。可不是吗？中国梦岂能淡忘（更不用说违背）中国先进生产力的发展要求、中国先进文化的前进方向和中国最广大人民的根本利益？经济、政治、社会、文化、生态文明建设是中国梦不可或缺的组成部分，我们还必须安不忘危、治不忘乱。记取内忧常与外患相伴。

和谐相安，和平共处

对国内和国际两个大环境的主要要求，经过综合考虑，可以分别集中为和谐相安与和平共处，二者都是"和为贵"的体现。而且和谐必可相安，和平才能共处，也是中国梦所期待的境界。再说当今全球化的趋势和局势，国内和国际的关系已很密切，即使国内能够和谐相安，若国际做不到和平共处，或者仅是闭关锁国、孤立独处，则将难以持久，更不用说什么广阔美好的前程远景了。

和谐是中国梦的要点之一。广义的和谐是在人际关系的和谐之外，还包括人与自然界之间关系的和谐。例如环境污染，从总体上来说可算得是很不明智的自作自受，但身受其害的常是广大群众。空气、水、土壤等被污染后的影响，就会引起有关人群的不安。此外，和谐社会是安定的社会，必须有效维持正常良好的社会秩序。这就离不开、少不了健全的法律体制和实行公正、严格的法治。自由平等和民主权利有法律保障，大家心情舒畅，才能真正共享和谐，从而同心协力，对国家富强、民族振兴、人民幸福的光辉事业更主动积极和充分发挥包括潜能在内的正能量。可见和谐与否，事关重大，不可掉以轻心。

关于和平共处，这本是在1920年苏俄粉碎帝国主义武装干涉后，列宁提出的处理国家关系的思想。我国政府坚持和发展了这一思想，于1954年与印度、缅甸共同倡导以和平共处五项原则为处理国家关系的基本准则：互相尊重领土主权（后改为互相尊重主权和领土完整）、互不侵犯、互不干涉内政、平等互利、和平共处。这已为许多国家所接受[①]。邓小平也曾

---

① 周恩来. 周恩来选集：下卷. 北京：人民出版社，1984：118.

在1985年提出和平和发展是当代世界的两大问题,强调中国的力量,是世界和平力量和发展的重要因素。时至今日,已30多年了,历史证明他说的完全是至理名言:"中国现在是维护世界和平和稳定的力量,不是破坏力量。中国发展得越强大,世界和平越靠得住。……中国最希望和平。"[1] 现在有那么一小撮人狂叫"中国威胁"是别有用心的,我们强军和要能打胜仗完全是为了自卫和维护世界和平。这与霸权主义者扩军备战的本质根本不同。试问:只许强盗挥刀,不让受害者有还手之力是什么逻辑? 也真是岂有此理!

中国梦的发展道路

建设中国特色社会主义是前无古人的事。这可要从20世纪中国三大伟人说起。第一个大伟人是孙中山。在推翻封建王朝的革命中,他功不可没。后来对他的三民主义做了新的解释,说民生主义就是共产主义,并正式宣布了联俄、联共、扶助农工的三大政策,与共产党进行了真诚的合作。他的遗言是:"革命尚未成功,同志仍须努力。"他的中国梦的粗线条框架大致如此。后来由于继承人的背叛,共产党人接过接力棒,在不长的历史时期内取得远远超过孙中山所预期的各方面的重大成就。

第二个大伟人是毛泽东。经过艰苦奋斗,中国人民赢得抗日战争和革命战争的胜利,开辟了中华人民共和国新纪元。"没有共产党就没有新中国"是举世周知的历史事实。在开国之初,百废待兴,又遇上了必须保家卫国的抗美援朝战争。尽管装备悬殊,但使侵略者不能得逞,使世人对新中国刮目相

---

[1] 邓小平. 邓小平文选:第3卷. 北京:人民出版社,1993:104.

看。后来成为联合国常任理事国、实现由美方主动的中美关系正常化等,标志着国际地位的明显提升。在国家发展前途方面,"只有社会主义才能救中国"的信念十分明确。可是没有经验也是事实。苏联的"样本"不可照抄,国情不同只有摸索前进。走点弯路、付点代价在所难免,经验教训均已——总结。苏联解体虽是后来的事,而毛泽东早有预感预见,则存在于人们的记忆之中。

第三个大伟人是拨乱反正、坚持改革开放的邓小平。在"文化大革命"结束以后,他主张改变闭关锁国状态、以社会主义市场经济代替原来的计划经济、试建经济特区、努力改革开放等,使世人和国人耳目一新。虽然他也因缺乏经验提出"摸着石头过河",但是建设中国特色社会主义的思路越来越明确。这一点至关重要,因为中国究竟要走什么样的社会主义道路和怎么走的问题终于得到科学合理、切合实际的回答。30多年的实践成效,充分证明这是完全对路的。

以人为本,全面协调

科学发展观的提出表明中国梦的发展道路既一脉相承又愈走愈明。科学发展观是在革命和建设长期实践过程中逐步形成的。其主要基本点有五:

一是必须坚持以人为本。这是发展中国特色社会主义的前提和基础,亦即发展的出发点和进行绩效评估的根本依据。因此,在各项工作中切忌见物而不见人。"事在人为"表明必须高度重视调动人的积极因素,以加强人们的向心力、凝聚力,对共同事业的发展全神贯注和全力以赴,并能创新挖潜。

二是一定要注意全面发展。无论是研究问题还是开展工作,都要力求避免片面性,防止孤立和畸形发展。事有轻重缓急,但不可没有整体观念而顾此失彼,甚至产生薄弱环节、空白和死角。否则将产生失策、失控、失衡和陷于被动的局面。尤其是领导者应当随时胸怀全局。

三是要强调协调发展。这是同全面发展联系在一起的。不协调便产生矛盾,若问题积压、矛盾激化,便影响顺利发展。因而必须经常摆正理顺各方面的关系,做好互相配合支持,统筹兼顾、和谐相处、和衷共济。

四是须保证能实现可持续发展。要高瞻远瞩,有长远的战略思维,以免难以为继。为维护健康的可持续发展,应保护好生态环境,合理和节约利用资源能源,杜绝浪费。还要针对可持续发展是否有利,进行改革创新,形成优势。

五是谋求经济社会的不断进步和人的全面发展。这是以人为本的必然回应和全面协调可持续发展的最终目的所在,也正是中国梦的活力源泉。可见在科学发展观的指引下,我们在前进的道路上必将越走越好,落实科学发展观关系到实现中国梦的全局和全过程。

中国梦的治理模式

说到治理模式,不能不涉及社会发展简史。作为历史产物的社会制度,一般被认为是社会的经济、政治、法律、文化等制度的总称,其基础是经济制度,并决定和反映了社会的性质和面貌。根据人类社会的不同发展阶段,通常分为原始公社制度、奴隶制度、封建制度、资本主义制度、共产主义及其初级阶段的社会主义制度,这些制度各有其相应的治理模式,也可能存在某些影响或遗留痕迹、烙印。

难以说清的应是原始公社制度下的治理模式。原因主要是过于久远，缺乏具体资料，有些论断出于推理未必反映真相。它也曾被称为原始共产主义制度，但与正在建设的中国特色社会主义不可同日而语，无法相提并论和等量齐观，所以其治理模式的现实意义不大。

在奴隶制度下，社会性质决定了治理模式。奴隶主的统治毫无人性。奴隶被视为等同于牲畜的私有财产。在治理过程中，表现为残酷、野蛮，令人发指。我们现在坚持以人为本，相形之下二者有如两个极端。不过仍应警惕，不要让古老的劣根性有再现余地。

封建制度在中国存在的时间较长，其治理模式所带来的思想、作风、方法、习惯等方面的影响也较广、较大。平时常听到的如"封建家长""封建思想""封建遗毒"之类，便属于这种影响的表现。尤其是公共管理领域，什么"官风""官派""官气""官腔""官样文章"等等，无一不是封建残余的表现。

接着是资本主义制度。在历史上，它比封建制度进步。其治理模式也确曾使人耳目一新。标榜自由平等和权力制衡，实行选举和法制。可是时间稍久，其虚伪性便逐渐、彻底大暴露。真戏假做、假戏真做都是假，多重标准、大耍花招欺不了人。本质不变只能换汤不换药，乔装打扮总免不了会露出原形。明白人都心中有数。

最后看看共产主义及其初级阶段的社会主义制度。根据客观的社会发展规律，这是人类社会的最高发展阶段。苏联解体不是因为这条规律失灵，而是因为其治理模式存在严重问题尤其是主其事者犯下无可救药的错误。中国特色社会主义制度在经风雨见世面中继续前进,不管别有用心的人怎样胡言乱语,一定要掌好治理模式这把舵。

理性共识,合作治理

中国梦是人民的梦。新中国和治理机构的名称都冠以"人民"二字,人民当家作主和为人民服务是进行治理的根本原则。在新中国成立后的计划经济时期,人们早已察觉政府有管不了、管不好的事。改革开放之初,邓小平深感过去长期忽视的政治、社会、法律等有关学科应赶紧补课。这与改善治理有直接和密切联系,如公共行政、社会管理和行政法等。

试以政治与行政为例,学科重建后很受重视,发展迅速。不久,教育部便分别在两所大学建政治学和行政管理两个重点研究基地。后者随后又改为中国公共管理研究中心,英语翻译(public administration) 照旧,其中有译名的历史原因。现在定公共管理为一级学科,行政管理为二级学科,不无中国特色。原来公共管理不仅是政府管理,而且其与非政府组织(non-government organization,NGO) 即第三方联合开展实质上是合作的管理。于是另有两所大学先后成立了 NGO 和合作治理研究机构。这很符合学科发展趋势,20 世纪 90 年代兴起互动管理自然导致互利合作,形成新的治理模式。

这里从应用学科角度粗略勾画其发展过程,意在阐明合作是历史潮流所向。马克思的社会合作思想我们应当好好学习[①],最近还有科学家发现合作使人类变得更加聪明[②]。中国

---

① 张铮,郭平. 科学认识马克思的社会合作思想. 光明日报,2012-02-05.
② 参考消息,2012-04-12.

有合作互助的传统,这是内在的一大优势,可以在实现中国梦中得到更好和充分发挥。在成语、格言中,有关的内容就不胜枚举,像"兄弟协力山成玉,父子同心土变金"之类不必说了,只将带有"人民群众"字样的酌举一些便可见一斑:"得人心者得天下""人多智广""民和年丰""民富国强""群策群力""群英荟萃""众擎易举""众志成城"等。真诚的通力合作应以理性共识为前提,中国梦已经完全具备这个条件。我们还由衷地期望与世界各国各地区人民一道达成以下共识:和平比战争好,合作比单干强。正如习近平同志经常强调的那样,我们必须走出一条和衷共济、合作共赢的新路子①。

---

① 习近平. 习近平谈治国理政. 北京:外文出版社,2014:250.

卷一　传统文化中的公共管理智慧

中国传统优劣明，国治邦安睦诸邻，传优存善知弃取，统筹兼顾保太平。

——夏书章

百年回顾

众所周知,《中国行政管理》是由国务院办公厅主管的中国行政管理学会主办的一份专业期刊,是为中国行政管理理论和实践的建设和发展服务的。作为学科或课程,过去较多注意引进情况。那虽然是必要的,但是"行政"一词在中国不仅古已有之,而且列入教育计划也已有百年历史,不应不知其事。

在这方面,北京大学的前身因地处清末首都还略早一两年,前不久已举行过纪念活动。这里且以中山大学的前身之一的广东公立法政学堂为例,就足以说明已果有百年。后者在废科举制后,于1905年由广东课吏馆改建,初办学制两年的速成科,很快就有学制四年的行政本科。在辛亥革命后的1912年改为广东公立法政专门学校,仍有学制四年的法律和政治经济两科。1923年,又改为广东公立法科大学。稍后便与另外两所高校合并成为孙中山创立的国立广东大学。孙中山逝世后为纪念创办人定名为中山大学。校名虽几经改变,但法科或法学院一直有包括行政课程在内的政治学系。在抗日战争以前,已开始与国外有关流行学科进行衔接。

在抗日战争时期,学校迁徙多次,法学院同其他院系一样,教学坚持未断，因此在抗战结束后得以胜利复员，很快复课。我于1947年秋应聘来校，约定负责三门课程即行政学、市政学和行政法。解放初进行课程改革，市政学不变，行政学改为行政组织与管理，行政法改为政策法令。1952年、1953年全国院系调整变化太大，政治学系连根拔去，有关课程自不待言。社会主义也有行政管理，何不进行学科改造和建设？直到1979年底，邓小平同志倡导改革开放，号召对政治学等学科赶紧补课，长期纳闷的事情才有转机。

从那个时候起，形势急转直下，学科发展，与时俱进。用一句话来概括，便是盛况空前。在作百年回顾之余，心情不能平静。抚今思昔，不胜感慨，又觉大好形势来之不易，更应珍惜现有基础，加倍努力、继往开来。在中国和平崛起的全过程中，公共管理、公共服务的地位和作用至关重要，政府管理更是首当其冲。公共管理人员首先是国家公务员队伍的综合素质亟待提高，当务之急在于全面加大创新力度，千方百计地采取一切得力、有效措施，改善教育和培训质量，互相密切配合，共享其成。

（原载《中国行政管理》2005年第1期）

五行有水

全世界的"汉学"家们,大概没有不知道中国自古就有"阴阳五行"之说的。除去用来搞封建迷信的部分,把金、木、水、火、土作为构成万物的物质元素是唯物主义的观点,其中以水居中的排列,有人认为并非偶然,还有排序为水、火、木、金、土的说法,水就居五行之首了。无论排在哪里,水都是必不可缺的。

也许由于古代水资源充足且得之较易,人们在日常生活中未太把它当一回事。如百姓常说的"开门七件事",只有"柴米油盐酱醋茶",或更简化为"柴米油盐",而不提水。出门也只叫"饱带干粮",水似乎到处都有,非常方便,似乎便"不屑"一提了。当然,在沙漠里活动和在海上航行需要另做准备,这是大家都知道的特殊情况。

水资源和水环境发生重大变化亦即恶化的情况是近现代的事,而且愈演愈烈,到了非采取有效对策不可的地步。工业发达了,科学发达了,这些本来是人类进步的标志,但是在发展过程中,人们却对水资源和水环境的保护没有给予应有的重视,甚至是长期忽视它们,致使水资源和水环境的破坏日益严重。人们这才领悟到水与生命、生活的不可分割的密切关系。

水缺不得，污水、毒水要不得。

水太多和来得太猛也不行。水灾给人类带来的损害有时大得惊人，防灾、减灾若不及时、得力，便将有无数的生命财产遭受损害，这样的灾害在历史上已有很多的记载。此外，在水的问题上，因争利避害而引发的械斗、战争也史不绝书，即便在当代社会中也时有所闻。

因此，关于水的议论在世界范围内日益增多是极其自然的。前面说到五行有水，看看汉字的结构蛮有意思，五个字的结构中都含有"人"字的形态。金、木、水、火很明显不用说，土字倒过来看也有，表明这些元素与人有关。用现代的语言来观察，人类的生存和发展从来离不开也少不了这些资源、能源等基础物质条件，尤其要保护好水资源。

说到这里，我们也极其自然地联想到引领经济社会发展全局的科学发展观。它的第一要义是发展，是科学发展，核心在于以人为本，通过全面协调可持续发展，去实现经济社会的不断进步和人的全面发展。在发展的过程中，如不注意统筹兼顾，便难以进步。那么，对水这一重要元素应该如何对待就不必多说了。很值得注意的是，已被公认的不少问题并非由资源紧缺造成的，而是因为人们对资源的管理和利用不善。

（原载《中国行政管理》2009年第3期）

读陆游诗

"漫谈"虽然是不拘形式地就某些问题谈点意见或体会,但在《中国行政管理》这样的专业期刊上,出现文艺类的标题,岂非"漫"过了"界"?其实这里要谈的,是陆诗对公共服务的研究和实践的启发、激励作用。

举例来说,一如陆游是我国历史上著名的爱国诗人。他的爱国诗篇很多,倾注了大量的爱国激情。毕生"位卑未敢忘忧国",直到临终还"但悲不见九州同"!这种对国家的热爱是公共管理者极其重要的精神支柱。

二如陆游一辈子热爱读书,有"见书喜欲狂""挑灯夜读书,油涸意未已""孤灯耿霜夕,穷山读兵书"等诗句和《老病追感壮岁读书之乐作短歌》等诗作。在构建学习型社会和要求知识化过程中,我们必须重视读书。

三如陆游强调在不断积累,认真做学问的同时,一定要通过实践加深体会。他留给后人的宝贵经验是:"古人学问无遗力,少壮工夫老始成。纸上得来终觉浅,绝知此事要躬行。"研究应用学科,尤忌空谈理论。

四如陆游乐观豪迈的气派具有很大的感染力。"山重水复疑无路,柳暗花明又一村"的诗句,至今仍广为流传和应用,原因就在于其表达出了在面对复杂困惑局面时，仍抱有转变化解局面的信心。

五如陆游是我国历史上为数不多的长寿诗人，这同他注意养生保健是分不开的，甚至他还能为人治病。"美睡宜人胜按摩"便是一条宝贵经验。如果体弱多病，经常睡眠不足或质量欠佳，长期处于"亚健康"状态，必然难以做好工作。

六如陆游深明"前事不忘，后事之师"之理，认为历史教育不可忽视。"每为后生谈旧事，始知老子是陈人"，其实老子也曾经是后生，大家都应当以史为鉴，善于做今昔对比。

七如陆游对家庭教育极为重视，对此专门写过特长的诗篇。感情丰富当然不用说，他尤其着重提醒去任公职的儿子保持廉洁，可谓语重心长，也是对国家负责任的一种表现。

八如陆游关注农村、农民，反映于字里行间，情真意切。他自己曾参加劳动向老农学习，受益不浅。《农家叹》一诗中即有对当时农民生活困苦和官府压迫的描写，但他无能为力只有叹息。

限于篇幅，暂且打住。这里想说的，集中到一点，就是试图建议有兴趣的同行们读些陆诗，可能……（或将因人而异，不宜代下判断）

（原载《中国行政管理》2009 年第 11 期）

汉字猜想

对汉字没有研究，但同它打交道从入小学起已经八十几年了。根据个人的体会，关于汉字的应用和发展问题，有如下几点猜想：

一是汉字的存废问题该已成为历史。汉语拼音兴起以后，曾有人主张废除汉字，但汉字使用至今，便是现实的选择。另一例证即采用汉字的日本，也在沿用汉字。在电脑出现之初，一度被认为只有拼音文字才能上网，使汉字在新技术方面面临"危机"。当然，这道"门槛"早已跨过，现在汉语汉字在网上一样活跃、红火，热闹得很，甚至已有人预言中文 5 年之内将主导互联网[1]。

二是汉字的繁简体争议仍时有耳闻。看历史：汉字总量中趋繁的少，趋简的多。个人经验是：记笔记、手写稿和私人通信等，常楷、行、草书和流行的简体字并见。只有正式文件和印刷品比较规范，因而训练有素的抄写、排字和校对人员便能够见惯不惊和从容应付。人心思简的倾向由来已久，有问题就讨论改进，再弃简从繁是不对路的。过去于右任提倡"标准草

---

[1] 新周刊. 2009 语录. 上海：文汇出版社，2010：229.

书"也有这方面的考虑。

三是普通话和方言应当是并行不悖的。有人把普通话与方言对立起来，甚至认为要用前者"消灭"后者。这至少是一大误会，我们不可不端正认识。因为要在更大的范围内团结互助、共同发展，光靠文字信息是不够的，还要使用语言进行沟通，普通话的作用在此。例如新加坡是华人为主的小国，多种方言有碍沟通导致内耗，推广普通话后情况有所转变，但并未取消方言。

四是汉语与外语之间不能互相取代。现在还没有真正的国际通用语言，世界语提倡虽久，但无实效。过去的任何强势语言，都不能完全取代别的语种，除非是由于使用某种语言的人减少而使其消失。正常可行的办法是互相学习，马克思关于学外语的论述很多人都知道。顺便补充一句，还有一位老革命家曾经号召，地方干部要学普通话，外来干部要学工作地区的方言，给我们的印象也很深。

五是汉字有很大的发展空间和潜力。古往今来，汉字并非一成不变，而是在不断进行新陈代谢。按照造字的老规矩指事、象形、形声、会意、转注和假借这"六书"来说，汉字（包括其独特的书法艺术）还大有发展余地。汉字在历史上受民族和宗教的影响非常明显，如佛教用语已大量存在。近现代吸收外来语也相当可观，外语同样引用汉语，可谓彼此彼此。总之，社会发展离不开语言文字工作。

（原载《中国行政管理》2010年第12期）

王婆卖瓜

在一般情况下，只要一说"王婆卖瓜"，有很多人就都知道接下去的是"自卖自夸"。这句话明显的贬义在于这种宣传全属自吹自擂、不切实际，甚至带有欺骗性质。本来，在商品销售活动中，做些广告去宣传、说明、介绍，人们早已习以为常，但是有个可信度的问题，要经得起检验，不能把消费者当白痴。

那个"自卖自夸"中的"夸"字，其实就表示可信度很低或者全无。有经验的人由于心中有数，往往付之一笑。轻信了的，上当后也会学乖，便知道了是怎么一回事。这种"自夸"之风原不宜长，值得注意和深思的是不只在"卖瓜"时"王婆"依旧，这种虚假的宣传、褒奖也存在于其他领域，并有大行其"道"和愈演愈烈之势。

在应该比较严肃认真的场合，比如现在对各种名目的申请、申报以及评定、审议过程中流行的评议对象自述环节。揆其初衷，大概是力求多些了解和主客观评估趋于平衡、一致。果真讲得恰如其分，当然很好。不过，实践经验表明，有不同倾向的两类现象已经程度不同地出现在这个环节之中。

一类也许会被认为是"保守"的，不习惯大讲自己的优势、强项等，总觉得做人要谦虚些。因而对申报评奖、提升常显得不够主动、积极，有自述的机会，也不露锋芒。这类人的信念正如谚语所说："有麝自然香，不必迎风扬。"遗憾的是不少现行制度规定，不报不批，不告不理，难怪令人有无可奈何之感。

另一类则是十足的、有过之而无不及的"王婆"派，即一有机会便大肆自我吹嘘，又争取和制造机会，进行自我标榜。一旦见到"效果"，便逐步形成"你吹我也吹，要吹大家吹"的局面，直到心照不宣地成为"不吹的人吃亏""不吹白不吹"的"默契"。前面所说值得注意和深思的，正在于此。若听之任之，恐将影响公正。

看来，在市场经济条件下，商品的销售必须重视诚信。货不真、价不实，虚假的花言巧语是靠不住的。在现代社会活动和实际工作中，更需要开诚布公，对人和事的评价，要让真绩实效和真凭实据发出最强音。"吹功"大赛，可以休矣！但稍加分析，这一问题也不能简单归结为个人素质，而忽略某种畸形社会风气，问题的出现也有其客观环境的诱因作用。例如在具体要求方面稍一不慎即有被误解为带倾向性暗示的可能。

（原载《中国行政管理》2011 年第 1 期）

道在屎溺

"道在屎溺（尿）"是庄子的名言。原来的意思是说"道"无所不在，事实上也确实如此。就"屎尿"本身而论，其虽是不洁之物，但也不能把它不当回事。因为凡人必进饮食，亦随之而有消化、吸收和排泄的过程。吃喝既关系到生存，也影响保健，于是生理、病理、药理、心理等研究，都少不了有关这方面的内容。此外，对于排泄物的处理，涉及公共卫生和环境保护特别是水资源的质量，这个问题也就愈来愈受到世人的关注。

从公共管理的角度来考察，厕所无论公私，都不能不管，并且要认真管好，这是现代文明的重要标志之一，已经有"厕所学""厕所协会""厕所学院"等相继问世。过去可能是"人皆掩鼻而过之"的事情，如今也登上"大雅之堂"了。"无臭厕所"早已不是新闻，还有"星级公厕"甚至"最豪华公厕"在某些大城市出现。可是，我们应该注意的并不是这些，而必须如联合国调查报告所呼吁的，把改造厕所同减少贫困和疾病联系起来[1]。

---

[1] 联合国调查报告发现在与疾病做斗争方面，厕所没有得到充分利用. 纽约时报，2006-11-10.

报告所列的几个数字令人瞩目：

一是百多年前，厕所曾使纽约、伦敦、巴黎的公共卫生发生革命性变化。

二是现在每年有二百多万儿童死于污水和缺少卫生设备引起的腹泻等疾病。

三是世界上超过三分之一的人无像样的地方可以解手。

四是超过十亿人在受到人类和动物粪便污染的水源取水饮用、洗衣和做饭。

五是在任何时候，发展中国家几乎一半人口身患与水和卫生设备不足有关的一种或数种疾病。

在发展中国家与贫困和疾病做斗争的过程中，厕所是未得到充分利用的工具。这份报告对于我们很有参考价值。前面提到的"豪厕"不可取，一般合乎卫生要求的公厕建设和改造则应加大力度去做。上述报告还介绍了南亚已经开始增建厕所和简单的污水排放系统等颇具创意的做法，对我们也很有启发。印度有私人集团在全国一千多个城市建数千公厕和一百多万个私人厕所。公厕由地方当局出钱修建，使用收费不高，对儿童、残疾人和穷人免费。我们构建和谐社会，似乎不用提醒，是必要将公厕建设和改造工作列入议事日程的。

（原载《中国行政管理》2007 年第 6 期）

大禹治水

对于中国古代史上发生过的某些重大事件，后人不仅在具体情节方面有不同意见，甚至怀疑是否确有其事。"大禹治水"便是至今还在议论的一例。手边一本《中国帝王之谜》[1]，其十二个专题中就有三个与此有关：鲧禹父子治水之谜、帝王九鼎之谜和大禹葬地之谜。具体内容不用说了，只看结论性的几句即足以表明关于大禹治水的各种说法的真实性仍没有定论。大禹铸造的九鼎到秦汉之间不见了，人们怀疑它的存在。既然认为大禹没有到过绍兴，那么禹墓在此又如何解释？作者对古史没有研究，但对争议热点不无兴趣。想起大禹治水的时候，在高邮也留下了他的足迹[2]。其根据是州志记载："大禹尝排淮、泗而注之江，其道出于邮，故立庙祀之。"这个禹王庙今已毁，碑尚存。从地理位置看，江苏高邮距浙江绍兴不远，似可供参考。估计其他府、州、县志中还会有类似内容。

近期，读到《何处为夏》[3]一文，其开篇说得甚好："对

---

[1] 张剑光，邹国慰. 中国帝王之谜. 上海：文汇出版社，2003.
[2] 朱延庆. 高邮. 南京：江苏人民出版社，1987.
[3] 易华. 何处为夏. 中国社会科学报，2016-02-23.

夏代、夏文化的找寻，是许多考古学家一生的研究方向和一种情怀。"文中提到齐家文化位于大禹治水区，大禹治水是从源头地区向他处发展的。"禹会诸侯""协和万邦"都是大禹治水的后续故事，葬地也不能否定治水的河源。事实是：没有大禹治水的成功，就不会出现夏代。因此，对这个治水区的研究，似仍应加强。若非"排淮、泗而注之江"而立庙、立碑，岂非完全是无中生有？

更近的是地质学家发现了四千年前中国黄河发生大洪水的首个证据[①]，"相传这次大洪水后，夏朝建立，中华文明诞生。""大禹治水或许并非神话传说。"这次发布信息的单位或个人有：美国《科学》周刊、南京师范大学地理科学学院教授、美国普渡大学教授、台湾大学人类学系助理教授、美国华盛顿大学的专家等。应当指出和值得注意的是："大洪水在世界上一些最古老的故事中占据着核心地位。大禹治水传说中的洪水如今表明，其他此类故事可能也来源于地质事件。"可不是吗？倘若没有出现过特大洪水，大禹治水根本无从说起。只有认真治理，取得巨大功绩，建立夏王朝等才能顺理成章。至于大禹的足迹所及和墓地究竟在何处，我相信仍有可以弄清的可能性。

(原载《中国行政管理》2016年第11期)

---

① 夏前黄河大洪水证据首被发现. 参考消息，2016-08-06.

读《书》有感

《书》即《尚书》或《书经》,是儒家经典之一。"尚"与"上"通,"尚书"意为上代、上古之书,当然不易读懂。连唐宋八大家之首的韩愈也说过,"周诰、殷《盘》,佶屈聱牙",今人就更吃力了。不过,只要硬着头皮,借诠释之助,还是可以有所收获的。

不难发现,不少现在惯用的成语和说法是来自此书,其中某些有益的观点、思路仍颇有现实意义,特别是关于公共管理的内容,包括历史故事所展示的经验教训。当然也有不合时宜之处。以下不加分类,只按顺序举一些例。

"协和万邦"(《尧典》)。"野无遗贤""政在养民""刑期于无刑""无稽之言勿听""君子在野,小人在位""满招损,谦受益"(《大禹谟》)。"知人则哲"(《皋陶谟》)。"民惟邦本,本固邦宁"(《五子之歌》)。"旧染污俗,咸与维新"(《胤征》)。"好问则裕,自用则小"(《仲虺之诰》)。"天道福善祸淫"(《汤诰》)。"与人不求备,检身若不及","作善降之百祥,作不善降之百殃"(《伊训》)。"天作孽,犹可违;自作孽,不可逭"(《太甲中》)。"与治同道,罔不兴;与乱同事,罔不亡""弗虑胡获?弗为胡成?"(《太甲下》),"非知之艰,行之惟艰"(《说

命中》)。"惟人万物之灵"(《泰誓上》)。"乃一德一心，立定厥功"(《泰誓中》)。"树德务滋，除恶务本"(《泰誓下》)。"暴殄天物，害虐烝民"，"建官惟贤，位事惟能"(《武成》)。

　　《洪范》中的"洪范九畴"直接涉及公共管理的内容很多。除封建迷信色彩明显的部分外，不乏可为今用之处。随后的《旅獒》中如"玩人丧德，玩物丧志""为山九仞，功亏一篑"，《周官》中如"议事以制，政乃不迷""作德，心逸日休；作伪，心劳日拙"，《君陈》中如"有容，德乃大"，《君牙》中如"心之忧危，若蹈虎尾，涉于春冰"，《冏命》中如"发号施令"等，都是我们并不陌生的一些说法。不过，应着重指出的有"天命"和"民主"这两点是不可听信和误会的。如在《召诰》中的"皇天上帝""服天命""受天命""祈天永命"之类，后来的皇帝都是"天子"了。又如在《多方》中大谈"天惟时求民主""代夏作民主"等，不是现在所讲的人民当家作主，而是做人民的主人。

（原载《中国行政管理》2011年第2期）

古文今读

不久以前，西方曾有一种对比评论。说的是关于两个亚洲发展大国的事，大意是认为一国的政治发展较好，而经济发展较差；另一国则恰恰相反，即政治发展平平，而经济发展很快。对于如此这般的说法，乍听起来，似乎言之成"理"。可是，我们稍加推敲，就发觉未必真的是那么一回事了。

首先要看衡量发展状况和水平的标准。一般来说，在经济方面可能比较客观和具体，包括各种可以量化的表述。但对政治发展，往往包含有不同程度和比较明显的成见、偏见之类的主观因素，如自我中心、以我划线，置别人的历史、文化、社会等背景于不顾，甚至还会有双重或多重标准，因人而异，各有一套。

其次要看政治发展和经济发展之间的关系。二者是互不相干的两码事，还是存在着相互的积极或消极影响？如果是前者，上述局面的出现才能说得"通"；倘若是后者，就怎样辩解也说不过去，无法自圆其说。

应当肯定，"政治是经济的集中表现，它产生于一定的经

济基础,并为经济基础服务,同时极大地影响经济的发展"[1]。这无论是对资本主义还是对社会主义的政治和经济的关系,都同样可以作为合乎实际的理论解释。

说到这里,倒使我想起范仲淹在他的名作《岳阳楼记》中的这句话:"政通人和,百废具兴"。那是封建社会,也同样存在政治和经济的关系。按照这句话的顺序,是"政通人和"在前,"百废具兴"在后,但其实并非简单的前因后果,而是"后者决定前者,前者又影响后者"的并存共进、相得益彰、相映成趣的历史景象。

可不是吗?要是"百废"不"兴",何来"政通人和"?假如"政"不"通"、"人"不"和","百废"也难以"兴"起来。因此,在"古文今读"之余,我们回顾以经济建设为中心,实行改革开放,深化经济体制改革,推进政治体制改革,提出政治文明建设,提高发展社会主义民主政治的执政能力等,可以看出,中国人民越来越多地享有更加丰硕的政治文明成果的历程,也深感中国特色社会主义民主政治正在不断健全、完善和发展。事实俱在,前述对比评论(政治与经济无关论)可以休矣,岂能苟同!

(原载《中国行政管理》2006 年第 2 期)

---

[1] 中国社科院语言研究所词典编辑室. 现代汉语词典. 5 版. 北京:商务印书馆,2005:1742.

孟子新闻

新与旧本是相比较而言的。孟子是古人，关于他在世时未发表过的信息和身后的有关议论，可以说都是新闻。前不久有《孟子身后的遭遇》一文①，从汉代说起，列举唐、宋、明、清的种种述评，这些述评无一不是当时和后来者都没有听说过的关于孟子的新闻。

虽然孟子本人没法知道这些，但"是非自有公论"，"公道自在人心"。无论是对他肯定、推崇也好，还是诅咒、贬斥也罢，他还是当他的"亚圣"，人们一谈到儒家学说，仍旧照常说是"孔孟之道"。不仅如此，孔孟早已名扬海外，连译名都有"特殊待遇"，不是像一般人（也包括许多名家）那样，只是简单、直接地音译，而是加上了"发光的尾巴"，孔夫子被译为"Confucius"，孟子（大概是为了有所区别而未作孟夫子）被译为"Mencius"。

可是，令人难以置信的是，大概在 20 世纪 80 年代，由于特殊的译名曝出过一条"孟子新闻"，说的是一位"懂"外文的中国学者，在国外见到上述的"Mencius"，竟不知道是鼎

---

① 黄朴民. 孟子身后的遭遇. 光明日报，2005-04-26.

鼎大名的孟子。他为外国学者"发现"中国有这样的大学问家感到高兴,并立即翻译和发表了国外媒体的报道,谓中国古代的大学者"门修斯"在国外享有盛名,还译出不少引用语为证。估计他可能没有查过字典也没有读过《孟子》,否则不至于全未觉察自己在干"出口转内销"的事,恐怕外国学者也会深感诧异!

大体来说,对于孟子的学习研究由来已久。过去"四书五经"中的"四书",《孟子》即其中之一。现代学术界,仅就与管理有联系的论著而言,几乎无不提及《孟子》一书。随便讲几本就可见一斑:一是《儒家管理哲学》(黎红雷著,广东高教出版社1993年版),附有关于国内(含大陆、台、港、澳)、欧美、日本学者对儒学的研究情况的介绍;二是《〈论语〉、〈孟子〉和行政学》([韩]李文永著,韩国罗南出版社1996年原文版,2000年东方出版社译文版),作者认为《论语》《孟子》是行政学教科书;三是《中国古代治国要论》(纪宝成主编,中国人民大学出版社2004年版),有"儒家治国思想"专章,当然也少不了关于孟子的论述。

看来,对于孟子的历史评价,至今仍在进行,于是孟子的"新闻"也就源源不断了。

(原载《中国行政管理》2006年第4期)

趋吉避凶

常言道：趋吉避凶，人之常情。但就算是这样，也应当趋、避得有切实根据，而不能全凭虚幻的主观想象或简单地迷信。

关于数字迷信，人们议论已多，《中国行政管理》2010年第10期中《姚明送书》一文曾有提及。前不久《参考消息》发布一条"出口转内销"的消息称"连警方也被中国人的迷信打败了"[①]。如果确有其事，似颇值得注意。不能认为中外媒体好管"闲事"，此类书不应等闲视之。

最近这几天特别留心观察，广州带"4"的车牌号并未绝迹，甚至还有带两三个"4"的。可见京外地区尚未完全跟风行动，至少是此时此地尚无此事。本来问题非常简单，"4"究竟是否是"死亡数字"，不妨稍做些统计。例如含"4"的车牌的车主是否都出了事，或不含"4"的都平安无事？那些车牌含"6"和"8"的车主是否都"顺利""发达"？其实最"灵验"的不是数字，而是车况、路况、技术、经验、规则和管理。

现代科学昌明，已经进入"数字或数码时代"，对于自成

---

① 警方不让汽车牌照出现"死亡"数字4. 参考消息，2010-10-21.

体系的数字整体中的任何一个数字,都不可有所歧视、忽视,更不用说予以弃置。也许在车牌号码中删去"4"字表面没有影响,可在实际计算中造成的混乱不小。两位数带"4"的即有18个之多,其余依此类推。再说如果车牌厌"4"扩大到其他方面,就会出现可笑的虚假。一个号称50岁的人,由于剔除"4"字,要减去14岁才算真实。当然,这是一个极端的类比,迷信者还没有走到这一步。在现实生活中,许许多多的"4"是避免不了的,像时间(年、月、周、日、时、分、秒),金钱(元、角、分),度,量,衡,书刊页,等等,若都缺了"4",岂不糟糕!

另外还有很重要的一点,是人民政府有关主管部门在全心全意为人民服务的同时,也肩负着移风易俗的责任。面对封建迷信就迁就、迎合甚至助长,"不再提供含有数字4的车号"[1],是一种既不科学又不公平也不负责任的决定。报道也提到还有想让自己的车牌含有数字4的车主,他们如果较起真儿来,可以申诉被剥夺了自主选号的权利。报道称这一规定是源于"年底留在号牌库中的号牌90%以上都带4"[2],那也不妨以后设法处理,即使带"4"的号牌留得更多甚至全部都是,公开宣布自何时起从机选号牌库中弃"4"的新规总有点欠考虑,不妥当。

(原载《中国行政管理》2011年第3期)

---

[1][2] 警方不让汽车牌照出现"死亡"数字4. 参考消息,2010-10-21.

乡音无改

在《汉字猜想》那篇短文中，曾经谈到汉语的方言和普通话，其实主要是汉字读音的差异。普通话或别处方言讲得好的人很多，少小离家到老乡音无改的也大有人在。"乡音"并非指仍原封不动地讲家乡话，而是指在交谈之际明显地保留了某些乡音。这是一种常见的现象：在顺利沟通的同时，往往不难听出对方是何方人士。

一般来说，各人在成长过程中都有自己的语言经历。试以出生在小镇者为例，镇上的语言腔调就与邻近的农村有所不同，更不用说县城、外县和外省了。即使在同一个城市，也往往存在或多或少的区别，如城里、城外，东、西、南、北部分等。尽管各有各的语言习惯，但对频繁接触和正常交往并没有影响，因为具有适应能力和趋同倾向：说普通话。

在改革开放和城市化大潮的背景下，社会实践早已充分说明，听懂和能讲普通话是一条必备的有利条件。除了作为语言教师和要求较严的专业人员以外，带有不至于让人误会的乡音是难免的和无关宏旨的。改革开放，不仅使普通话大行其道，而且把国际通用语言的需求逐渐提上日程。在全国主要大都市和举行全球性活动如奥运、亚运、世博等集会中尤其如此。众所周知,这里指的是英语。

其实,不难发现,英语也存在像汉语一样有方式和程度不同的方言和乡音的情况。英国本土便有伦敦音与非伦敦音之分,美国英语另有特色固不待言,其国内也有地区差别等。其他英语国家和将英语作为外语应用的国家和地区,多不乏大同小异之处。澳大利亚等不用说了,印度、日本等各有特点,中国有"Chinglish",新加坡有"Singlish",德国人常把英语中最后一个"g"发出音来,等等。

话又说回来,不管怎么表达,为的是互相了解。即未必那么"纯正""地道",但必须确能收效。汉语普通话和通用英语莫不皆然,否则还只是"鸡同鸭讲"。例如,某些方言习惯词用普通话说别人仍不懂,英语多义词汉译应审慎选择,汉语英译也一定要力求准确,以免引起误会和闹笑话。把"孟子"说成"门修斯",把"蒋介石"说成"常凯申",即使"字正腔圆"又怎能不贻笑大方呢?又如夫妇方言不同,势必都讲普通话,儿女的母语也就发生变化。果如李光耀所说:"再有两代人的时间,普通话将成为我们的母语。"[①] 虽然会乡音大改,但仍可能有某些地区的特点。

(原载《中国行政管理》2011 年第 4 期)

---

① 新周刊. 2009 语录. 上海:文汇出版社,2010:117.

及时到位

在公共管理也就是公共服务的全过程中，工作及时到位，是一条至关重要的原则。一般正常情况下，就应该坚持好这一原则，而一旦遇上特别紧急、突如其来的事态，就更有必要切切实实地做好这一点。

人们常说，"远水救不了近火"。其实，事实非常明显，原因也非常简单，一句话，仅仅在于"远水"不能及时到位而已！与此同时，另外有一种类似的说法，叫作"远水不解近渴"，由此联想到"望梅止渴"，也只不过是权宜之计，还有待真正去解决问题。

试针对救火和解渴这两个例子而言，"临渴掘井"当然是不行的；多辆高效消防车及时开到重大火灾现场以后，才发觉离开水源太远的事曾经有过，结果是无可奈何，徒然望火兴叹！原来，"有备无患"是古今中外付出无数代价所做出的明智的经验总结。应急措施能否及时到位，便是对"有备"状况的直接检验。

说到"备"，老生常谈或众所周知的是：既要有思想、精神准备，也要有行动、物质准备。这与"战备"在实质上是相同和一致的，"兵法"上讲"出其不意，攻其不备"，天灾人祸中的突发事件也从来不打招呼。果真毫无准备,遭到突然袭击,便落得个措手不及、被动、挨打、损失惨重、大败亏输的下场。要是准备得充分,得力措施及时到位,光景自大不相同,至少可以稳定局面和人心,使严峻的形势趋于缓和,避免继续恶化,减轻损害。

2008年汶川大地震同其他特大自然灾害一样,中国人民解放军、武警部队、消防及各应急组织等,奔赴抗灾前线,总是一马当先及时到位。他们为国为民,艰苦奋斗,不怕牺牲,贡献很大。若非训练有素和随时准备出动,是不可能有这样出色表现的。我们应当向他们致敬并向他们学习!尤其要学习他们援救苦难的精神。

这里联想到西方管理学界早有将中国古典名著《孙子兵法》作为论述管理思想鼻祖的共识,其中就包括关于我们正在讨论的问题。不断掀起"《孙子兵法》热",将《孙子兵法》列为必读书,甚至有"《孙子兵法》管理学派"之类,都不难理解。那些虽然主要讲的是工商管理方面的事,但是对公共管理可能有更大的作用。我曾建议"文官"也应读"兵书",即着眼于此。

(原载《中国行政管理》2009年第2期)

取用之间

"取之于民,用之于民"原是相传已久的一句老话。那是明智之士认为应当遵循的理财原则。但是在旧社会,很难完全做到,或者根本没有实现的可能。特别是在昏君奸臣、独夫民贼、贪官污吏等的罪恶统治之下,取固然毫不客气,甚至横征暴敛、敲骨吸髓,令人倾家荡产、家破人亡;至于怎么用,则是老百姓管不着和不敢过问的事了。历史上,这种取用脱节、背道而驰、倒行逆施的情况导致民不聊生、民怨沸腾直到官逼民反,早已成为必然规律。

在人民真正当家作主的时代,这可能是一个非常敏感的实际问题。如何取用,有目共睹。一般来说,要取之有道(有法律依据和合法制度)和用得其宜(不能贪污、浪费和胡乱开支)。以苛捐杂税和巧立名目乱收费随便加重人民负担不行,用于何处也要经得起审计监督和检查。话虽如此,事实却是,仍有不少偏离"取之于民,用之于民"原则的不良现象。换个说法如"取之于公,用之于私""取之于明,用之于暗""取之于正,用之于邪"之类,也时有所闻。在这方面的具体例证,不胜枚举。如此这般,轻则会使未来可办、应办、快办、多办、办得更好的事情没有去办或延缓了，办得太少或太差了，令人深感遗憾；重则消耗了公共积累，增加了发展成本，影响了发展速度和质量，有可能削弱竞争实力，在遇到突发事件时不易从容应对。后者如比较严重的天灾人祸，便是具体的挑战和考验。而汶川大地震和世界金融危机，都有待我们从精神上和物质上做出能否承受的反应。

在现代国际环境中，财政金融方面的情况要比过去复杂得多。值得庆幸的是，改革开放30多年来的发展主流是正确的、健康的，因而使我们有信心闯过难关。抗震救灾不用说了，就努力保持经济平稳较快发展而论，若没有抵御风险的能力和强劲的活力，针对性的有效措施就无从谈起。要扩大公共投资就必须有资可投，这是常识，否则便是一句空话。4万亿人民币的数额惊人，可见国家对财政早有准备，真是把钢用在刀刃上，此其时矣。这里，我们在满怀信心的同时，郑重地向在公共领域进行巧取豪夺、鼠窃狗偷之辈提出严厉警告：立即停止你们一切化公为私、损公肥私的勾当，我们国家和人民的利益一致，对任何假公济私的恶行决不轻饶！

（原载《中国行政管理》2009年第5期）

为"公"立"功"

收到一封来自"2011中华文化论坛"组委会和湖南广播电视台卫视频道的邀请函,要我推荐一个汉字,以从中汲取传统文化精髓,切中当下现实,为破解难题和困惑开启思维。这既是一次对文化渊源代码的打捞和唤醒,又是对文明始祖的告慰,更是一次中华文化的全新传承。

说老实话,我真不敢担此重任,可是盛情难却,决定姑妄一试,也好借此机会,求教于大方之家。对文字学我没有研究,只是学习和使用汉字已年深日久,多少有些体会。面对公共管理即公共服务领域的研究者、实践者和全体有关人员,我想推荐的一个汉字是"功"。很巧,"功""公"同音,我最主要的意思就在于让我们大家都能为"公"立"功"。

说到这个"功"字,它原是由"工"字和"力"字合成。"工"本有"善其事"之意,"功"似乎可以理解为善于用力,把力用得正、用得好。我们应该积极努力为民族复兴、国家富强建功立业,为社会和谐、人民幸福不断地再立新功、大功,并且力求做到功成不居、不傲。这完全是正面和正当的要求,绝大多数的人正是这样干的。

不过，也必须高度警惕和尽量避免贬义的好大喜功、急功近利、争功诿过、功亏一篑、功败垂成、前功尽弃、事倍功半、劳而无功、出勤不出力、不务正业、偷工减料、营私舞弊、作奸犯科、假公济私、以私害公、化公为私或躺在功劳簿上睡大觉、吃老本、无功受禄以及不求有功但求无过的消极心态等。还有人贪天之功为己功，坐享其成，争名夺利甚至为此不择手段。

至于功绩评审、论功行赏以及可否将功补过、戴罪立功等问题，必要认真研究和正确处理。可见环绕这个"功"字，大有文章可做。

再说用力一定要有力。力分智力、体力、财力、物力等多种，其性质又有硬实力、软实力、巧实力之分。在公共管理即公共服务过程中，权力的运用和能力的发挥至关重要。因此，力只有用得适当、灵巧方能见效。还要经常保持生机活力，那是同切实练好有关的基本功和具备相应较好的功底分不开的。

常识告诉我们：功夫在于平常，大功告成或功德圆满绝非一日之功。"功到自然成"是句大实话，愿与为"公"立"功"的有心人共勉！

（原载《中国行政管理》2012年第2期）

见怪不怪

对于"见怪不怪,其怪自败(或自坏)"这一中国成语,过去可能已经有人发表过有关议论,但在新的历史条件下,重提此事,似仍不失其现实意义。其实,只要稍做认真思索,即不难觉察"不怪""自败"未必尽然,有时不仅不败,甚至还会更坏。

问题的实质性区分点在于:"怪"有不同的形式和内容、意图和作用,特别是对见者是否有害及其危害程度如何的判断,决定了人们该不该持"不怪"的态度,也相应地会收到大不一样的效果。这在前面已经提到了。

一般来说,较有阅历和素养的人在碰到某些轻微的、无关宏旨的怪异事物或现象时,往往能沉得住气,不大惊小怪,保持镇静和处之泰然。于是,"见怪不怪,其怪自败"成为常态。

可是,我们略加分析即显而易见的是现实并非普遍如此。事实上存在两种截然相反的情况:一种是"其怪"本想通过搞点怪招,以引人注目,借此出点小风头、占占小便宜之类,但见者不予理睬,若无其事,它只落得个自讨没趣的下场,归于"自败"。另一种是"其怪"干的怪事是坏事甚至是大坏事。倘若见者"不怪",便将使"其怪"有恃无恐、肆无忌惮,更加胆大妄为,那它就不仅不会"自败",而且会变得更坏和更有害。因此,对后者而言,见者只有大力"破怪",才能以正压邪,战胜和清除其害。换句话说,"见怪"不可一律"不怪",要看"其怪"的性质。

最有说服力的莫如现实生活中的具体事例。这里且举在社会主义社会背景下的两大怪事为例。也许已有不少人不以为怪,或竟视为常态。那就正好证明"其怪"愈演愈烈而我们重视程度还远远不够。

一大怪事是贪污腐败,这怪事完全背离了为人民服务的宗旨,玷污、损坏中国特色社会主义的美誉,应在零容忍之列,岂可"见怪不怪",熟视无睹,无动于衷?贪污腐败有亡党亡国之虞,绝非危言耸听。

另一大怪事是诚信触底,造假之风劲吹,到了伪劣泛滥成灾的境地。让我们好好想想:如此这般,也不是"见怪不怪"就能奇迹般地扭转的。为了建成小康社会、和谐社会、必须把此类怪物彻底消灭。

(原载《中国行政管理》2013年第2期)

雪泥鸿爪

寒冬腊月,在电视上看到北方冰天雪地的情景,不知怎么联想起"雪泥鸿爪"这句老话来。那本是出自宋代名人苏轼感叹身世的诗句:

> 人生到处知何似?
> 应似飞鸿踏雪泥。
> 泥上偶然留指爪,
> 鸿飞那复计东西!

试想在君主专制的封建社会,皇帝的话叫"圣旨",臣民身不由己,往东、往西是"计"不了的。新时代则大不一样,无论是前辈、同辈还是后辈之中,"自作主张"者大有人在。即在可彼可此之际,完全有权选择。

以 20 世纪中国的三大伟人为例:孙中山本来学医、行医,后来从事艰苦危险的革命活动;毛泽东也是放弃北京大学图书馆的工作,投身于革命运动;邓小平在法国勤工俭学,又到苏联学习,并没有留在国外,而是回国为中国人民的解放事业做积极贡献。其他人如周恩来、陈毅等也都是这样。周恩来在 13 岁时对老师"为什么读书"这一问题的回答是"为中华之崛起而读书",这正好代表了伟人们的共同心愿:实现中华民族的伟大复兴。较近的如钱学森，不仅毫不顾惜已经取得的名位，还坚决抵制美国当局的阻挠，力争回国报效。他已成为年轻"海归"们的杰出楷模。

说到中华民族的伟大复兴，在党的十八大后大家热烈议论的中国梦，便与之有直接联系。更进一步具体表述，莫如十八大所高度概括的社会主义核心价值观关键词（24个字）：富强、民主、文明、和谐，自由、平等、公正、法治，爱国、敬业、诚信、友善。其中，前8个字为国家层次，中8个字为社会范畴，后8个字为个人素养，共同形成一个完整体系。中华民族伟大复兴极其强大的凝聚力已集中于此。换句话说，这也就是我们对发展大方向的共识。

事有凑巧，一位老学者刚好有一本关于时代烙印的论著即将付梓，问我有何想法，我于是写了如下这么简单几句：

　　昔人雪泥鸿爪，不计东西。
　　今时亦留烙印，仍明方向。
　　以为然乎？

对此虽未做解释，但见面时没有想到，他竟滔滔不绝地讲了许多同我的思路完全一致的有关析述。看来，人同此心、心同此理和人心所向是客观存在的事实，让我们共圆此"梦"。

（原载《中国行政管理》2013年第4期）

简称趣谈

目前，一个不争的事实是：在全国和世界范围内，能够听、说汉语普通话的人已越来越多。有些在不同职业群体里的习惯简略用语可能在不同的场合让人听不懂或发生误会。这里且以社会生活中常遇到的称呼为例，一经简化，有时就会不知所云或会错了意。下面所述有的是亲历其事，有的是道听途说，有的似有编造的痕迹，但仍不无启迪和趣味。

某部有位姓董的司长，在被介绍为"董司长"之后，一位企业家纳闷：不知这是哪个企业的"董事长"和其尊姓大名。部队的同志以为是"董师长"，因为部队首长有时也会着便装。政府工作人员则听成了"董市长"。显然，其实只要说出全称，至少不会有"董事长"之误。

类似的情况出现于正职与副职的不清楚。在单位内部，大家都知道谁正谁副，随便一点如略去副字也常有所闻。但在讲"规格"时便马虎不得。"傅校长"会被误认为"副校长"，而另一位省掉副字的郑校长却被当作"正校长"，难怪别人"满头雾水"了，其实说全了就没事了。

更普遍些的现象是处长简称为处，如张处长简称为"张处"

等。某次集会有不少处级干部参加，只听得满耳的"戚处""陈处""田处""唐处""姜处"，一位不知内情者却以为说的是"吃醋""陈醋""甜醋""糖醋""姜醋"，还觉得奇怪大家为什么对"醋"如此感兴趣。一经说明，当然付之一笑。

此外，把某厅长、局长、科长和总经理、总编辑、总工程师等简称为某厅、局、科、总等，都会发生同样的错觉。例如，将"戈厅""武厅""范厅"听成"歌厅""舞厅""饭厅"，将"田局""杭局""范局"听成"甜橘""杭菊""饭局"，将"钱科""傅科"听成"前科""妇科"，将"蔡总""麦总"听成"菜种""麦种"之类，岂非驴唇不对马嘴！其他行业还有，不一一列举了。

以上都是汉语普通话里的简称事例，在汉译名称中也有。回忆五四运动时期，科学和民主只有音译，即赛因斯和德摩克拉西，曾被简称为"赛先生"和"德先生"。在革命根据地初期，有过苏维埃组织，老百姓曾简称之为"苏先生"。对马克思、罗斯福等国际名人也曾有人认为他们是姓"马"、姓"罗"的，将其简称为"马公""罗公"，还准备查对"家谱"。这些都是过去的事了。

（原载《中国行政管理》2013 年第 5 期）

顾此失彼

中国成语的最大特点可能是言简意赅，常是只用四个字就能很清楚地说明问题。例如顾此失彼便是这样，即表明没有统筹兼顾、计划不周，对全面发展不利。这方面的具体实例，已经多到难以计数的程度。以下是信手拈来的几件近事。

一为由于"驴象扯皮"（国会两党之争）而导致的美国政府"停摆"所造成的内伤和国际影响，是他们始料不及的，约80万政府雇员暂时"失业"，旅游业受打击，后院之火殃及外交，也惹恼了美国大众等都是事实。

二为大范围雾霾袭击中国东北，空气污染严重。冬季严寒，家庭与城市供暖系统燃煤量大增，空气污染更趋严重。这也是由于长期以来政府的注意力集中于发展经济，对环境保护有所忽视。因此，反污染的警钟又一次在中国敲响，必须开展切实有效的积极行动了。

三为城市垃圾问题有待妥善处理。随着城市化的加速，这个问题日益突出。仅就建筑垃圾一项来说，已成为一大难题。据 2011 年统计，我国建筑垃圾已超过 20 亿吨[①]，大都被倾倒

---

① 中国建筑垃圾堆积如山. 参考消息，2013-10-22.

在各大城市的周围,而被再利用的不到 5%。这里存在一个要改变对废物利用的观念的问题。

四为大学生报考公务员热中也有顾此失彼的明显倾向。有一种所谓趋冷避热的趋势,由于估计冷门职位可能较易被录取,因而放弃理想、兴趣,只求解决户口、编制,而不考虑实现自我价值,结果是人未必适其位,位未必适其人,于公于私均失其利,实为憾事。

上述非常随意列举的几个事例足以证明:在集体或个人生活中,"一盘棋"的思想都很重要。最好当然是始终保持全面协调,遇到失衡状态也能及时扭转。不过,有时难免不得不有所弃取,那就要考虑大小、轻重、安危之分,不可颠倒、错位,导致不可收拾的严重后果。

在公与私的关系上,尤其应警惕顾私忘公、假公济私、以私害公、借公谋私之类的弊害。这就同目前反贪污腐败的任务直接联系起来。试看那些"老虎""苍蝇",不都是只顾大捞一把去满足私欲而完全不顾国计民生吗?因此,要追、筑、圆中国梦必须除恶务尽。

(原载《中国行政管理》2014 年第 2 期)

桥路相连

生活中有个"桥归桥，路归路"的说法，原是用以比喻不要把不同的事物混淆在一起的意思。其实不然，因为事实上桥总是同路相连的。既没有不通路的桥，也没有避开桥的路。两者结合会使交通更方便、更迅捷、更发达，成为人类社会文明、进步的重要标志之一。可不是吗？从桥梁发展史来考察，无论是在数量还是在质量方面，都可以得到有充分说服力的明证。

新中国成立后，特别是改革开放以来，我们所建的新桥就越来越多、越大、越好。这是社会经济大发展的需要。例子不胜枚举，如跨越长江的大桥，便较早、较快地从无到有、从少到多。国内建设如此，在援外任务中也常有建桥项目。外国媒体报道称："中国将援建大桥连接圭亚那和苏里南。"[1] 那是南美的两个国家，目前靠渡轮来往，过去分别为英、荷殖民地，都拥有丰富的木材和矿产资源。大桥建成后所带来的巨大交通效益自不待言。同样可想而知，凡属援建的都不会是轻而易举的、无关宏旨的一般项目。

---

[1] 参考消息，2014-02-05.

"修桥补路"本是中国民间久已公认的传统美德、善举，并且认定好事应该和必须做好，否则当事者将受到良心的谴责。说来也似乎有点奇怪，过去长期以来好像极少听到后面这种情况。现在的工程事故却时有耳闻，有的还很严重。这虽然有今非昔比的规模和技术原因，但事实证明，其中也存在不负责任、偷工减料之类"缺德"的、"人心不古"的现象。谴责、唾骂无济于事，只有依法惩处，以免后患了。

以上说的是物质建设中的桥和路，联系社会生活来考虑，在学术、文化、经济、政治等各种公私交往中，也有"桥和路"性质的需求，不仅所有中介、媒体都在发挥沟通、传播"桥和路"的作用，而且这种作用是既不可缺少又事关重大的。最明显的例子莫如不同语言文字的翻译，能否做到如实、等值，效果大不一样。没有全面、正确的理解，便难以进行真诚的通力合作，更不用说偏见、误解将产生的负面影响了。要想参考借鉴、互通有无、取长补短，无不有待搭好"桥"和开好"路"。我们正面临实现中国梦的伟大历史任务，在积极努力筑梦的同时，既要筑好物质上的桥和路，又要筑好精神上的"桥和路"，这样方能畅通无阻地走向国家富强、民族振兴、人民幸福之路。

（原载《中国行政管理》2014年第6期）

议巧克力

很有必要在本文开头就说清楚：这里讲的，不是西方甜品"chocolate"，音译叫"巧克力"（亦作"朱古力"）的那种商品，而是同样三个汉字的原意，即指能够巧妙地通过有效行动去完成任务、克服困难、解决问题、克敌制胜的力量，也就是善于运用计谋实行智取、奇袭之类的能力。我们称之为"妙克力"亦无不可。

是不是在玩发明新词语的游戏呢？不是。由于在过去一个时期，关于实力（包括硬实力、软实力、巧实力）的讨论曾经成为热门话题。后来有专家提出"21世纪'实力'如何发挥作用"之问[1]，认为要超越"软实力"理念，新形势催生"实力"新解和创建更巧妙综合架构，需要更有效地使用实力。问题和答案都离不开实力。最近又来了个"锐实力"[2]。

巧克力则不仅仅是对既有实力的有效使用，其更重大的特点在于：并不要求在实力尤其是硬实力方面强过对手，或势均力敌、旗鼓相当，甚至常常在较多的情况下，是在硬实力相差

---

[1] 扎尔曼. 21世纪, 实力如何发挥作用：超越软实力、硬实力和巧实力. 全球主义者, 2012 (7).

[2] "世说新语". 参考消息, 2014-06-11.

悬殊的情况下白手起家，完全从零开始的。换句话说，巧克力让以小胜大、以少胜多、以弱胜强以及"星星之火可以燎原"等奇迹具有实现的可能性。古今中外的无数案例莫不雄辩地证明了这一点。实力是客观地、静态地摆在那里的，只有经历实践的考验，才能判断它是不是"纸老虎"。而巧克力的拿手好戏，正在于权衡得失、进退自如、机动灵活、出奇制胜，甚妙无比。

这里，人们会极其自然地联想到中国古典名著《孙子兵法》。其中有很多符合巧克力要点的论述。可是为什么仍有高下、胜负之分呢？诚然大家同样懂得"上兵伐谋""知彼知己""不战而屈人之兵""能因敌变化而取胜者谓之神"等，但都对那个"一曰道"的"道"字的理解重视不够。常言说："得道多助，失道寡助。"或者说："得人心者得天下，失人心者失天下。"战争有正义战争和非正义战争之分，任何事业的性质总是要大白于天下的。倘若凭借实力称王称霸、横行霸道、仗势欺人、欺人太甚，结果必将是官逼民反、群起而攻之，迟早落得个"多行不义必自毙"的结局。巧克力是"得道多助"之力，故能巧得出神入化；而"失道寡助"者虽巧舌如簧，大搞巧取豪夺，但在巧克力面前只能弄巧成拙，归于败亡。

（原载《中国行政管理》2014年第8期）

应该讲理

我们很重视以理服人。平常判断是非和是否公道,相信"是非自有公论""公道自在人心"。还有一个说法,就是"有理走遍天下,无理寸步难行"。在正常情况下,理直气就壮,理屈词便穷。但有时碰上蛮不讲理或坚持歪理的人,也很为难。有时"公说公有理,婆说婆有理"。连"清官"都"难断家务事"。何况在旧社会,"衙门八字开,有理无钱莫进来"。那就是说,要打官司吗?贿赂公行,"钱多好办事,钱少难办事,没钱不办事"。没理的变成有理的,有理的变成没理的,都有可能。有理没处说、有冤没处伸的局面是存在过的。只好忍气吞声,无可奈何,拉倒,算了。

进入新社会以后,理不直气仍壮、理已屈词不穷或强词夺理、无理取闹的人已明显减少。现在进行深化改革,实行依法治国,大力反对贪污腐败,凡事强调合理合法,致使讲理的正气上升,不讲理的邪气下降,这既是新气象,也是讲理的优秀传统的继承和发扬。试想在社会主义核心价值观中,要体现民主、文明、和谐、自由、平等、公正、诚信、友善等,都一定要讲理,而且小道理要服从大道理。"公正司法",钱已通不了

"神",有钱也不能使"鬼"推磨。中国特色社会主义是绝对不能容许那一套的。新的要求如"有权不可任性"、发展经济"不能那么任性"也很合理。至于科学研究中不同学术观点的争论和讨论中不同意见的交换,属于双百方针范畴,又另当别论。后者对于创新创造有积极意义。

在我们内部,应该讲理已经成为共识。在国际关系方面,我们认为也应该讲理。"得道多助,失道寡助"指的正是有理与无理。我们遵循和平共处五项原则,国家不分大小、强弱、贫富,一律平等相待,互助合作,实现共赢。可是,有的国家领导人并不是这样,而是以大欺小,以强凌弱,以富压贫。自己胡作非为,不守规矩,却对别国内政指手画脚,说三道四,甚至无理指责。"我干可以,你干不行。"还是他们那一套"强权就是公理"(Might is right),也实在是太任性了!面对如此无理、无礼之举,怎么办?忍了会被看作认了,不理则会被看作无理。只有说明真相,讲清道理,让全世界知道究竟是怎么回事。

(原载《中国行政管理》2015 年第 6 期)

前人之言

中外古今（近现代），前人之言真是太多了。俗话早有"不听老人言，吃苦在眼前"之说，但也有"惟陈言之务去"的说法。怎么办呢？当然应进行思考和加以选择。该听的是确有参考价值、实践证明有益的经验教训，并且要高度重视和认真对待。对于那些不切实际的陈词滥调，甚至是胡言乱语的无稽之谈，则务必不可听信。尤其是关于国计民生、治国理政方面，更要保持警惕。

例如，前人有言："世事洞明皆学问，人情练达即文章。"姑不论这里把世事和人情同学问和文章直接联系在一起，问题在于理解和领悟怎样的世事和人情，又怎样表达洞明和练达。常见的有两种截然不同的情况，即正面的和反面的，或积极的和消极的，其结果也自然是各异其趣。

先说正面的（或积极的），对于世事和人情，体现一种一心为公的高尚精神境界，非常关注世道人心，力求全面深刻了解和有针对性地采取有效对策和举措，以期福国利民，止于至善。也就是说，这是一门大学问、真学问和一篇大文章、好文章。

再说反面的（或消极的），对于人情世故的态度，则多出于一己之私，受私心杂念的指示，流露出庸俗的低级趣味，表现为圆滑应付，置公道于不顾，祸国殃民也在所不惜。显而易见，这种伪"学问"和假"文章"登不得大雅之堂。

至于反映前人智慧的学问，并非都见诸文字，而是早就有"口述历史"流传下来。现在媒体日益发达，更加有助于我们加快、扩大和加深对世事、人情的正面了解。我们不仅不难听取世界范围内的前人之言，而且可以及时了解近人和今人之言（实际上都还是时间更近的前人之言）。这是我们求发展的最重要的有利条件之一。仅就世事和人情这两项而言，有关信息便极其灵通。

先说世事，总的来看无非两个大局。方方面面，清清楚楚。既然中国梦同人类梦是相通的、一致的，我们就必须奋勇前进，把"四个全面""三严三实""五大发展理念"坚持下去，彻底落实社会主义核心价值体系。

再说人情，各国人民没有不希望和平的。我们主张的平等、合作、互助、双赢普遍受到欢迎。虽有不同的国情，包括风俗习惯，但只要互相尊重，求同存异，各国终究可以相安无事和共谋发展。

（原载《中国行政管理》2016年第4期）

卷二　当代治国理政中的行政学内涵

"行政的实质在于'行',或者说行政的要害、关键、精髓与根本在于'行'"。

——夏书章

依法行政

在本书卷七最后一篇文章《老兵新愿》中，按照对"行政专业"的理解，提出了近似一副对联的两句话：

行建设有中国特色社会主义之政，
须勤政、廉政；
专为人民服务当好人民公仆之业，
应敬业、乐业。

倘若真要以对联来对待，那么根据"老规矩"，显然还缺少一条横批。这里权且以"依法行政"四个字来补上。但也可以不作横批处理，让它不拘一格和自成一"体"，那就是：

依法行政
法严政通
行政得人
政通人和

这样，依法行政到政通人和可以形成良性循环。何以见得呢？

关于在市场经济条件下和在建设我国社会主义现代化的过

程中，必须实行依法治国、依法行政，那是肯定无疑的。我们要说的是：依法行政、法严政通、行政得人，以及政通人和之间存在着内在联系，而其关键和基础，是依法行政。

先说依法行政。必须切实做到"有法可依"，然后坚持有法必依，执法必严，违法必究。否则，依法行政就会成为一句空话。再说法严政通。真真正正地、实实在在地依法行政了，加上"法律面前人人平等"，公民民主权利有法律保障，社会才能在公正有序的环境中健康发展。

"行政得人"关系到人员素质，依法用人会大大提高对人才的选用效果。人员的挑选、任用、考核等均依法进行，有利于进一步推进依法行政。

由此而逐渐形成政通人和的局面，是完全可能的。

（原载《中国行政管理》2001年第2期）

科教兴国

在以前的漫谈中，我们曾经谈道，通过依法行政有可能实现政通人和。那是一种行政管理所希望出现的理想局面。还有一种行政管理所企求达到的美好境界，就是国泰民安。我们认为，科教兴国正是一条走向国泰民安的康庄大道。

这样说的根据，不是在文字表述上的偶然巧合，而是出于科教兴国本身的重要意义和实质性内容。实行科教兴国，必然会教兴国泰，也必然会产生兴国利民和国泰民安的结果，这同样是良性循环。

从国际形势和时代背景说起。世界已经开始进入信息时代、知识经济时代，21世纪的国际竞争越来越明显和日益趋于剧烈地表现为智力竞争、人才竞争。这种情况与各国的科教水平有直接和密切联系。能否在这种全球竞争中立于不败之地关乎国之大计。科教兴国口号的提出，有其适应战略需要的紧迫性。

科教兴国
教兴国泰
兴国利民
国泰民安

科教兴国旨在提高全民族的科学文化水平，从而使劳动者的整体素质得到较大的改善。发达国家和发展中国家的区别不仅表现在经济方面，二者的科学技术、文化教育上也存在显著差异。

教兴国泰就是说国家教育普及了、发达了，经济社会的发展有了可靠的保证，物质文明和精神文明建设相应地得到提高。随着文盲的扫除，科（学）盲、法（律）盲会大为减少。

兴国利民，不言而喻。社会主义现代化的早日实现，当然是国家之幸、人民之幸。这么多人口的生活进入小康，也应该看作世界之幸、人类之幸。

中国能长期保持国泰民安，也是极具世界历史意义的大事。

（原载《中国行政管理》2001年第3期）

依法治国

本书卷二中《依法行政》一文，概括起来只是把这四个字分别组成四句话。那就是，依法行政，法严政通，行政得人，政通人和。排列如下：从左到右，横读、竖读均可：

```
依法行政
法严政通
行政得人
政通人和
```

这样从依法行政到政通人和，可以形成良性循环。当时做了些解释，似已不用重复，但须补充说明的是，"行政得人"是指能够依法行政的人。依法治国已被公认是"法治中国"建设史上的一座丰碑，是中国迈进"法治时代"的标志性事件。因此，对于"依法治国"这四个大字，也用四句话来加以阐释，即依法治国，法明国泰，治国安民，国泰民安。同样排列于下，从左到右，横读、竖读均可：

依法治国
法明国泰
治国安民
国泰民安

　　同从依法行政到政通人和一样,从依法治国到国泰民安,也可以形成良性循环。关于依法治国的重要性、必要性,已经有很多文件、文章可以学习。这里想说的,除了再重温一下依法行政可以实现政通人和外,更鲜明和深刻的印象是依法治国必将达到国泰民安的境界。

　　联想到社会主义核心价值观的基本内容来考虑:三个层面的十二个要点中,"法治"虽仅占其一,但若试想,如何实现富强,怎样实践民主,文明如何保障,和谐是否可能,等等,一路向下去,便不难发现或觉察,"法治"可以认为有全面联系和积极有效的促进、保证作用。党的十八届四中全会所讨论的中心内容,受到中外媒体的高度重视。中国梦已成为世界人民的热门话题,大家正拭目以待,如何使梦想成真。依法治国则是实干兴邦所不可或缺的选择。其实,"法律面前人人平等"的原则早就定下了,"有法可依,有法必依,执法必严,违法必究"的要求也提出已久,现在的问题是要进一大步去促其实现。如"科学立法,严格执法,公正司法,全民守法"的方针,就显然更全面、具体、积极、配套化、可行。

(原载《中国行政管理》2015 年第 1 期)

以德治国

根据"建设有中国特色的社会主义"和"在我国实现社会主义现代化必须物质文明建设与精神文明建设并举、并重"的原则,江泽民同志在不久以前提出,要在坚持依法治国的同时,实行以德治国。这是符合马克思列宁主义、毛泽东思想、邓小平理论,以及满足改革开放以来实践所反映出的迫切要求的科学论断。

依法治国与以德治国不仅完全可以并行不悖,而且在理论上和实践中是相辅相成、相得益彰的。古人所讲的法律和道德虽然存在明显的历史局限性,但是他们早已懂得,道德有济法律之穷或补法律之不足的作用。当然,德的影响更高、更广、更深、更久于法,那是另外一个问题。

我们知道,在资本主义国家流行一种有人善于钻法律空子的说法,说的是如何逃避法律制裁而能够"逍遥法外"。还有更严重的情况,即所谓"偷面包者进监狱,偷铁路者进国会"。这同我国古语中的"窃钩者诛,窃国者侯"并无二致。最近,国际上关于"花钱买特赦"的传闻和议论如果属实,便是既关系到法律尊严,又表明当事者道德水准的大事。

本来,法律条文规定再怎样严、细,也不可能真正做到无

微不至。我们习惯说难逃法网,但网毕竟不同于布,有或大或小的网眼,也就是总还有空子可钻。要使法网达到疏而不漏的境界,必须使整个社会充分发挥道德的力量。自觉遵纪守法的精神,以违法乱纪为可耻的心理状态,均已进入道德范畴。

  应当看到,科教兴国中的"教"即教育,将德育列于首位,优秀的人才莫不德才兼备。在道德水平普遍提高的基础上,实行以德治国,必将更加有力地促进全国各族人民同心同德地共铸新的辉煌。我们深信,以德治国必将国泰民安:

以德治国
德明国泰
治国安民
国泰民安

(原载《中国行政管理》2001年第4期)

小平永在

2003年，举国、全球都掀起了纪念小平百年华诞的热潮，国人因有此伟人而深感自豪。最常见的现象，莫如涉及现实生活的具体情况时，人们极易联想到敬爱的小平，这表明小平永在，他还活在人民心中。

记得湖南大学政治与公共管理学院成立时，笔者致贺云："把酒祝东风，湖光山色浓。南巡路宽广，大智夺天工。学海新波扬，政正自然通。治国凭德法，与时俱进中。公平兼效率，共享大繁荣。管理是服务，理论忆邓翁。学校重基础，院系当其冲。办学诚不易，好事必成功。"每句首字相连，便是"把湖南大学政治与公共管理学院办好"。看文字，似仅二至六句与怀念小平有关，但其实通篇都是。切身感受如此，并非牵强附会。

"把酒祝东风，湖光山色浓。"改革开放以来，发展形势喜人。江山如画，异彩纷呈。饮水思源，不言而喻。

"南巡路宽广，大智夺天工。"小平南方视察轰动世界。那是他的"设计"取得巨大成功和更显成熟的时候，发展的路子更宽、更活，视察过程中的指点和教导超凡脱俗、出神入化，使勇往直前的后继者更有信心。

"学海新波扬，政正自然通。"邓小平理论令人口服心服，不仅进了大学课堂，而且学界也纷纷成立研究中心，在国际上也有学者对此开展研究。中国古语有云："政者，正也。"小平拨乱反正，正气凛然，故能逐渐实现政通人和。

"治国凭德法，与时俱进中。"小平主张精神文明和物质文明并重，强调德才兼备和依法治国，重视不断创新和与时俱进。

"公平兼效率，共享大繁荣。"通过让少数人先富起来，逐步达到共同富裕，实行公平和效率兼顾，是小平的一贯思路。

"管理是服务，理论忆邓翁。"领导就是服务乃小平名言，管理更是服务。社会科学的活跃、繁荣源自小平"赶紧补课"的号召。

"学校重基础，院系当其冲。"国家、地区的发展也是这样，要落实到基层。因此，小平抓农村和城市改革以及经济特区建设。

"办学诚不易，好事必成功。"依同理，建设中国特色社会主义现代化的难度更大，但这种大好事，只要遵循小平的嘱托，群策群力，就一定能够成功。

（原载《中国行政管理》2004年第10期）

造福一方

现在,"三个代表"重要思想,可以说已经在全国范围内,逐渐家喻户晓和深入人心,其国际知名度也有很大的提高。各级政府的领导者,尤其是地方的党政负责人,常表明以"为官一任,造福一方"为己任,这已成为一种较为普遍的共识和挂在口边的说法了。当然,"为官"还是传统的习惯用语,实质上应该是当好为人民服务的公仆。

这里就谈谈"造福一方",问题在于为谁造福,要造的是什么样子的福和怎样去造福。根据"三个代表"重要思想的要求,显然只有从努力提高当地的生产力水平入手,建设和发展中国特色社会主义先进文化,才能符合广大人民群众的真正长远和根本利益。在绝大多数地区,他们正是一直这样并将继续坚持不懈地这样做的。在这方面,确实是成绩显著、变化巨大、形势大好和发展势头喜人。

可是,毋庸讳言,也不能不看到的具体事实是有的欠发达地区或某些人并非如此。尽管其为数不多,但应引起注意。关于这种情况的表现形式是多种多样的,其想法和做法都不对路。例如,在表与里或名与实、正与负或得与失、治标与治本、一时与永久、局部和全局等关系问题上，处理不当或顾此失彼，便很容易造成不良影响或带来隐忧、后患或副作用，反而加重了困难的程度。还不说某些以权谋私之徒胡作非为，那完全是明目张胆地为害一方了。

试以如何脱贫致富为例。贫困地区当局对待自己的工作任务，本来应本着正确的精神，积极进取，千方百计地率领人民群众早日摆脱贫困，发展经济，振兴教育，从而解决温饱，进入小康，并继续前进。遗憾的是某些掌权人却没有这样去做，而是进了歪门，走上邪道。

两个曾经出现过的事例：其一是以弄虚作假、谎报脱去贫困"帽子"来显示自己的"政绩"，借以"升官"，其实贫困依旧或更趋恶化；其二是心安理得，把贫困"帽子"牢牢保住，不费力去搞经济建设，甚至扬言执"帽"有功，摘"帽"有罪，其实还是"等、靠、要"老一套。应当认为，二者都不实事求是，最重要的还是要深切领会"三个代表"重要思想，这样才能真正把"造福一方"落到实处。

（原载《中国行政管理》2003年第2期）

公共服务

如果认定管理就是服务，领导也是服务的话，那么，政府和非政府的公共管理及其领导，就更理所当然地是公共服务。这样说，完全是因为公共管理更具有持久的特别重要的意义。

长期以来，人们所憧憬的太平盛世，总离不开"风调雨顺，国泰民安""政通人和，安居乐业"之类。事实上，只要公共服务好，即使遇到风不调、雨不顺，甚至是特大的自然灾害，也仍然可以进行有效的救灾、抢险，将损害降到最低限度并有效善后，而不致使广大人民群众流离失所。

因此，一个国家或地区能否长治久安和兴旺发达，在很大范围内和很大程度上，与公共服务的效率、水平、质量等直接、密切相关。古今中外莫不如此，现代社会更是这样。

现实生活告诉我们：公共服务是促进还是阻碍经济发展和社会进步，效果截然不同。十分明显，没有政治稳定的局面和社会安定的环境，国际投资者们是绝对不可能轻率地下决心对一个地区进行巨额投资的。这就重点取决于该地区公共服务的具体状况。其中包括公共工程，首先是各种基础项目的建设，它涉及公共服务的方方面面，如公共政策、公共设施、公共

· 77 ·

秩序、公共安全、公共卫生等，不仅表现在物质条件上，还反映在工作人员的文化素质、精神面貌和服务态度上。

看来，在公共管理领域，继传统公共管理（new public administration）与新公共管理（new public management）之后，出现新公共服务（new public service）运动并非偶然。姑不论它们之间在理论观点和具体内容上的分歧和争议如何，有一点似乎可以肯定和不容忽视，即强调或提醒公共管理主要是或归根到底是公共服务的性质。现在，公共管理部门绩效评估问题引起全世界的注目和成为前沿课题、热门话题，也正好说明了这一点。

在西方，早有公务员是社会公仆之说，问题是没有做到实副其名。在中国，我们在很久以前便开始，并一直都以为人民服务为宗旨，问题也在于受传统观念的影响，尚未完全做到、做好。对于公共服务的理念我们并不陌生，应当认真努力，促其彻底实现。"三个代表"的思想，必须体现于公共服务实践中。

（原载《中国行政管理》2003年第3期）

制度重要

在管理领域，尤其是公共管理活动的全过程中，只有建立、健全各种制度，并不断改革和完善，使之合理、有效，才能实现预期的目标并取得满意的效果。

我们正在学习、贯彻十六大报告的精神。其中比较突出的一点，是对体制改革的高度重视。先看目录，十个大题就有三个将建设和体制改革同时标明。再看内容，其余七个大题的论述，也无不随时或较多提到诸如体系、体制、制度之类，以及有关的情况和问题。

试以第五个大题关于政治建设和政治体制改革的论述为例，九个要点中有七个直接强调要"坚持和完善""加强""改革和完善""深化改革""推进改革"有关制度的，而另外两个，则都离不开制度问题，如"对权力的制约和监督""维护社会稳定"，没有相应的制度或制度不好能行吗？

让我们具体分析一下改革和完善决策机制。毫无疑问，"正确决策是各项工作成功的重要前提"。可是，如果对民情缺乏了解，对民意没有反映，对民智未能集中，对民力不知珍惜，便难以保证做到正确决策。决策科学化民主化更无从说起。这就需要建立一系列的重要制度，如报告所提及的社情民意反映制度、社会公示制度、社会听证制度、决策的论证制和责任制、专家咨询制度等,以"防止决策的随意性"。只有这样,民情才能得到深入了解,民意才能得到充分反映,民智才能得到集中广泛,民力才能得到切实珍惜。有了严格的规则和程序,各项工作据以经常、持久、全面、认真展开,不致流于偶然、肤浅、片面甚至落空、失误。那种没有制度或不遵守制度的"想当然""拍脑袋""心血来潮"式的决策,应当扔进历史垃圾堆了。

说到制度重要性,重温邓小平的有关论断是很有必要的。他认为:"我们过去发生的各种错误,固然与某些领导人的思想、作风有关,但是组织制度、工作制度方面的问题更重要。"① 他还以毛泽东和斯大林为例来加以说明。十六大报告以"高举邓小平理论伟大旗帜"开始,在宝贵经验中,列为第一条的是:"坚持以邓小平理论为指导,不断推进理论创新。"我们在学习之余,也深感确实如此。

(原载《中国行政管理》2003年第6期)

---

① 邓小平. 邓小平文选:第2卷. 北京:人民出版社,1994:333.

行政成本

人们注意到前不久的《政府工作报告》中明确提出"降低行政成本"的概念,最近取消领导人出访送迎仪式,又使人联想到压缩行政成本的问题。应当认为,关心、议论行政成本是大好事和深化行政改革的应有之义。

有人做出"中国是全世界行政成本最高的国家"[①] 的论断。果真如此,就必须尽快地设法把它降下来。手边正好有资料说明:"我国行政事业单位人员由财政供养,目前人数达4 500多万之巨,也就是说平均28人养1个'吃皇粮的'。在很多地区,新增财政收入有80%以上用于人员经费,成为'吃饭财政'。"[②] 可见机构臃肿和人员膨胀已经相当严重,难怪已有经济学家指出:"如此发展下去,国民经济的发展将严重受阻。"[③]

过去常有一种"算政治账,不算经济账"的论调,其实那是在特定情况下针对某些不可因小失大、虑近忘远的事项而言,

---

① 中国行政成本全球最高. 新快报,2003-06-10.
②③ 常晓华,顾钱江. 28人养1个"吃皇粮的". 北京青年报,2003-03-07.

并非一概允许不必要和不合理的开支。倘若财政只能负担"人头费",再铺张浪费,政府便不可能有余力从事各方面的建设和发展了,这是再明显和简单不过的道理和事实。既然关系和影响国家建设和发展大计,即要算的不仅有"经济账",还有"政治账",怎能不认真对待和精打细算呢?

勤俭持家本就是中国的传统美德之一。"小家""私家"也有管理不善而致"家道中落"直到"败家"的。要当好"大家""公家"的家,其理相同,难度更大。如责任心、使命感不强,私心又重,则极容易大手大脚,挥霍无度,甚至发生贪污腐败、中饱私囊的现象。看来,控制和降低行政成本,势在必行,只要共同关心和努力,"经济账"的情况是完全可以做到令人耳目一新的。

第一,最高当局重视,认认真真当一回事。开头提到的两点,就是好的开始。

第二,强调公务人员的道德品质,形成好的风气,以德治国必须有这方面的内容。

第三,建立健全规章制度,做到依法行政、有法可依,并制定有关具体可行标准。

第四,纳入"政治文明"建设范畴,发扬人民当家作主精神,加强民主评议和监督。

第五,发挥社会舆论的积极作用,使各种媒体包括网上活动都能对此给予关注。

(原载《中国行政管理》2003年第12期)

必反可防

对于腐败，必须坚决反对和严惩不贷，但必应该和可以预防。中央反腐的决心有目共睹，而是否果然可防，不少人尚存疑虑，或者说信心不足。其实，不反和反对不力只会纵容、助长贪腐之风，而在大反特反的同时，采取有效的防范措施则是完全可能的事。

众所周知的事实是回归前的香港地区和建国不久时的新加坡，都曾经有严重的腐败现象。当时西方有人将那种现象比作"东南亚之癌"，视其为无可救药的不治之症。可是，后来的实际情况证明这一"诊断"有误。因为经过认真对待，香港地区和新加坡的反腐工作不仅成绩显著而且效果得到了巩固，社会风气也逐渐转正。联合国组织还很重视它们的成功经验，并邀请相关人员到大会上去做专题报告。邓小平在南方谈话中，也曾肯定新加坡严格的管理制度。可见，既必反，又可防，旨在根本改恶性循环为良性循环，化劣为优。

苏州市的现状是另一个更有说服力的例证。先说它是中国历史上的名城，以富庶繁华著称。封建社会从来都把该地的官职视为"肥缺"，亦即大有"油水"可捞之意。"三年清知府，十万雪花银。"据说指的就是苏州，所谓"清知府"尚且如此，再狠些的可想而知。说到现在，它仍然是发达省份的最发达地区。居举世瞩目的"长三角"中的"苏、锡、常"小三角之首。在这样的环境和条件下，"常在江边走"，并非都"难保不湿鞋"，在苏州"就是不湿鞋"的大有人在，"百官共廉"的局面出现在苏州地区："20多年来，苏州市（地）委书记中，没有一人因腐败问题受过处分；近10年，苏州市历任市委书记、市长及下属各县级市四套班子的一把手，前后近百人，任职期间无一受过党纪、国法处分。"① 据分析，原因在于各级纪检监察部门为了爱护干部，采取了一系列事前预防措施，同时重视制度建设以端正领导干部的行政行为。出现上述局面，也正是"制度善意"② 的体现。

医药卫生事业的目的是治病救人，在确诊以后，固然要对症下药，还应该强调预防和保健工作的重要性。提出预防为主，主要是因为预防的效果面广，保护的人数多，大家"健康水平"都提高了，自是一番欢乐景象。因此，加大预防力度，也是深厚的善意、爱心所寄。在反腐斗争中，不可轻忽预防，其理相同。

（原载《中国行政管理》2004年第2期）

---

①② 中国青年报，2003-09-22.

行政区划

这是一个古老又有新意的话题，中外行政管理教科书和有关专著中常略而不谈。非常高兴从 2003 年 10 月 27 日的《光明日报》上获悉"行政区划体制创新座谈会"的举行，民政部长还在会上表示希望各界为行政区划献计献策。

诚然，行政区划工作应当最大限度地发挥其为经济建设和发展先进生产力服务以及促进城市化健康有序发展的作用，与行政区划密切相关的，还有政治、经济、行政、司法等体制。怎样建立适应经济社会发展实际需要和市场经济体制的行政区划管理体制，确是很值得认真深入研究。

我国大体上的行政区划由来已久，太远的暂不去说，即就新中国成立前后的情况而论，也曾有过一些拟议和尝试。但是，仅以省一级为例，总的看来，似乎基本上终于还是"动不如静"，只有在改革开放以后，才新建海南省，增设重庆直辖市，也许这与时机是否成熟有关，现在提上议事日程可能是时候了。

回顾抗战胜利之初，东北三省有改为九省的考虑；新中国成立初期，四川省分四个行政区、安徽省分两个行政区、江苏省分两个（一说为三个）行政区等；平原省仍归河南省，三峡省没有建成，这已经是后来的事。记得敬爱的周恩来总理编了容易上口的四句话："两湖两广两河山，五江（新疆的疆为谐音）云贵福吉安，四西（四川西藏）二宁（宁夏辽宁）青甘陕，还有内台北上天。"这就是当时的行政格局。

现在增加了一省一直辖市，香港、澳门回归成为两个特别行政区，那四句不妨暂作："港澳两湖广河山，五江云贵福吉安，四西二宁青甘陕，琼（海南）渝（重庆）内台北上天。"看来变化不大。不过，在省级以下，行政区划的改动有颇多引人注目之处。如地（宪法所无，原亦非一级政权）改市、市管县、县改市、县（市）改区、乡改镇、镇合并等。此外，还有不少经济协作地区，最著名的如"长三角"和"珠三角"。前者跨三省市，后者虽主要在一个省，但与两个行政特区密切相关，都无可避免地碰到与行政区划直接联系的行政体制问题。

可见，这是一个很重要的课题，各领域、各部门的专家、学者通力合作是完全必要的。我建议《中国行政管理》杂志也多反映这方面的信息、意见。

（原载《中国行政管理》2004年第4期）

和谐社会

和谐社会是一个已越来越引起世人高度关注的最热门的话题,并且一定会继续和持久热下去。

社会形态是由经济基础和上层建筑构成的整体,我们已经知道人类社会有五种基本形态,即原始共产主义社会、奴隶社会、封建社会、资本主义社会和科学共产主义社会(社会主义是其初级阶段)。此外,社会也有不同的类型,如农业、工业、国内、国际社会等,范围较小的则有社区、社团之类。

说到"和谐社会",我们还不了解原始共产主义社会的真实情况,但估计可能存在某些自发的或自然的和谐。而自奴隶社会以来,古今中外的社会大概主要是不和谐或不够和谐的。即使历史上出现过和谐局面,也常是相对的、局部的、暂时的或形式(表面)的,程度也各不相同,还有的是虚假现象。尤其是一再发生的世界大战,弄得全世界不得安宁,还有什么和谐可言!现在小战不断,恐怖事件迭出,世人渴望和谐可以理解。古人早有此想,却非轻易能够实现。

可见,构建和谐社会,唯其难能,故更可贵。只要我们达成共识,认真研究其可行性和可操作性,通过切实有效的努力，便大有希望逐步实现这一崇高理想。只要我们坚持以人为本，深信事在人为，调动一切积极因素，全力以赴，就可以实现目标。其中包括并首先应给予重视的是为之服务的公共管理。我们知道，现代和谐社会是体现民主法治、公平正义、诚信友爱、充满活力、安定有序、人与自然和谐相处的社会。公共管理的质量、水平、效率等对它的发展和运作，不能没有直接、明显和重大影响。

必须指出，公共管理的状况如何，关键在于公共管理人员的素质。有鉴于此，当务之急是有计划和有针对性地开展公共管理人员的教育、培训、选拔、任用、考核、评估等一系列人力资源开发与管理类的工作。构建和谐社会的任务艰巨，对公共服务的要求更高，如果"官场"旧习、恶习不改，那将是严重的不和谐因素。为此，广大公共管理人员的真正敬业和乐业的精神，为构建和谐社会所不可少。中国公共管理教育的特色之一，亦当在于此。

（原载《中国行政管理》2007年第3期）

议老龄化

近读一篇短文——《大国老龄化将阻碍其经济发展》,其对问题的析述简明扼要,却颇能引人深思。其中提道,英、中、法、德、日、俄、美都有迅速老龄化的现象。具体来看,到了2050年,"仅在中国,65岁以上的老年人就会达到3.29亿。……老龄化造成劳动力短缺,已经使中国经济增长面临威胁"①。实际情况是否确实如此,姑且不谈,但至少应引起我们注意。

文章着重讲的,主要是在西方大国中美国具有相对优势:"生育率和移民数量都是最高的,……养老金体系资金比较充足,老龄人口享受的公共福利也比较适度。……工作时间较长,退休时间较晚,赋税负担也比较轻。"② 尽管是这样,美国的老龄化危机仍远不是一个小问题。因为毕竟要有巨资养活老人,所以美国还将在国际政策上做收缩调整。为此,作者特别强调应降低富裕人口享受的社保和医保服务,并提高退休年龄等,尤须遏制医疗费的增长。我们虽然存在不同的国情和发展水平,但这些有针对性的举措却不失其参考价值。

---

①② 哈斯. 美国的黄金时代吗. 波士顿环球报,2007-08-30.

在稍早一些时候,全球经济合作与发展组织在一份研究报告中指出,中国在养老保险制度方面存在的局限:"2005年能够享受到这种养老保险的城镇劳动者不超过48%,而农民基本上没有养老保险,因而养老保险在全国的覆盖率只有13.4%。"① 为什么?原来现行制度以国家基本养老保险、企业补充保险和个人储蓄性保险为三大支柱,但后两者缴纳数无保证,结果常只靠国家一方维持,致大多数人被排斥在外。为了能普及一种切实可行的制度,经合组织建议中国政府:"延长法定退休年龄……使自己的养老金制度更具有吸引力,特别是针对私企员工而言。"②

　　当然,主意还得由我们自己拿,办法也得靠我们自己想。已有专家认为,我国人口状况在2015年以后还会恶化。前面提到的3.29亿(另一说为3亿)是什么意思呢?即届时100名劳动者要养活65名非劳动者。那经济发展会是何等光景,可想而知。古人云:"凡事预则立,不预则废。""宜未雨而绸缪,毋临渴而掘井。"何况现在已经到了必须采取行动的时候,更必须早为之计,即为之计。

(原载《中国行政管理》2008年第1期)

---

①② 北京改革养老保险制度步履艰难. 法国回声报,2007-06-27.

齐抓共管

在公共管理领域,有个一度相当流行的说法,叫作"齐抓共管"。听起来蛮不错,大家都来抓、都来管,似乎一定可以抓好、管好。但是实践经验表明,并非凡事皆然。有的可行,有的未必,甚至欠妥。

需要分析一下的是,这里所说的抓和管是直接、具体、有职有权的行为,不同于一般对事项任务特别是中心工作的支持、配合、协助和关心之类,而是在"齐"和"共"之列的单位或人员都"抓""管"其事。

可行的不用说了,也许正因为效果很好,尝到了甜头,于是试图推广。问题出在没有区别各种实际情况和对可能发生的负面影响缺乏判断。那就让我们看看已经有过的一些现象。比较常见的有:

一如有利则热。"积极性"明显较高或很高,表现为争先恐后,也认真出力,大有"当仁不让""责无旁贷""舍我其谁"之势。总之,是够"热闹"的,有时还会有点乱。

二如无利则冷。"积极性"调动不起来,"注意力"自然差得多,能不干便不干,反正迟早自会有人去干,看似"谦让",其实是怕吃"亏",即使勉强应付,也不会动真格。

三如易事则接。既然轻而易举，不妨顺水推舟、见风使舵，虽较少或全无"实惠"，也可以装装门面、凑凑热闹，不吃力却能讨个好，说不定还会有助于形成"勤政爱民"的印象和名声，真是何乐而不为！

四如难事则避。事情复杂微妙、难度较大，又关系到重要原则和责任的承担，执行或处理过程很容易得罪人，因而能推则推、能拖则拖、能避则避，结果便成为"老大难"。本来"天下无难事，只怕有心人"，遗憾的是这类"有心人"并非面对而是背向困难。

上述情况也可能出现于"分抓专管"的条件之下，如利益驱动、避重就轻、好逸恶劳等。但是"齐抓共管"的状态中，其产生、蔓延、扩展的余地更大也更难以较快地得到扭转。因为前者职有专司，问责较易；而后者面广而分散，头绪很多，对需要相对集中致力解决的问题，往往可能在推诿、依赖、等待中失时误事。关于"齐抓共管"的可行或不宜，这里未举例说明，相信根据长期实践经验，不难试行"对号入座"，对此的讨论不必多占篇幅了。

（原载《中国行政管理》2009年第6期）

赞"十不让"

前不久获悉,广东省司法厅有《广东省司法行政系统工作人员"十不让"守则》,照录如下:

一、不让上级决策部署在我这里延误;

二、不让服务基层事情在我这里缓办;

三、不让工作创新发展在我这里停滞;

四、不让违法违规事项在我这里过关;

五、不让群众合法权益在我这里受损;

六、不让立即能办事务在我这里拖延;

七、不让软懒散乱习气在我这里出现;

八、不让吃拿卡要现象在我这里存在;

九、不让失职渎职行为在我这里发生;

十、不让司法行政形象在我这里玷污。①

这可不是一般随便说说的闲话,而是必须遵守的原则,谁触犯了都将受严处②。难怪省委书记看到时"连连点头称赞"③。应当认为,这"十不让"考虑得比较全面,针对性很强。无论是对建设服务型政府、构建和谐社会,还是对处常或应急,都有现实、具体、直接的积极和重要意义。果真完全做到,必将

---

① ② ③ 新快报. 2009-01-13.

大快人心。

可不是吗？常见情况之一，是正确决策部署未能及时落实、到位，问题即在执行环节。

常见情况之二，是基层服务工作你急他不急，缺乏效率观念，有时又因人而异，亲疏分明。

常见情况之三，是创新发展要求有力无心，往往说得好听，叫得很响，行动却慢慢吞吞。

常见情况之四，是违法违规事项明知故纵，有的互相包庇，同流合污，自身也知法犯法。

常见情况之五，是不把群众合法权益当回事，或任其受损，或"官官相护"，结果助长邪气。

常见情况之六，是立即能办的事务拖拖拉拉，有时推三阻四，横生枝节，往往失时误事。

常见情况之七，是软懒散乱习气逐渐滋长，不是干劲十足，而是得过且过，敷衍应付。

常见情况之八，是吃拿卡要现象时有所闻，而致已有"不给好处不办事，给了好处乱办事"之说。

常见情况之九，是失职渎职行为较少追究，易地为官，"风光依旧"，法治不彰难以服众。

常见情况之十，是国家行政形象或有玷污，"门难进、脸难看、话难听、事难办"的旧说令人心寒。

"十不让"正好对症下药，不仅适用于司法行政系统，而且是可以推广到整个公共管理领域的共同守则。其中关键在于从"我"做起。

（原载《中国行政管理》2009 年第 9 期）

花甲大庆

庆的是中华人民共和国成立 60 周年，且应大庆、特庆。

"花甲"是传统的 60 岁的说法。源自干支纪年法，即将以甲为首的 10 干和以子为首的 12 支（通称天干地支）相配，60 年为一周期。再现"甲子"，又叫"花甲"。

这次国庆之日，我已年逾九旬。所以这 60 年的历史，是我在"三十而立"以后亲历过的。抚今思昔，往事从头回忆，真像是"过"不完的"电影"，既历历如在目前，又那么生动、深切！

千言万语不知从何说起，切身感受相对集中在最近的"抒怀"俚句里：

生不逢时老逢时，耄耋欣幸历盛世；

星火燎原恍如昨，探索向前亲其事；

改革开放气象新，学科补课不容迟[①]；

国际接轨须审慎，中国特色见真知；

一穷二白未能忘，和谐小康正可期；

---

① 指邓小平同志号召对政治学等学科赶紧补课。

科学发展永持续，百年更高举红旗①。

在上述不足百字的长话短说中，其实已提到了不少根本性和至关重要的大问题。当我们热切祝贺新中国成立60周年之际，感到必须对这些问题进行深思并予以牢记。

例如，按前面出现的顺序来说："逢时"与后的"时"，指的是所处历史环境的优劣或顺逆；"盛世"绝非凭空而至；"星火"冒被扑灭的危险终于燎原是经历长期的艰苦奋斗的；"探索"走过的弯路和付出的代价，经验教训都有；"改革开放"更是中华人民共和国发展史上具有划时代意义的里程碑；"学科补课"也不简单，必须根据国情自主创新；在正确进行"国际接轨"的同时，最重要的是突出和坚持"中国特色"；"一穷二白"不可淡忘，"和谐小康"得来不易；只有认真学习和实践"科学发展"观，才能继续取得新的胜利。

现在，世界各国都正处在一场来势凶猛的全球性经济危机的愁云惨雾之中，中国也不能例外地面临严峻的考验，还有突发的天灾人祸（如少数唯恐天下不乱分子内外勾结不止一次地制造恶性事端）需要及时应对。我们能否化险为夷、转危为安，进而持盈保泰、正常发展？回答是肯定的。因为这不是盲目乐观，而是基于60年特别是近30年来的风雨兼程所树立起来的清醒和坚强信心。

（原载《中国行政管理》2009年第10期）

---

① 预期实现小康为2020年，届时中国共产党成立（1921）将达百年，并于2049年新中国成立（1949）百年时必更大有可观。

六五三十

说的是公共服务理论研究和实践人员六个方面各五言共三十个字的素质取向。

一是宏观综合：天、地、人、事、因。即天时、地利、人和、事实、因果。要认清自然和社会环境、事实真相及其前因后果，从而正确和善于发挥人的主观能动作用，以解决各种问题。力求做到、做好因时、因地、因人、因事制宜，避免失时、误事，或事倍功半、劳而无功，甚至欲益反损。

二是基础教育：德、智、体、美、群。只讲德、智、体还不够，高度集中到智育更难以实现全面发展。虽然无论公德还是私德都包括行为准则和守法精神，但缺乏必要的审美和乐群观念，优质公共服务也会成为空谈，至于勉强应付不那么尽心尽力，便习以为常了。研究和从事公共服务，本来就最需要有公共精神，而心灵美、语言美、行为美等正好在服务中体现。

三是发展要领：志、能、信、精、新。首先要有发展之志；接着要有发展之能；还要自己有信心和兑现承诺的信用；对工作精益求精、一丝不苟；并且永远开拓创新，勇往直前。这样，也只有这样，发展才能保持竞争优势和应对各种挑战，不断取得阶段性成果，最终达到预定的战略目标。那将是我们共同事业的胜利。

四是学习程序：学、问、思、辨、行。这是博学、审问、慎思、明辨、笃行的略语。既然有志于发展和真心诚意地为发展服务，认真学习以提高服务能力、质量、水平和效果是不言而喻的应有之义。上述程序是前人的宝贵经验总结，特别是几个环节或步骤缺一不可。浅尝辄止不行，贵能通过善问深思明辨是非，学以致用。

五是个人修养：公、廉、清、俭、勤。公共服务不可没有公共精神，公职人员必须清廉、清醒，生活俭朴和工作勤奋。在公共服务过程中，一定要处理好公私关系。什么以公谋私、假公济私、化公为私、公私不分、以私害公等罪恶行径，都在依法惩处之列，尤其是位高权重者更要注意个人修养，以免身败名裂，永遭唾骂。

六是实践检验：真、正、实、在、灵。不仅是说照前面的25个字去做是"真正实在灵"，而且是要在服务实践中检验是真还是假，是正还是邪，是实还是虚，是在位到位还是有失有误，是灵活灵通还是呆板闭塞。应该杜绝一切弄虚作假、歪风邪气、不讲诚信、缺位失职、故步自封等现象。这30个字是互相紧密联系的。

（原载《中国行政管理》2010年第1期）

三十加六

对于已发稿件，常不免想做些修补。前作《六五三十》一文，就是一个例子。原来谈的，是关于公共服务理论研究和实践人员六个方面各五言共三十个字的素质取向。后来觉得，那六项名称，亦可分别用一个字表达，并似乎更加明确，也因而有这里《三十加六》的标题。原文说过的不多重复，以下主要是修补的内容。

原来的第一项是"宏观综合"，改为（有）"心"。因为凡事必须有心，"天下无难事，只怕有心人（或心不专）"。"心不在焉，视而不见，听而不闻，食而不知其味。"对后面所要求的"天、地、人、事、因"若无心便不可能主动、积极去了解，甚至毫无兴趣。

原来的第二项是"基础教育"，改为（固）"本"。因为凡事都可追本穷源，人们常说的德才兼备，是以德为本的。"德、智、体、美、群（或群、美、体）"的排列，也分明体现了这一点。若不爱国，为国家富强、民族振兴、人民幸福做贡献即无从说起。

原来的第三项是"发展要领"，改为（守）"恒"。要坚持、守住"志、能、信、精、新"。不可淡忘、忽略。稍一放松，便很可能有负初衷和其他已存在与具备的有利环境和条件，而致后悔莫及，这样就太令人感到遗憾了！

原来的第四项是"学习程序"，改为（循）"序"。虽然所讲的是关于学习的程序，但在实际上是表示广义的循序问题。在正常情况下，凡事也应该有条不紊，区分轻重缓急，不打乱仗。"学、问、思、辩、行"是从学到行的过程，现在倡导的"两学一做"对我们很有启发。

原来的第五项是"个人修养"，改为（重）"养"。这是强调一下个人修养的重要性。还有把原来的"公、廉、清、俭、勤"改为"公、谦、勤、慎、清"，是因为谦虚很重要，清已表明廉洁、节俭，谨慎从事很有必要。

原来的第六项是"实践检验"，改为（见）"效"。意思本差不多，只是更突出要见实效。由于以上各项都是真正、实在和灵验的，所以总而言之是"真正实在灵"了。

从《六五三十》到《三十加六》的情况就是这样，所加的六个字为：心、本、恒、序、养、效。果能完全具备和充分发挥，则公共服务水平必将大大提高和出现更新、更好的局面。

（原载《中国行政管理》2017年第7期）

职、责、质、值

这个题目不是玩绕口令，而是涉及在现代管理组织中密切相关的四个方面，将职务、责任、质量、价值（绩效）各取一字。不无遗憾的是，现在有些人较多集中关注的，只是职位的高低和职权的大小，以及是否"肥缺"。有的甚至连具体职务内容也未必认真看待，更不用说应负什么责任、如何保证工作质量和是否胜任称职了。必须指出，正是后者才是判断究竟值与不值的最终依据，下面让我们从头说起。

一是职，包括职务、职位、职权之类。一个职位总有其承担的任务和相应的权力，在位者必须遵纪守法，做好工作。不可尸位素餐，或者失职、渎职，甚至滥用职权，以权谋私。抱着"有权不用，过期作废"腐朽观念乘机大捞一把的贪污分子总逃不了身败名裂的下场。这充分表明公职人员应"德才兼备、以德为先"，私欲膨胀便会什么坏事都干得出。

二是责，即办事、用权要负相应的责任。本来责无旁贷，就该勇于负责。但原则规定常难具体到"滴水不漏"，不免存在"弹性"或"回旋余地"，致被"有心"者视为"有空可钻"。于是争功诿过者有之，推卸或逃避责任者亦有之。其实，

事实胜于雄辩，情况会弄清楚的。坚持问责制并一问到底，大家都动真格，何愁不真相大白和原形毕露！

三是质，就是工作必须讲究和保证质量。如已经有了质量标准，一定不可偏离。对于暂无标准的事项，也要尽心尽力做成、做好，并且发扬精益求精的敬业精神。随便应付的态度是错误的，装门面、走过场，甚至以次充好、偷工减料而致人民生命财产蒙受巨大损失如"豆腐渣工程"的犯罪行径，则将受到法律的制裁和人民的唾骂。

四是值，说的是对工作的最后评价，通常叫绩效评估。从任职过程、负责状况到质量水平及其客观实际后果来评定绩效，是世界各类管理研究和实践中最热门的话题之一。用通俗的话来说，就是某人或某群体所干的某件事到底是值还是不值。其中的来龙去脉和前因后果所反映的经验教训，极有参考借鉴价值，为管理案例研究的精髓所在。

当然，现代管理要素很多，但莫不与上述四者有密切联系，一经展开即见分晓。

（原载《中国行政管理》2010 年第 2 期）

国情教育

国情教育内容丰富，有关地理知识应该是重要项目之一。在《中国行政管理》2004 年第 4 期拙文《行政区划》中，曾提到周恩来总理编的容易上口的四句："两湖（湖南、湖北）两广（广东、广西）两河山（河南、河北、山东、山西），五江（江苏；浙江；江西；黑龙江；新疆，疆江同音）云（南）贵（州）福（建）吉（林）安（徽），四西（四川、西藏）二宁（辽宁、宁夏）青（海）甘（肃）陕（西），还有内（蒙古）台（湾）北（京）上（海）天（津）。"后来增加新建一省（海南）一直辖市（重庆），香港、澳门相继回归，故拟暂作："港澳两湖广河山，五江（疆）云贵福吉安，四西二宁青甘陕，琼（海南）渝（重庆）内台北上天。"

最近，中央电视台的天气预报节目中，列出 36 个主要地名，看来更全面。即在首都、各省和自治区首府、直辖市以及行政特区之外，还有西沙、南沙。这一增补很重要，因而也很有必要把上述四句做些调整："两沙（西沙、南沙）宁（二宁）湖（两湖）广河山（两广、两河、两山），五江云贵福吉安（解释同上，'五江'亦可作'江疆'，其中'江'指四江，'疆'

为新疆），港澳川藏青甘陕，琼渝内台北上天。"限于字数，并宜顺口，还可以再斟酌。前面的字句附带夹注，不便朗读，既然已说清楚，不妨再重复一次：

两沙宁湖广河山，

五江（疆）云贵福吉安，

港澳川藏青甘陕，

琼渝内台北上天。

合计36地，结合天气预报，各省、自治区政府所在城市可以"对号入座"。全国这盘大"棋"，也就很清楚了。不过，其中究竟哪些是直辖市、省、自治区、行政特区，以及"两沙"何在，等等，便未必人人明白。可取的现成办法之一是借全国天气预报所附地图之助，了解实际部位和相关省区。另一个可行的办法是大家都提高对国情教育重要性的认识，在收看天气预报之际，联系到这方面的问题和引起议论的兴趣。可不是吗？国家这么大，存在差异的不仅是气温，还有……在热烈庆祝新中国成立60周年之际看了中央电视台的直播和专题节目以后，我们对伟大祖国的复兴之路和建设中国特色社会主义已经有了新的领悟。

（原载《中国行政管理》2010年第3期）

公职吃香

公职本包括政府与非政府公共组织的职位,这里说的,主要是政府职位。公职吃香也主要是指社会上考公务员热的现象,公务员已成为"香饽饽"了。

习惯的说法把职位叫作"饭碗",于是热考人群被称为"考碗族"。不仅如此,不少人认为自己若考不上,有个公务员老公或老婆也好,因而又有"嫁碗族"之称(为了持平本应加上"娶碗族"才对)。只说"嫁碗",大概是由于某婚介网曾在"最有异性缘的男性职业排行榜"上列出女性择偶青睐的十大职业,其中高居榜首的是公务员①。

不过,2009年11月25日发布的《中国公职人员健康白皮书》显示,公职人员某些慢性病发病率比普通脑力劳动者高,大城市的比小城市的高,领导者体检异常率更高达98.5%②。还不说我国知识分子平均寿命仅为58岁,比全国人均寿命低10岁左右③。

《公职人员普遍反映"一年比一年累"》的报道,也紧跟着

---

① 济南时报,2009-12-08.
② 北京晚报,2009-11-26.
③ 新闻晚报,2009-11-22.

出现。由中国医师协会举办的"城市与健康论坛"上发布的《2009中国城市健康白皮书》关于压力来源的调查显示:买房、父母健康、婚姻和孩子教育已成为现代白领的四大"压力源",其中也提到城市白领亚健康比例高达76%,处于"过劳"状态的接近六成。近八成的白领寝食不规律,每天都感觉比较累。还有工作压力较大,尤其是在有重大任务来临之际,必须放弃休假,以及长期伏案工作,缺少体育锻炼,而致发生前述各种慢性病等状况[1]。

这样看来,公职吃香当然是另有原因的。也就是说,公务员职业必有其吸引力才会热得起来。已有专项研究成果指出,除一时就业压力大之外,从关键成因来看,公务员的身份稳定、社会地位高和待遇好是职业吸引力的关键[2]。其他如"为社会做贡献""可利用的社会资源多"之类就不必一一列举了。

面对如此热潮,主其事者似应冷静对待。不能止于安排考试,而需要认真思考怎样真正形成一支高素质的公职人员队伍,使之保持身心健康,为国家建设、发展贡献力量,对人民群众进行切实有效的服务,并不断提高广大人民的满意度,使被吸引来的,都是德才兼备且热心公务的有志之士!

(原载《中国行政管理》2010年第4期)

---

[1] 新闻晚报,2009-12-20.
[2] 翟校义. 公务员职业吸引力探析. 中国行政管理,2009(9).

四菜一汤

我们一直都在反对铺张浪费，但是收效不大，为什么呢？值得研究。

试以过去防止用公款大吃大喝，招待限四菜一汤为例。早已"妙招"迭出，做到"循规蹈矩"，令人啼笑皆非。

数量似乎严格规范了，但其实是毫无意义的。因为在汤和菜的内容上和安排上，大有"文章"可做，即留有不少钻空子的余地。别看有些人干正事不那么尽心尽力，作起弊来却鬼点子蛮多。不是说四菜一汤吗？瞧：

用"升值法"，不是青菜豆腐，而是山珍海味、美酒佳肴。

用"扩容法"，以大碗大碟，装丰富的菜式，或名之曰"拼盘"。

用"轮换法"，桌面上经常摆着"4＋1"，但实行轮换，诸如此类。

时至今日，想不到有些地方竟变本加厉，"官员设宴敛财一再上演""嫁女筵开百席造成不良影响"等新闻屡见不鲜。某市纪委为此发紧急通知，除严禁和先免职后查处外，还规定副股长及以上干部摆宴不可超过十桌，并规定宴请人员只能是亲戚朋友①。对后面这两项规定，有关媒体在报道时认为这是反腐应该杜绝的"表面化"，不但不能从根本上解决问题，反而会给贪官以可乘之机②。我们在有同感之余，想起过去四菜一汤的事也很自然。

姑不论将超十桌作为免职的标准难以服众，就说这个桌是什么桌，老的"八仙桌"（方桌）为每桌八人，流行的圆桌也大小不等从十人、十二人、十六人到更多人的都有，差距很大。再说十桌是指一次还是指多次累计？前者的话，可以化大为小，把一百桌分十次；后者则可能一次五桌或一次六桌地累计。

至于所谓限在"亲戚朋友"范围以内，亲戚虽分远近，尚可拉拉扯扯算出是哪一门子的亲。如同姓叫"五百年前是一家"，大姨父、小舅子的表兄弟也是亲戚，等等。说到朋友，可真难判断吃请和请吃者之间是不是朋友了。同乡、同学、同事、邻居、有过来往和打过交道的……不一而足。

总之，要真正有效地打击歪风邪气，表面功夫是完全靠不住的，并且会使歪风邪气愈演愈烈。怎么办？抓住要害，有切实可行的举措就是了。

（原载《中国行政管理》2010 年第 5 期）

---

①② 10 桌为限实荒谬　反腐岂能表面化. 太阳报，2010-01-03.

世博主题

这次上海世博会将"城市，让生活更美好"作为主题，因其颇有创意，在全世界得到热议。这一主题的提出，不仅具有巨大的现实意义，而且具有深远的历史意义。既然城市化是人类社会发展不可逆转的时代潮流，城市化的水平和速度又空前提升和加快，那么，"让生活更美好"的要求和愿望，也就极其自然地为世人所认同。当然，主题虽很有可能逐步实现，但决非自发地到来，而是只有积极总结和交流正反两方面的经验，努力进行有针对性的研究和实践，才能争取真正做好这一篇大"文章"。

城市的规划、建设和治理是一项千头万绪和非常复杂的系统工程。在这次世博会上，中国国家馆呈现了城市发展的中华智慧[1]，也让全球关注"中国城市化难题"[2]。有人面对挑战，感到"城市和谐共生成世界大梦"[3]；也有人认为可以"借鉴英美经验，应对中国城市化进程中的社会冲突"[4]。诸如此类的观感和经验的交流，无疑均将对上述主题的落实很有助益。

---

[1] 光明日报，2010-05-04.
[2] 世界报，2010-04-29.
[3] 国家报，2010-05-04.
[4] 吴晓林. 中国社会科学报，2010-04-15.

不过，话又说回来了，"城市，让生活更美好"还得靠构成城市主体的有关人群持续不懈的共同努力。实际工作和有待研究的内容难以列举无遗，主要项目则是必须考虑的：

一如理论原则和指导思想，应当以人为本。

二如将对城市全面系统的研究作为重要学科。

三如慎重选择正确的城市化道路。

四如要建设创新型城市，使城市充满活力。

五如构建和谐社会，不断提高服务质量。

六如念念不忘又好又快地建成宜居城市。

七如城市规划须高瞻远瞩和深思熟虑。

八如注重城乡关系和城市的辐射、反哺作用。

九如加强环境保护工作和维持生态平衡。

十如掌握现代城市治理诸要素和基本功。

十一如完成好现代城市治理的经常性任务。

十二如重视知识经济和知识管理的兴起。

十三如区别对待不同类型城市和保持特色。

十四如处理好内外公共关系和城市群问题。

十五如文化是城市的灵魂，旧城改造应保护文化遗产免遭破坏。

十六如对各种"城市病"及时进行有效防治。

十七如安不忘危，有备无患，做好应急治理。

十八如优化有关人员尤其是领导者的素质。

以上所述，难免挂漏。倘能严肃认真地落实科学发展观的要点，"城市，让生活更美好"的主题必将顺利得以展现。

（原载《中国行政管理》2010年第7期）

动态管理

案头有两份剪报,关于国内和国际情况的各一份,但都呼吁应实行"动态管理",反对一成不变。让我们按时间顺序,先来看看它们所传递的信息:

一份剪报的标题是:《新疆41家区级文明单位被摘牌》,同时附有《一次深刻的警示和教育》这篇短评[①]。

另一份剪报的标题是:《因推动对利比亚动武 奥巴马诺奖得主身份受质疑》[②],由两家媒体分别报道。

相信有经验的读者,有的已经通过标题想到是怎么一回事了。因此,没有必要全文照录。但既事关"动态管理",不妨议论议论。

先说关于"文明单位被摘牌"。那就是原来获得"文明单位"荣誉称号的单位,后来的表现名不副实。于是按照"动态管理"的要求,打破荣誉"终身制",撤销称号、收回牌匾、停发精神文明建设奖金。如此这般很有必要,但在将其视为"深刻的警示和教育"的同时,还可以对真正做好"动态管理"

---

① 光明日报,2011-02-19。
② 参考消息,2011-03-23。

进行一些反思。例如，当年"创先""评优"的热闹场面，相信人们至今还记忆犹新。可是，一下子有 41 个之多的单位被摘牌，这究竟是怎么回事！假如早发现一个或几个便及时采取行动，是否较大面积的"滑坡"有可能避免？"短评"中已提到要坚持常抓不懈，"动态管理"的功夫正在于此。

再说国际上的事。玻利维亚总统莫拉莱斯表示，因美国总统奥巴马推动对利比亚的武装入侵，应考虑撤销他所得的诺贝尔和平奖。俄罗斯自由民主党领导人日里诺夫斯基也已建议诺贝尔委员会撤销奥巴马的和平奖。可这要比国内解决问题复杂和困难得多。原来奥巴马获奖时已经有争议，但评审委员会就是置之不理！根据后来的表现，他们把"和平奖"授给谁有自己的"标准"，其实是不顾常规、不讲公理、不守正义，另有其不可告人的"游戏规则"，旨在维护幕后操纵集团的私利，并且达到了千方百计和挖空心思的程度。在这种情况下，正常的"动态管理"的原则、程序、运作机制不是不灵，而是根本不存在。所以，什么应该考虑撤销、建议撤销，都不可能有任何受理的下文。到底是推动和平还是推动侵略的问题，也只有让事实去回答。

（原载《中国行政管理》2011 年第 8 期）

大可对比

一直受到严肃批评和被认定严重损害党和政府威信的"形象工程""政绩工程"之类,不是复燃的死灰,不是未尽的余火,而是仍在烧得起劲的一股邪火!就是今年3月底的报道:某省某贫困县竟然建筑了相当于8.5个美国白宫的配备了露天咖啡座、鱼趣台,甚至音乐喷泉的办公大楼!造价约为6 300万元,而2009年的财政收入只有1.71亿元人民币[①]。别的不说了,光是这件事本身,为什么会有人如此胆大妄为、肆无忌惮、顶风而上?同一消息来源提到,官员们可以从工程中拿到大笔回扣,通常是15%。是不是这样,似乎并不难查。此类问题积弊已久,有关方面却无能为力,那岂非等于容许这种现象继续发生下去?

不过,同是贫困县,却有另一种令人非常欣喜的表现,实在是大可对比。并且在进行对比的过程中和对比之余,我们深有所感:还是事在人为,好转大有希望。

上述贫困县邻省的另一个贫困县曾是闻名全国的"上访之乡",然而不到3年时间,这个拥有130多万人口的贫困大县

---

① 中国的形象工程. 参考消息,2011-03-31.

有了翻天覆地的变化。"秘密"在于：用一系列的"规矩"去直刺官场歪风、驱散民间邪风，促使该县变化。有关报道对此做了具体、生动的介绍①。首先是变得富裕了，仅半年的财政收入，增幅全省第一。其次是变得和谐了，信访总量批次、人数分别下降32％、41％。再有人也变得和气了，吵架斗殴少了，一心向上，助人为乐的事屡见不鲜。该县没有自然资源优势，摆脱落后的关键靠人，事实正是这样。他们向多年陈规陋习开战，所定的规矩，已多次被中纪委写进条例，并在全国推广。但当地领导干部并未满足于现状，而是觉得任重道远，还要继续努力。

　　试将这两个贫困县做一对比，便可明显地看出二者在"规矩"问题上大异其趣。前者也有"规矩"，但见不得人，只能隐秘，因为拿回扣和希望借自欺欺人的"政绩""形象"得到提升都是谋私。后者的"规矩"则公之于众，并且严格遵守，因为旨在移风易俗、共求脱贫致富和社会进步，当然很得人心。那就不妨设想：在改变陋规恶习方面，不再停留于警告、劝诫，而在制定科学、合理、可行、有效的"规矩"上动些脑筋、下些功夫、做些"文章"，如何？

（原载《中国行政管理》2011年第9期）

---

① 郑晋鸣，陆金玉. 睢宁规矩. 光明日报，2010-09-17.

就是要比

刚写过一篇短文《大可对比》不久,深感在现实生活中,同类情况实在太多。客观存在,对比鲜明:有人在立功,有人在犯罪。不比不行,就是要比。否则邪气上升,必将损害正常发展。当然,不言而喻的是在对比之余,应采取坚决措施,清除那些破坏性的消极因素。

这里要说的是同日见报的两条消息:一条是根据麦肯锡研究所报告的预测而写的《未来发展最快十城九个在中国》,另一条是《神奇牛肉已震撼 水银刀鱼更骇人》[1]。乍看二者似无可比之处,但如果想想前者是建设者们积极努力做贡献的表现,而后者则是为非作歹之徒在干慢性杀人的罪恶勾当,岂非不比不知道,一比足以使人吓一跳!

毫无疑问,在建设中国特色社会主义伟大事业中,我国社会成员包括各级干部和广大人民群众中的绝大多数,都是表现得很好的。不然便不会有今天这样欣欣向荣的大好局面和发展势头。可是,与此同时也毋庸讳言,少数败类确实是在干坏

---

[1] 参考消息,2011-04-15.

事。其中就有含毒食品的制造者。试问：对于"中国已是世界上人造有毒食品最发达的国家"一说作何感想？果真如此，还是此辈所造成的既骇人听闻又祸国殃民的奇耻大辱！

"以人为本"的共识早已深入人心，"民以食为天"这句古语也必是众所周知的。现在，各级政府和全社会都在致力于构建和谐、幸福的中国特色社会主义现代化小康社会，都在以改善民生为工作重点。那么，对"问题食品泛滥，无异于对中国人的慢性大屠杀"的说法，会不会有人认为是言过其实的夸大之词和危言耸听呢？不，不能那样认为。难道我们能对中毒致病、致死的许多实例熟视无睹、充耳不闻、无动于衷、安之若泰，继续容忍他们下毒手，让更多好人受害吗？

对这种实际上是谋财害命性质的行径，古今中外都法无可恕，情理难容，必须认真对待和严肃处理，说刻不容缓和当务之急概不为过。我们的政府是人民的政府，是为人民服务和对人民负责的政府，深信食品安全问题必将受到政府的高度重视，并得到妥善解决。不过，整个社会包括非政府组织和个人，也不能停留于消极等待和简单依赖，而应以积极行动予以配合、支持。

（原载《中国行政管理》2011 年第 11 期）

节水目标

《五行有水》一文说的主要是水在国计民生中具有根本重要性，应加强和改善管理，必须节约，不可浪费。这可是个非常现实和敏感的问题，大家都要认真对待。最近，我国政府宣布了令人印象深刻的新的节水目标，立即引起媒体和有关人员的积极关注和热烈议论。大家认为这个目标很重要，并且很鼓舞人心，但对能否实现存在一些疑虑。比较集中的一点，则是"资金缺口"。例如：《参考消息》的标题是《港报报道：资金缺口挑战中国节水目标》，港报原题为《资金缺口可能令北京雄心勃勃的节水目标落空》[①]。

对此，人们一定会急于了解或设想：这个"缺口"究竟有多大，是否大到成为挑战和可能使目标落空的程度。那就让我们来看看实现这一新的节水目标所需要的资金到底存在多大的"缺口"，然后才能衡量和判断去补足它的难度和可能性。

首先还得从对节水必要性的认识说起。用这篇报道里的话来说，"中国面临着一个大问题"，"如果有一样东西能够摧毁

---

① 参考消息，2011-04-04.

中国的故事,那就是水","用于农业的水资源是不可持续的","灌溉系统效率极低","流经灌溉渠的水有 55% 因漏水而损失","农田主要通过浪费的漫灌的方式进行灌溉"等。

其次是用什么办法来加以改进。"用现代的滴灌系统可以带来巨大的节省","建立滴灌系统并不特别昂贵"。既然是这样,为什么还会有"资金缺口"的问题并且还相当严重甚至会成为难题呢?

最后也是最重要的一点是:弄清问题的由来和落实达标的决心、信心。十分明确,"由于无法获得小额贷款,农民无法负担节水所需的设备投资","除非政府采取措施让农民能够获得在其他国家为建立滴灌系统提供资金的那种小额信贷,否则中国不可能实现政府雄心勃勃的节水新目标"。显然,这里存在两个不可低估。一是对"并不特别昂贵"和"小额信贷"不可低估,由于面广量大,资金总额绝非微不足道,切勿掉以轻心;二是新节水目标作为政府决策不可低估,因为必经慎重研究,包括其可行性,绝非信口开河,乱开空头支票。至于不是轻而易举,需要共同努力,则是理所当然的事。

(原载《中国行政管理》2011 年第 10 期)

旧话重提

说旧也不是很久以前而是刚过了三年的事，并且按原要求必须在不到三年的时间里实现，现在应该已经见分晓了。那是一份关于英国政府向"差校"发出最后通牒的报道，具体内容是：对638所教学水平极差的中学，政府规定在50天内拿出"改进措施"并且在三年内完成改进，否则就得被关闭、合并或变成私立学校。这些中学中3/10的学生达不到英国普通中等教育证书考试成绩的最低标准①。看来，如果在办学条件方面公平的情况下，政府如此警告便很合理。

最近又想起这件事，是因为看到一篇国家级日报登载在头版头条位置的有关报道《择校费越收越放肆!》（以下简称《放肆》）中有家长提到学校质量的问题。原话是："不择校只能去条件最差的学校。如果各区教育资源稍微均衡一些，择校的人会大大减少，毕竟谁家的钱也不是大风刮来的。"②家长的心情不难理解，可是，在教育部关于义务教育阶段择校乱收费的"禁令"发布以后，不少地区择校费用不降反升，"比房价涨得

---

① 观察家报，2008-06-08.
② 光明日报，2011-09-05.

快","越收越放肆越没事儿了"。而且"交过钱后,没有收据"①,岂非咄咄怪事!

有禁不止固然大损政府威信,更严重的是不仅没有解决问题,却存在愈演愈烈的发展趋势。上述英国政府的举措,似乎可稍有助于缓解择校的需求。不过事情必不是那么简单,因为对公立学校的教学水平、教育质量不可能凭空提出要求,而是同政府所分配的教育资源和提供的办学条件直接联系着的。显而易见,治本之计仍在"釜底抽薪",而非"扬汤止沸"。

在《放肆》发表后的第二天,同一报纸刊登了一篇评论文章,认为择校费越收越放肆是由于管理缺位。作者提到了日本的经验和教训值得关注:经过半个多世纪的努力,日本曾经实现"平等教育",后来公校在教育质量方面的信誉下降,出现危机,便从制度上予以改进②。可见,对于义务教育,政府既要在保证教育经费的同时建立相关的办学制度,又要经常不懈地按科学原则、标准、规范去检查督促。据悉:海南省推进义务教育均衡发展,就表明"硬件是条件,软件是关键";重庆市让城乡孩子都"有好学可上"③。这些本是人们所迫切希望听到的好消息!让"老百姓最无奈最心酸的热点问题之一"的择校费(《光明日报》记者语)尽快冷下来和成为历史吧!海南和重庆已用事实证明我们是有办法的。

(原载《中国行政管理》2011 期 12 期)

---

① 光明日报,2011-09-05.
② 光明日报,2011-09-06.
③ 光明日报,2011-09-12.

四大"绝招"

在《中国行政管理》2003年第11期登载过一篇短文《赞"三绝招"》，那是关于选人用人的。这里的《四大"绝招"》则是在提升高等教育质量方面的举措，由江苏省亮出，经《光明日报》报道[①]。对四大"绝招"的具体内容和有关情况，似无必要过多转述。重要的是国内同行即高等教育界有些什么看法和该怎么看。

据不可能全面系统只是局部偶然的反映，多数人受到启发和鼓舞，认为提升高等教育质量理当如此。也有人觉得"绝招"可仿，在积极进行综合改革中探索多元化、优质化、特色化和国际化的办学道路方面，大家都各有"文章"可做。还有人认为江苏是比较发达的省份，财大气粗，故能有那样的"大手笔"，别的地区恐难与之看齐。

对于上述后一种说法，虽然听起来似乎有据，但稍加推敲，仍大有改变思路的余地。很明显的一点是：对于提升高等教育质量的必要性、紧迫性地方领导应有基本共识，否则即使充分具备物质条件，光靠教育部门和各高校，也是成不了

---

① 光明日报，2011-09-23.

大气候的。

　　当然，常识告诉我们：行动是需要力量的。可能存在有心无力或心有余而力不足的状况。可是，量力而行是积极心态，量力而止就是消极对策了。除了确实是硬碰硬的任务外，许多事情是有弹性和可变通的。俗话说："不怕慢，只怕站。""不要光看，还要实干。""没有条件就创，没有路子就闯。""干多、干少，总比不干好。"诸如此类，都是在说行动重要。

　　比方说，这四大"绝招"仅就事论事便大有可行之处。一是，"超常规"力引高层次人才。某校用4亿多元引进90位特聘教授，改用少些钱引进少些人如何？其余类推。二是，每年10亿元打造优势学科。办法同上，财力不足，项目适当减少似仍可行，要比干等和无所作为强。领先不易，长期安于落后呢？三是，校企联盟"走出去""赚得回"，何妨一试？4 000多个一时达不到，贵能有所突破。事在人为，后来居上也说不定。四是，综合改革多元化、优质化、特色化。前已述及，努力创新更是大有可为。

（原载《中国行政管理》2012年第4期）

合作治理

对于"合作治理",相信不少人已不陌生。最近,关于加强、改善、创新社会管理的呼声日高,也随之而有许多议论。主要是说,公共领域的事务纷繁、关系复杂、问题迭出,政府并非万能,需要与非政府、非营利的社会团体或第三部门、中介组织之类进行合作治理。这是世界各国和各地区公共治理中的共同发展趋势。在建设中国特色社会主义之际,合作治理具有可能发挥更大和更好作用的空间。因为共同的理想形成的奔向共同目标的积极性及活力、合力是不可低估的。

本来,作为万物之灵的人类,合作的观念和实践古已有之。中国社会早有互助合作的优良传统。例如,人际的互通有无、邻里的守望相助、家族的扶危济困、社会的救灾解难、公益的众擎易举、抗敌的众志成城等。其中不乏有组织的、经常化的活动,像慈善和奖学之类。我们清楚地看到,在应对历次特大灾害时,社会团体、民间组织都主动和尽力配合。这也充分证明合作治理的大有可为。最近,国外有科学家发现合作使人类变得更加聪明之说,令人深感此言不虚。

从事管理科学研究的人们都知道,管理的实质是服务,也莫不殷切期望工作能做得顺畅、适宜、得心应手，保持低成本，达到高效率，以符合新时代的要求，使广大公众满意。试想学派林立，无非着眼于此。但过去相对较集中注意力于政府运作，而对政府力所未及或尚难妥善兼顾的某些社会管理事项，则多略而不议。显然，问题是客观存在的，不能视而不见。合作治理被及时提上日程也就完全可以理解了。记得在上个世纪的八九十年代曾经兴起过互动管理，其实推而广之也终将归于合作路径。

在公共领域合作的双方或各方，都应当是一心为公的。既要体现一般的"我为人人，人人为我"的合作精神，也必须坚守公正合理、平等互利的合作原则。任何"本位主义""地方主义"之类的考虑和行为，一旦滋生和扩大，就可能使合作变质、受损、失败。参与其事的成员更不可存私心杂念，而应力争做最大贡献。

借另一篇短文《加强合作治理研究是时候了》的结尾四句话与诸同人共勉：

公共服务与时进，科学发展步康庄。
合作治理待普及，做好这篇大文章。

（原载《中国行政管理》2012年第8期）

打铁趁热

俗话说："打铁趁热。"这是长期以来的经验之谈。实际上，凡事几乎都有"火候"问题。如果掌握得不好，便常会错过时机。现在媒体不时出现某些热门话题的报道，往往议论一番算了。若不及时认真对待，则不仅情况没有改进，还会积重难返，甚至变本加厉。结果是旷日持久，愈演愈烈和愈陷愈深。

这里主要指的是关于移风易俗、除弊灭害的事情。实践证明，光凭口诛笔伐难见实效。以反贪污腐败为例，只有当机立断，予以稳、准、狠的打击，才能刹住这股歪风邪气。回想当年，贪腐之风在东南亚一带猖獗一时，人们无可奈何，曾叹为"东南亚之癌"，但在新加坡，却创造了令人刮目相看的奇迹，果真实现了让"廉政"登场的期望。原来他们正是在认定贪腐该反之后顺势而行，既大张旗鼓，又大动干戈，真抓实干。

反贪也必须"打铁趁热"。能否一鼓作气和持之以恒，直到打出一个真正、彻底的弊绝风清局面来，共识是非常重要的。首先是关于对问题严重性的评估，不能因为非主流而掉以轻心。如果在有意无意之中听之任之，则将有亡党亡国之虞，这绝非危言耸听。其次是应有坚定不移的决心和信心，既要

"老鼠过街,人人喊打",又要实行"老虎""苍蝇"一起打,不获全胜决不收兵。当然,我们也知道,"冰冻三尺,非一日之寒"。彻底清除贪腐不是一个早上就能办到的,而是一个逐步实现的过程,但一定要抓紧落实,松懈不得。

说到新加坡在这方面的情况,有人认为新加坡地方小、头绪少,事容易办好。言下之意似乎大国、大省、大市都难以与之相提并论或等量齐观。果真如此,像是"情有可原"。不过,不妨试试换个思路,也许会是另一番光景。即分区来看,既化整为零,又积少成多,只要真心关注和切实着力,也完全可以见到同样的成效。

因此,别人同类的成功经验,值得深长思之的是如何参考借鉴。最近的另一崭新事例是:在"新加坡为亚洲示范挤房价泡沫"[①]的报道中,直接点出了其所做行动比香港地区和内地的决策者们所尝试的措施更为成功,然乎?

(原载《中国行政管理》2014年第1期)

---

① 参考消息,2013-10-18.

简政放权

这应该算是一个比较老的话题。早在 20 世纪 40 年代初,中共中央就已提出精兵简政是"一个极其重要的政策"[1]。是"极其重要",不是一般的重要! 当时有的领导同志抓得很紧,做出了表率,有的同志因为认识不够,没有认真进行,还没把它当作一个极其重要的政策看待。对于简政放权,似乎也仍存在这种现象。人们常说:"抓而不紧,等于不抓。"其中必然关系到认识和决心问题。

最近,外媒有专文述及:"'习式改革'力度之大、效率之高,令人瞠目。仅简政放权方面,……国务院取消和下放行政审批事项……两年合计 733 项,已提前完成了李克强当初许诺的本届政府削减三分之一审批事项的任务目标。"[2] 可见力度大、效率高,才能见效快。这也是国务院做出示范的例证,我们对全面深化改革包括简政放权都很有信心。

当然,全面深化改革的头绪很多,就说简政放权,也不只是取消和下放行政审批事项。还不说在取消和下放之间,更需要认真、慎重斟酌、决定。消息传来,浙江省已有公布"权力

---

[1] 1942 年 9 月 7 日毛泽东同志为延安《解放日报》写的社论标题。
[2] 参考消息,2015-02-09.

清单"的做法,这可是依法行政、用权的具体措施之一,必须以法律、法规的形式来表现,与之相配套的,还少不了有关如何监督、管理、问责等法制。

再说除取消和下放审批事项外,如机构臃肿、人浮于事、效率偏低等曾经是老大难问题。"臃肿—精简—又臃肿—再精简……"的恶性循环人们记忆犹新,副职过多估计现在仍然常见,效率有待提高更是相当普遍。改要改到点子上、要害处,像叠床架屋、职能交叉、因人设事之类,不把关系理顺、摆正,就不可能收到预期的效果。机关(不是医院)有"五官科"(一个正科长,四个副科长,无科员)的事但愿已成历史趣闻。

提高效率涉及人员素质,包括精神面貌和业务能力。过去长期流传的"门难进、脸难看、话难听、事难办"的说法,应该不再是进行时了。为人民服务、走群众路线是不允许那样的场景出现的。至于说什么"村骗乡,乡骗县,一直骗到国务院;国务院下文件,一级一级往下念,念完文件进酒店",简直令人难以置信,也许那是以偏概全、胡编乱造的,但还是有则改之无则加勉的好,我们期待着焕然一新的基层工作!

(原载《中国行政管理》2015 年第 5 期)

必须查明

在经费收支方面，曾经有过一种说法，把教育机构尤其是各级学校叫作"清水衙门"，称学校的人事关系也比较"单纯"。其实未必尽然，已经发生过的案例就足以证明，对基建、采购、科研等经费大摆乌龙和乱收费者有之，各类人际特别是师生和同学之间的关系不正常者亦有之。远的不去讲了，仅看较近发生的两件轰动一时的高校怪事，便很值得关注和思考。

一是某高校青年教师掌掴了所在学院院长的事。常识告诉人们，这一定事出有因。但绝大多数人认为，不管有什么"理由"，总不该出手打人。与此同时，事情的真相也只有切实查明，才有利于汲取教训和改进工作，相信有关方面也会这样做的。否则，问题继续存在，反而有可能使他人对打人者暗表"同情"，那就更不正常了。再说打人的青年教师，除了巴掌和拳头竟没有或不愿考虑用文明一点的方式、渠道表达意见，打人能解决问题吗？也要想想会给别人留下什么负面印象！

二是另一高校一研究生跳楼惨剧。可以肯定事非偶然。据学生在网上发的帖子，该生导师有不少劣迹。"就目前已知的情况看，尚不能断定导致该研究生跳楼的原因皆源自其导师。"

而目前该导师已被取消了硕士导师资格,并停止了一切教职活动,这又似乎表明其同跳楼事件存在直接和重要联系。显然,事关人命,要比打人更严重,也更必须查明真相,以求处理得合理、合法。此事已引起公众的强烈关注,也很自然地促使人们对类似恶劣现象的联想和议论。诸如师德失范、监督缺席、关系异化等,都应该及时提上深化教育改革的议事日程。

  对于上述两件和同类更多的事情,根据长期观察所得到的体会,集中到一点,即培养德才兼备人才的教育事业,不全面坚持认真办理不成。认真就要讲原则、讲规矩、守正去邪、惩恶扬善。争名夺利要不得,遮丑护短不行。制度要健全,方法需科学。空白点应补上,薄弱环节应加强。宽严有度,不能流于放纵和苛求。点面结合以免顾此失彼,善始善终不可时紧时松。法律面前人人平等,不可因人而异。事例太多,不胜枚举,这里只说一点:高校教师只有教学与科研并重,二者互相促进,共同提高,才有助于人才培养。若有偏废,是否应予调整?

(原载《中国行政管理》2016 年第 7 期)

天津新城

这里要读的,是与之前发表过的《海绵城市》有关的内容。"天津新城"指的是"中新天津生态城"。说的是京津地区随着长时间暴雨的到来,积水、内涝,"海绵城市"受到人们的关注[①]。当记者问起"海绵城市"离你有多远时,天津人的回答是:"45公里!"也就是指距中心城区东45公里的新城,它是近几年才建起的,不仅没有发生内涝,而且在大暴雨中排水顺畅和吐纳自如。

这应该算是一个很有说服力的成功案例,难怪有一时也数不清的关于生态城的"雨中即景"成为微信朋友圈的热帖了,其中还包括对新加坡水资源利用的先进经验,并且完全把"海绵城市"的理念融入整个规划建设的方方面面。正因为是这样,城市才能经受住长时间暴雨的考验,还能化害为利,将雨水好好利用起来。报道介绍得很具体,项目、技术、数字等都说得比较清楚。看来,我们必须加快和加强"海绵城市"建设,不能再听之任之或拖延下去了。

报道还提到可与生态城相媲美的"海绵校园",即天津大

---

① 陈建强,靳莹."海绵城市"离你有多远. 光明日报,2016-02-25.

学的校园。后者在城区主干道路一片汪洋时,没有泡在水里。原来该校 2012 年在规划新校区时,即提出了"海绵校园"的概念,使校园能适应环境变化和应对自然灾害。我们知道,不少高校校园遇到水患,在这一点上,天津大学的经验很值得学习、推广。尤其是他们的北洋园校区,所采用的完全是海绵城市建设的理念和方法,在大暴雨中保护了校园。

可见,防止城市内涝是有办法的。2016 年 4 月,天津获批为国家第 2 批"海绵城市"建设试点。同年 6 月 1 日,《天津市海绵城市建设技术导则》正式实施,对各方面都有明确的要求。现在的问题是大家一定要打起精神、鼓足勇气、敢作敢为。特别是对老旧小区的改造,存在不少"短板"和难题。别人的经验可供参考,自己更需要在创新中发展和在发展中创新。在这件事上,天津市和天津大学已经走在前面,正如两位记者所说:"无论如何,今夏的暴雨,都让'海绵城市'这一理念和实践离我们的生活更近了一步。"不仅如此,我们的党和国家领导人早已千叮咛万嘱咐,要好好为人民服务,关注民生。建设"海绵城市"不仅早该提上议事日程,而且应当提上办事日程了。

(原载《中国行政管理》2016 年第 10 期)

汉语重数

学汉语的人多了，有人觉得汉语重数，很多常用的话会用数来表达。没有错，情况正是这样。中国自古就重视"六艺"：礼、乐、射、御、书、数。对事情有把握、有信心，我们会说"心中有数"；对讲信用的要求是"说话算数"。反之，即"无数"和"不算数"。很多用具体数字来表达的成语不用解释，听了就懂。例如，"一心一德""一意孤行""一厢情愿""一手遮天""说一不二""略知一二""三心二意""不三不四""说三道四""张三李四""王五赵六""五湖四海""乱七八糟""七嘴八舌""八仙过海""八九不离十""十全十美"等等。

表达中包含超过十的数字的也有，如"十八般武艺"、"十二分赞成"、"十三点"（方言傻气）、"二百五"（同上方言）、"说一千道一万"、"千恩万谢"、"万万不可"、"万岁、万岁、万万岁"、"千方百计"、"千头万绪"、"千言万语"、"千叮咛万嘱咐"、"百闻不如一见"、"不怕一万，就怕万一"，诸如此类，不胜枚举。

还有不少用数字表明另有其意的说法，像"六耳不传道"（意即保密，不让第三者知道，"六耳"即三人）、"四两拨千斤"、

"四斤鸭子半斤嘴"、"三只手"（小偷）、"一把手"（能手或第一把手）、"一把抓"、"一不做，二不休"、"一步一个脚印"、"一刀两断"、"一而再，再而三"、"一落千丈"、"一毛不拔"、"一目十行"、"一曝十寒"、"一穷二白"、"一日千里"、"一失足成千古恨"，这样的用法也是非常多的。

　　再想一想，几乎每个数字都有相关的成语或故事。可不是吗？"八面玲珑"是用来形容做人处事圆滑，不得罪任何一方的。"八面威风"是形容神气十足的，这个"十足"又带着一个"十"字。"九九归一"说的是归根到底。"九牛一毛"是说微不足道。"九霄云外"指远得无影无踪。"七步之才"指文才敏捷。"七窍生烟"形容气愤至极。"万马奔腾""万籁俱寂"描述的是不同的场景。"万念俱灰""万无一失"也有各自应用的语境。"王八"可不是个好名词，不能乱说。总之，汉语用数确实很多，习惯了便脱口而出，也很自然。

　　　　　　　　　　　（原载《中国行政管理》2017年第9期）

卷三　社政评点与公共价值

在公共领域合作的双方或各方，都应当是一心为公的。既要体现一般的"我为人人，人人为我"的合作精神，也必须坚守公正合理、平等互利的合作原则。

——夏书章

不可自外

说起来，也许有人会认为是小事一桩。但是，认真想想，可能不是小题大做。港澳回归，本来是举世瞩目的大事。作为中华人民共和国的特别行政区，挂的是中华人民共和国的国旗，标志着中国恢复行使主权，这些都不在话下。

可是，不免令人惊奇的是现在全国各大小银行所有的非常醒目的公告牌中，"港币"仍列入"外币"专栏！不管有什么理由，理论的、实际的、历史的、习惯的等，总不能不算是事关大局的无可辩驳的误导。"港币"理所当然是"内币"的一种，"澳（门）币""台（湾）币"也是一样。

怎么办？好办得很，将"人民币""港币""美元""日元"……标明即可。内外不言自明，何必硬要说"港币"是"外币"呢？在"外汇"管理机构名称方面，或者还要好好想想。不过，在我们这样一个素来讲究正名的文明古国，是不会被它难倒的。过去分别成立的"台办""港澳办"，而不将相关事务作为涉"外"事务，便是现代的有原则的榜样。

将内作外叫作自外，这种自外现象不仅表现于货币归类上。又如到香港、澳门地区去办学，常被称为"境外办学"，听

起来也很刺耳。尽管并未明确此"境"是指国境还是省境，但总使人感到有些不同寻常，就说是在港澳办学，岂不简单明了？

关于"外贸"，所知不多，印象里也有把港澳地区的贸易往来说成"外贸"的。技术上怎么运作、处理和账怎么算是另外一回事，国内的事等同于国外的事总似乎难正视听。"实事求是"不是省事无事，"一国两制"岂能不名实一致？

还有对"台资""港资""台商""港商""台胞""港澳同胞"给予什么优惠待遇，都可以理解，也没有什么意见。但是，这样称呼和这么办都是我们内部的事情，切不可与"外"字号扯在一起。

此外，吃点外国餐换换口味，搞点西洋景开开眼界，本无不可。若有人用标榜往日"租界风情"来大肆宣传，就叫人怀疑到底是一种什么心态了。

（原载《中国行政管理》2001年第11期）

再谈自外

《不可自外》一文说的是香港回归以后，港币仍被看作"外币"，未免太自外了。这种现象，至今依旧。而且还有新的事例，令人不能不再产生类似的议论。

关于香港八所高校在内地招收自费本科生的事，许多报纸已有报道。招生当然有个报名地点、单位的问题，据报载："北京市自愿赴香港攻读的学生可向北京市教委出国留学办公室报名，也可直接向国家留学基金管理委员会报名。"① 读了这个消息，同样深感自外得厉害。"留学"本来习惯上早已被大家理解为出国学习，这里更明白标出是"出国留学"。奇怪的是怎么就不问一问、想一想，到已经回归的香港去能说是出国吗？何况，在回归以前，我们也从不把香港当外国。当时，只有涉及英国的事才通过外交途径去办。

真不知如此处理究竟是出于什么原因，也许"说法"总会有的，但无论如何，在法理上、事实上、感情上，都不无别扭。最重要、最根本的是香港是中国香港，亦如中国上海、中

---

① 要闻集锦．文摘报，2003-03-09．

国广州,不同的是它是一个特别行政区,实行的是"一国两制"中不同于内地的制度,香港属于中国,而非异国他乡。即使光说"留学"也不对,谁能说北方学生到上海、广州"留学"?

十六大报告中,"'一国两制'和实现祖国的完全统一"与"国际形势和对外工作"是分别论述的两大要点,内外分明,岂能相混?如果说上述自外是由于某种习惯,则应当改变;如果是出于"方便"的考虑,则也难以自圆其说。"实现祖国的完全统一,是海内外中华儿女的共同心愿。我们成功解决了香港问题和澳门问题,……'一国两制'方针是正确的"。"一国两制",丝毫含糊不得,又怎么能够把到国内的香港去读书看成出国留学呢?这个意思已经重复多次,实在没有必要再多说了。

还想补充一点,中国银行已经发行港币,或者有可能从法律、业务、技术等方面去解释。不过,问题的焦点仍在于:时至2003年3月(据消息发布日期),香港地区(当然还有澳门地区,更不用说台湾地区了)用"外币""外汇""外贸""出国留学""留学"到底对不对?

(原载《中国行政管理》2003年第7期)

太不像话

汉译仅约 600 字的一篇关于"中国学生五花八门的作弊方法"的英文报道[①],把问题描绘得相当全面,也可以算是"淋漓尽致"了:从各种现代化的手段,到迷信、祈祷,认定"圣地"要朝拜,"神树"有魔力,以及已组成犯罪团伙。还有未提到的"替考"的事。

这可不是一件小事情,而是一股伤风败俗的歪风邪气。本来,考试作弊古今中外都有,似乎不必大惊小怪。可是发生在今天的中国,就显得太不像话,不引起众怒才怪。因为践行社会主义核心价值观正日益普及和深入人心,出于对这方面的敏感,人们也会自发地鸣鼓而攻之。我们都应该为政府和社会对此采取零容忍的态度叫好!

政府能及时曝光,并在继续追查和处理的过程中保持透明度是符合人民的心愿的。政府要认真兑现"有法可依,有法必依,执法必严,违法必究",把偷窃、盗卖考卷,向考生泄露试题,提供作弊设备和攻击考试网站等的犯罪分子一律绳之以法,将作弊的学生取消录取资格,对涉案家长也要施以严厉处

---

① 参考消息,2014-06-14。

罚，不能手软，以确保社会主义法治的尊严。

对于在作弊现场的各种帮手们，实行拘捕法办。如果没有他们，作弊在一定程度上来说便失去一个重要方面的主角。值得注意的是在这些帮手之中，不乏正在接受高等教育的"高手"，他们竟然为谋些许私利而冒作奸犯科的风险，岂不令人遗憾？他们所受的是什么教育？怎么会有如此这般的表现？希望在接受惩罚的同时能进行相应的反思。这也是教育界有待好好思考的一个重要问题。

家长重视教育原是大大的好事，但如平时不闻不问，等到考试临头才担心试场失利会影响前途，于是走上作弊之路，这才真是"名为爱之，其实害之"的根本性错误！作弊得逞，继续作弊；作弊不成，身败名裂。这到底是"成全"了还是毁掉了孩子呢？迷信靠得住吗？

再说作弊的考生本人，已经是高中毕业的水平，怎么也不想想：年纪轻轻，总不能靠弄虚作假过一辈子。实迷途其未远，觉今是而昨非，回归求真务实的正道。只要自己努力，仍然大有希望。作弊是在自欺欺人，其实完全是自欺而终究欺不了人。为什么不把宝贵的时间和青春活力用于学习一些真本领呢？

（原载《中国行政管理》2014 年第 9 期）

夸佛山市

我国明清时的四大镇之一就是现在的广东省的佛山市。近悉其高效、公开行政赢得赞许。有八成七的市民对市政府投了满意票。果真如此，值得一夸。

实际上，"八成七"是说少了，准确的满意率是87.8%，接近八成八，甚至可以说是接近九成。这样的表述对表示成绩的数字，使人有坚持实事求是之感。

在改革中让事实说话，比说什么都更有说服力：某个体户办税务登记手续，只用了40分钟左右就取得登记证。虽没有说过去要多久的时间，但从"想不到这么快！更想不到能享受到这么周到的服务！"① 的感慨中不难想见变化之大。

市长对能得到大多数市民的认可引以为傲是有根据的，该市"在推进经济体制改革，保持经济总量和经济增长速度继续领先的同时，大力推进行政管理体制和运行体制的改革与创新"，经过多年的不懈努力，"终于建立起依法、规范、高效、公开行政的政府"，这是具体情况的实质和核心。

先说依法、规范行政：凡事按规定，包括办事的程序，就

---

① 南方日报，2002-05-07.

井井有条。符合则顺利办理,"你办的事不符合规定和程序,找熟人、走'后门'也没戏"。他们把这种情况的转变,叫"由人管人到制度管人",也就是由人治到法治,大家共同遵守。在政府审批方面进行改革和清理,降幅达 54.59%,以适应加入世界贸易组织(WTO)的新形势,是一项及时的重要举措。

再说高效、公开行政:"到政府办事,人们最担心的是效率问题。"佛山市采取措施,全面提速,大力推行电子政务,促进了政务公开。市直机关已全部上网,除部分实现网络申报、咨询、审批外,还利用网络进行全面首次医药采购招标,杜绝暗箱操作。各单位资金使用情况公开透明,有助于从源头上遏制腐败。

看来,在佛山市,"政务公开已不再是一种形式"。时间不过 5 年左右,从提高认识,下定决心到积极行动,成绩斐然,实在可喜可贺!我们深信,他们必将保持继续前进的势头,把工作做得更好。我们也相信,在别的地区和单位同样可以如此这般。

(原载《中国行政管理》2002 年第 9 期)

"空调"之弊

说的不是通常用来调节室内温度的那种电器（加了引号以示区别），而是指在管理实践中不时发生的一类不良现象。尽管前者也有如所谓"空调病""空调综合征"，但毕竟同这里将要讨论的是两码事。

众所周知，协调（"调"读如"条"）是公认的现代管理要素之一。必须努力做到保持协调发展理所当然地被认为是领导者们经常进行自我提醒或者被要求认真注意掌握的具体情况。于是，在必要时，总要及时和有针对性地采取某些调控、调整措施。这无疑是正确的，应予充分肯定。不过，遗憾的是有时措施没有落实到位，达不到预期的效果，便成为人们所调侃和诟病的"空调"。

对于这种"空调"之弊，实在不可掉以轻心，而且应当视为正常管理的大忌。因为它既丝毫无助于发展过程中存在的不调、失调、难调等状况的改善，又很有可能使之每况愈下，陷入更加难以缓解和扭转的恶性循环，直到严重妨碍健康发展，产生畸形。如果不断这样"空调"下去，则前景可想而知。

另外一种"空调"的"调"（读如"吊"）指的是管理实践中常要进行的调查研究活动，如内查外调和调集人力、财力、物力等。前者着重了解有关真实情况，反映准确信息和各种动态，作为决策依据。后者事关整个管理的运作，包括资源配置和使用、安排。倘若调研只是装门面、走过场，甚至情况不明、信息失真、动态虚假，那么，决策依据也就落空和非常错误了。至于人力、财力、物力的调动，常是关系全局的决定性因素，要是调而不动、不能兑现，还是空的。

其实，唱高调、说大话说到底都是唱"空调"、说空话。有了这个毛病，就极容易轻率地空言调整、调集和乱开空头支票。哗众取宠之心多了，实事求是之意必少。管理水平的提高和管理实绩的取得靠的是实实在在的改革和管理智能的发挥，"空调"只不过是搪塞一时的自欺欺人之举，其后患无穷、后果严重，失时误事自不待言，而对主其事者信誉的负面影响同样不可低估。

（原载《中国行政管理》2002年第12期）

赞"三绝招"

《光明日报》曾刊载了一篇题为《胡世英选人用人"三绝招"》的不足1 500字的通讯，内容主要讲的是黑龙江省绥化市市委书记到任一年内，用"海推"制、"票决"制、"考实"制这"三绝招"，"堵住跑官的路，封住卖官的道，摘下庸官的帽，扶清官上台"①，使选人用人的不正之风得到扭转，工作也发生明显的变化。这"三绝招"值得称赞。省委领导已给予充分肯定，报纸也特别写了"编后"。

习惯上有"新官上任三把火"之说，一般认为是照例如此，未必再有什么下文，因而略存贬义。但是，这"三绝招"如果要比作"三把火"的话，却大不相同：一是"烧"到了点子上、要害处；二是定下了有效的制度，可望继续坚持下去；三是"在各级班子和广大干部中形成了一心一意谋发展、艰苦创业奔小康的氛围"②；四是并非个人"表演"，而是带领市委一班人行动；五是只用一个月时间跑遍下属的10个县市，是一个认真调研、力行改革的有心人；六是找到了产生弊端、缺陷的

---

①② 王正五. 胡世英选人用人"三绝招". 光明日报，2003-05-16.

主要原因，采取对策的针对性强；七是以对"一把手"监督为重点，发布了一系列有关文件，形成严密的监督制约机制；八是实绩考核办法的可操作性强，旨在防止"数字出干部、干部出数字"的重演。"一句话，以务实为本、以实干为荣，一切从实效出发，不搞虚的，不干急功近利的事。"①

事实上和说到底，没有实事求是的精神，落实体现"三个代表"的重要思想，切实建设和发展"三个文明"，就难以得到保证。我们在赞赏这"三绝招"及其效果之余，觉得意犹未尽。现在，全国公共管理、行政管理的专业教育和干部培训相关的教学研究工作，以及实际工作部门的领导和管理改革，都迫切需要有说服力的、可资参考借鉴的例证，或作为有教育、启发意义的案例来进行教学。为此，可以设想，组织一定的力量，到该市进行跟踪调查研究，理论紧密结合实际地做出阶段总结性评估，以供大家学习。与此同时，像这一类的情况在全国范围内一定不少，也恳切希望各种媒体能及时配合报道，不让有利于各种改革的有意义、有价值的思路、举措被忽视、埋没，而使之发挥应有的积极作用，能够共赏、共享。

(原载《中国行政管理》2003年第11期)

---

① 王正五. 胡世英选人用人"三绝招". 光明日报，2003-05-16.

北京户口

历史上,在中国和外国,不知道是否有过当"京官"一定要有"京城户口"的规定?是必须先有"户口"才能"当官"?还是先有"当官"的条件,然后再进"户口"?

过去,在我国计划经济时期,"户口"非常重要。进要有"指标",工作确有需要是可以进的。有的地方如"京城",要进很难,但"户口"也并非用人的普遍先决条件。由于难进,拥有者便不轻易言退,逐渐变得"金(京)贵"起来。流弊随之发生。"户口"成了一笔有价可沽的财富。已离去而仍持有"户口"者,也颇不乏人。试予以核实,为数可能不小。

大都市人口激增,政策上加以控制,本无可厚非。但究竟应如何控制,不能不从长计议。记得在改革开放初期,各直辖市和省会城市、自治区政府盛行过一种做法,即各级政府机关所在地的"户口"成为招考、招聘公职人员的必备"资格"或"身份"("身份证"与"户口簿"有直接联系)。对于这种情况,媒体曾反映过有关意见。后来在上述公开招考、招聘的公告、通知、启事中,关于当地"户口"的要求,似已淡化。可是,近期又出现于招聘启事中,不知是否仍然出于控制城市人

口的考虑？

这类招聘启事一般这样写，该单位是"国务院直属事业单位（正部级）"，"决定面向社会公开招聘……局长一名"，"除应符合……基本条件外，还应具备以下条件……具有北京户口"[①]。有报道称："北京外来人口突破四百万"，"其中一半以上的人已经在京居住一年以上"。"多数外地人在北京找到了比较稳定的工作。外来人口最集中的来源地是河北、河南、安徽三省。"[②] 但没有说明这些人是否已有"北京户口"。

这是老问题了，不妨旧话重提：全国省市自治区的机构一般是面向全国招人，有的人才甚至要从外国引进，为什么只在有机构所在地"户口"的人中选拔？就算当地"户口"中许多是外来人口，从他们中挑选高层（如局级）人才，不也有很大的局限性？再说外地报考或应聘者也未必都那么缺乏自知之明去瞎"凑热闹"，又何苦多此令人不解的一条呢？况且北京人才很多，不用"保护"，竞争上岗，能者中选，才会有利于工作和事业的发展。

（原载《中国行政管理》2004 年第 5 期）

---

① 光明日报，2004-02-04.
② 光明日报，2004-02-06.

喜见转变

我国"入世"以后,尤其是党的十六大以来,贯彻"三个代表"重要思想,政府改革出现许多可喜的转变。以下是议论较多的十八种。

一是职能方面,从无所不管到有所不管的转变,或者叫由"全能政府"转变为"有限政府"。

二是管理方式,从微观介入的直接管理转变为宏观调控的间接管理,不再过多地越俎代庖。

三是管理性质,从着重管制转变为着重服务,完全符合社会主义的原则精神。

四是管理进程,从短期行为转变为深谋远虑,着眼于可持续发展,不受任期制的影响。

五是管理组织,从机构臃肿转变为精简适当,克服人浮于事、效率偏低和成本过高的现象。

六是公私关系,从公私不清转变为公私分明,严防以权谋私、假公济私、以私害公的问题发生。

七是权力和责任,从只重视前者转变为更重视后者,亦称从"权力政府"转变为"责任政府"。

八是决策方面,从不够科学、民主转变为科学、民主决策,不搞"一言堂""拍脑袋"。

九是从"人治"到"法治""德治"的转变,坚持依法治国和以德治国相结合的原则。

十是从各自为政到顾全大局的转变,反对部门或地方保护主义、本位主义,重视整体优势。

十一是从低效、无效、负效到高效、实效、长效的转变,树立效率观念并认真进行评估。

十二是从烦民、扰民到便民、利民的转变,简化手续、改善作风、注意态度、让人民满意。

十三是从重形式到重实质的转变,不热衷于做表面文章、讲排场、走过场,而是主张实干。

十四是从学习不够到终身学习的转变,逐步形成学习型社会,不断"加油""充电"。

十五是从铺张浪费到勤俭节约的转变,不能乱花钱,要把"钢用在刀刃上",开源节流。

十六是从贪污腐败现象到风清气正的转变,一方面有腐必反,另一方面积极预防。

十七是从单一的"官本位"到各得其所和各得其宜的科学分类的转变,有利于全面发展。

十八是从传统管理到现代管理的转变,运用信息技术,发展"电子政务",提高管理水平。

以上十八种转变远未列举穷尽,其中职能转变是改革关键,但具有普遍性、前提性、根本性的是思想、观念上的转变,没有科学的发展观,便没有科学的态度、体制和方法。

(原载《中国行政管理》2004 年第 6 期)

苏州近事

在《中国行政管理》2004年第2期对于腐败现象笔者认为既必反又可防的短文中,曾经引用过苏州市"百官共廉"局面的出现作为一个有说服力的正面例证。当时所依据的信息是2003年9月的。可是,仅隔一年之余,这个例子就站不住脚了。2004年10月下旬,苏州市就传出了原苏州市副市长姜人杰涉嫌腐败已被"双规"的消息。

这可是个特大案件!此人"可能是新中国成立以来江苏省涉嫌贪污金额最高的地市级官员。1.4亿!可谓是天文数字。如果这个数字最后确定属实的话,将是中国迄今为止最大的一件贪污案。"①

难怪苏州有人感叹说:"苏州的形象一贯很好,各种反腐制度比较健全,没想到竟然发生这种事。"当然,这件事之前,某中央级权威媒体评价苏州市政府20多年来出现的一种"百官共廉"的可喜现象是有根据的。但事实证明,反腐制度明显还不够健全,否则,不会在短时间内出这么大的纰漏。此人于

---

① 文摘报,2015-01-31.

2001年2月上任,"人生之路发生逆转"便在这短短几年的任期上。

我们也清楚地看到,人是会变的。此人从插队知青到当上公社文化站站长,从被选送南京大学经济管理干部专修班学习到当上分厂厂长、副县长、市外办主任、市政府副秘书长、市外经委主任、分管13大类重要工作的副市长等,这些都表明他的工作能力受到认可。一个有力的旁证就是,一位著名学者对他非常赏识,不仅乐于推荐他到高校学习,而且还有过在他毕业后留他在自己身边的打算。但是,他深深地辜负了各方的培养、信任和期望,自毁前程。亦可见,德才兼备还是最根本的要求,有才无德、玩弄权术,结果只能是身败名裂。

值得注意的是,有一种"都是被他儿子害的"说法。姑不论一个只有26岁的青年有多大"能耐",要是没有这个副市长父亲,他儿子能够从2002年9月开始,其经营的拍卖行很快就"基本垄断了苏州市场"吗?行内人云:其父才是真正"有本事"的人,可谓一语道破了"天机"!究竟是谁"害"了谁,不是明摆着的吗?关于此案,目前还有"各种版本流传",相信经过严肃的法律程序,真相终将大白。至少,23公斤大钞、连地板下藏的都是钱这个事实以及这些钱的来历都是必须调查清楚的①。

(原载《中国行政管理》2005年第6期)

---

① 文摘报,2015-01-31.

再谈副职

约在20年前，曾呼吁过"不能让老问题'永葆青春'"[1]。但不少事情，由于旷日持久、悬而未决，成为"老生常谈"的"老大难"，实在是不得已而谈之又谈。这里要再谈的副职问题，即属此例。

也是在20多年前，"就宪法修改草案论副职"[2]时，便已列陈副职过多之弊。真没有想到，时至今日，情况不仅未能改善，反而变本加厉，竟严重到出现"副职灾害"[3]了。

看来，这样说并非夸大其词或危言耸听，而是有事实根据的。试想在党、政、事业单位和国有企业中，尤其是各基层机构的领导班子中，如果副职到了泛滥成灾的程度，其消极作用和负面影响自然会更加突出。何况，"名正言顺"的副职已经够多，还有数量相当可观的和不一而足的"附加"或"加注"，如"享受正职待遇"的副职，"享受副职待遇"的或"相当于副职级"的各级助理、秘书、调研员之类，岂不更为"热闹"！当然，这是一般和大体现状，并非每个部门和单位普遍如此。

---

① 夏书章. 管理·心理·医理. 北京：法律出版社，1987.
② 光明日报，1952-07-07.
③ 严羽，金延文. 时代潮，2004.

过去讨论过的弊端,毋庸赘述。现在严重的问题在于:"副职腐败已渐成气候……正引发了一股可怕的'腐败流'……据当前反腐败查出案件看,不少部门和单位……副职成了腐败'主力军'。"[1] 这可不能等闲视之,而应认真考和对待。显然不用解释,这里断无副职都坏或不要副职之意,只是太多、太滥,可能容易出现已出现上述危害。同时,腐败的内容很广,不止是贪污受贿,还有营私舞弊、挥霍浪费、钩心斗角、争权夺利等。

具体来说,挥霍无度常见于公款开支的大手大脚。公款吃喝玩乐不在话下,有的导致腐化堕落、道德败坏;有的由于不学无术和精神空虚,搞封建迷信活动;公款"追星""捧角"也已有报道。说到权位之争,竟也发生过动手的事!

话又说回来,副职过多值得研究。例如某"小政府16年坐大","市长由3副变7副……从236个单位1 421人的机构膨胀成264个单位5 747人的机构"[2],其中单位各级领导副职为数不详。就膨胀人数来看,是原来的3~4倍。或许符合该市发展的需要,何不"解剖麻雀",让人开开眼界,是经验好总结,有教训大家汲取?

(原载《中国行政管理》2005年第9期)

---

[1] 严羽,金延文. 时代潮,2004.

[2] 新京报,2004-11-10.

润扬大桥

这里主要讲的是关于《荣誉，属于无私奉献的建设者——写在润扬长江公路大桥通车之际》①这篇通讯报道的读后感。

说起润扬大桥，留心时事的人可能对它并不陌生。我们早就听到过关于该桥命名的故事、谁题写的桥名、隆重通车典礼和建桥的重大意义等，而对该桥的建设者们如何做出无私奉献的情况，则是通过这篇简要、具体、生动、感人的报道才有所了解，并从中受到启示和教育。

常言道，"坏事要抓，好事要夸"。为此，在学习建设者奉献精神的同时，不能忘记向提供信息的记者同志表示谢意。

当然没有必要完全重复叙述报道的内容，仅就报道提到的几位关键人物和有关的权威评价而论，便可以体会称之为惊世大桥、时代丰碑绝非虚语。

先说名实一致的现场总指挥吴胜东。他一直在工地同工人艰苦与共，开工4年半都没有回家过春节。这岂不是当代中国的另一种"大禹精神"？桥面铺装达到"零缺陷"，真是谈何

---

① 冯蕾. 光明日报，2005-05-01.

容易？可确实是做到了。

再说冲锋在前的悬索桥北锚碇项目经理林鸣。他率先深入大家认为最危险的地方，成为稳住人心的"定海神针"，这实在难能可贵。因为那是属于"命根子"性质的基础工程，被孙钧院士叹为"国内第一，世界罕见"。

说到北锚碇基坑，就不能不提及地下连续墙关键技术的研究设计者徐伟教授。他在一年之内的研究成果和设计方案材料重达200多公斤。还有混凝土专家陶建飞，他做了300多组实验，制出世界一流的混凝土。

如此这般的杰出贡献不一而足，所以当时的交通部长张春贤说"此桥代表了当前我国桥梁建设的最高水平"是有根据的。交通部总工程师凤懋润看过发达国家顶级桥梁工程，曾经自叹不如，现在却引此桥以自豪了。

中国和平崛起是全面的。看了这篇报道，令人信心倍增。"五一"劳动节和"五四"青年节所表扬的劳动模范和杰出青年的事迹和业绩，充分体现了公共服务精神的大大提高。应当向他们致敬、学习，共同努力于小康社会的建设与和谐社会的构建。

（原载《中国行政管理》2005年第11期）

投资浪费

看到这个题目，也许有人会觉得奇怪：投资总是要考虑投入产出之比的，通常较多听到的是赚了、赔了或者保本，说浪费是什么意思呢？原来这里主要指的是政府某些投资，由于可以不受和不顾市场规律的制约，尽管是损耗极大且有名无实的所谓"政绩工程"，各地还干得很多，而且非常起劲。其中也包括此类工程所致的失误造成的在一般情况下不应有的损失。

诚然，政府投资在经济高增长中确有其巨大作用，但据世界银行的估计，在"七五"到"九五"期间，"中国投资决策失误率在30%左右，资金浪费损失在 4 000 亿到 5 000 亿之间"[1]。不知数字是否属实，若果真如此，实在令人惊叹：这些损失的钱可以办多少事情？使多少人脱贫？

同一资料来源，以"国际化大都市热"为例："目前中国的 600 多个城市中，竟有 183 个城市提出要建国际化大都市。"[2] 于是大搞特搞各种"政绩工程"，相习成风。姑不论全世界至今已有多少个称得上"国际化大都市"的城市，中国空

---

[1] 扬子晚报，2005-09-16。

[2] 广州日报，2005-09-02。

间是否有必要和有可能一下子建那么多"国际化大都市"？研究过吗？论证了没有？还远不是很宽裕的各级公共财政，又怎么经得起大手大脚的胡乱开销！

可见，构建节约型社会是完全正确的，是十分必要的。我们应当也必须对一切铺张浪费大声叫"不"！尤其要寄厚望于对巨额公款投资有权"大笔一挥"的各级政府部门领导们，希望他们慎之又慎，应时刻铭记"三个代表"重要思想，作为共产党员，更必须在执政为民的过程中保持制定重大决策时的先进性。

浪费与贪污的性质虽然不同，但决不可因而掉以轻心，也要提高认识、定出制度、加强监督，以尽可能堵塞相当可观的漏洞。与此同时，还应继续反腐倡廉。顺便说说，据商务部调查报告，"近几年来外逃官员大为 4 000 人，携走资金大约为 500 亿美元"[3]。这也合到 4 000 多亿元人民币，贪污和浪费两项合计，达 8 000 多亿元人民币！若以帮助贫困大学生顺利完成学业的"国家助学奖学金"每年出资 10 亿元计，每年资助约 53.3 万人，那么，这笔钱可以资助多少名大学生，不是一道很简单的算术题吗？让我们都严肃认真地想一想，真真正正、实实在在的政绩到底应表现在哪里？

（原载《中国行政管理》2006 年第 3 期）

十件大事

每逢年底年初,以"十大"什么什么为标题的新闻总是不少。这里说的"十件大事"便是其中之一,即"2005年影响城市发展的十件大事"。那是由中国城市网主办、中国城市科学研究会组织建设部、国家发改委、国务院发展研究中心等单位专家投票评选出来的[①]。按揭晓的顺序,它们确实对我国城市发展产生很大影响,但愿能引起广泛的注意。

一是"中共中央政治局首次集体学习城市科学知识,胡锦涛全面阐述城镇化思想"。这个头带得好!干什么必须学什么,中国的城市化和城市的发展、管理都有待努力学习研究。

二是"哈尔滨停水事件引发对城市公共安全的深层思考"。这叫作举一反三,停水如此,别的危及公共安全的事件如何处理?值得深思。

三是"中共中央建议重点建设天津滨海新区"。中央提出了建议,可见是应高度重视的事,作为重点建设项目,显然更加重要和必要,且有创新示范作用。

---

① 光明日报,2006-01-06.

四是"'宜居城市'概念首次提出"。这是"以人为本"思想的重要体现。"宜居"是有标准的，要根据许多指数去评定和争取。

五是"2005中国房产新政"。这是城市发展中的大问题，新加坡提出"居者有其屋"，香港供应"廉租房屋"，都已有一些可供参考借鉴的经验，我们也还大有创新的余地。

六是"国务院部署城市总体规划修编工作"。总体规划不仅要有而且要好，修编工作有利于城市的健康发展。实践证明，此事影响全局。

七是"圆明园湖底'防渗膜'事件引发对城市生态的空前关注"。也许人们不一定都清楚"防渗膜"是怎么一回事，但事关城市生态，便不能掉以轻心。

八是"中共中央建议建设社会主义新农村"。解决好"三农"问题，更有利于城市发展。城乡关系正常、城乡差距缩短，才能全面协调可持续发展，促进经济社会更加进步。

九是"中央精神文明建设指导委员会首次命名全国12个文明城市（区）"。此举有助于定标准、立榜样，将会出现愈来愈多的文明城市（区）。

十是"一批缺水城市花巨资圈水造景引起广泛关注"。我国水资源并不丰富，而且面临严峻挑战。对这些缺水城市的圈水造景者们"击一猛掌"还不够，要给以"当头棒喝"！

（原载《中国行政管理》2006年第5期）

大有希望

我们知道:"中国青少年发展基金会"提出建立以资助我国贫困地区失学儿童重返校园为宗旨的"希望工程",建立了"救济贫困地区失学少年基金",每捐助人民币20万元,即可在贫困地区建立一所"希望小学"。此举意义深远、重大,自不待言。看来也大有希望,因为潜力很大。问题在于怎样把巨大的潜力挖掘出来,使之得到正常和正当发挥。

这里也来个"长篇大论不用讲,一滴水里见太阳",让我们从一个小小的具体事例"解剖麻雀"。不止举一反三,而是成千上万,同时发人深省:"小巫"尚且如此,"大巫"可想而知!

说的是"沪学生午餐每天浪费34万元"的报道[①]。原文指的是"上海中小学生",当然没有包括大学生在内。还有"保守估计""至少""粗略计算"等用语。提出这个数字的是一所教育学院的院长,完全可以相信他应该是一位对上海教育很了解、很关注、有研究和负责任的专业人士。因而数字不可

---

① 华夏时报,2006-02-16.

能被夸大。不妨试用简单的加减乘除法稍做运算，便可见结果，令人吃惊。

以建一所"希望小学"20万元和每天浪费3万元计：一天：34万元－20万元＝14万元，即建一所半还有余；两天：34万元×2÷20万元＝68万元÷20万元＝3.4万元，建三所仍有余；三天：34万元×3÷20万元＝102万元÷20万元＝5.1，建5所尚有余。若是30天累计，则情况为：34万元×30÷20万元＝1 020万元÷20万元＝51，即每30天浪费的钱，可建51所"希望小学"。一地一事如此，其他所有浪费、不合理开支与巨额贪污腐败的款项加起来，真不知将是一个多大的天文数字！

当然，上述流失的财富与办学经费之间并无直接联系，只是一种不现实的假设和借题发挥、借机兴叹而已。但是又不尽然，如果全国各地尤其是沿海经济发达地区和富裕阶层的社会风气尚俭戒奢，反腐倡廉卓有成效，公共管理在经济建设和财政开支方面能密切注意和加大力度堵塞各种漏洞，社会和国家财富必将迅速增长。相信在建设创新型国家的同时，构建节约型社会，扶贫助弱的事业亦将有新发展。真正的大有希望，当在于此。

（原载《中国行政管理》2006年第7期）

义乌现象

关于发生在中国浙江省的"义乌现象"的报道和评论（参见2006年6月19、20日《光明日报》等报刊），写得具体、清楚、生动，有较高的可信度和较大的说服力，给人以鲜明深刻的印象。

详情不用再介绍了。提到"鸡毛换糖"，首先唤起我童年的回忆。那是20世纪20年代的事，我已经是个开始记事、懂事的小学生，在放学回家的途中，就常遇到过挑着一头放鸡毛、一头放像块大饼似的麦芽糖的担子的外乡人的身影，我当然也吃过那种糖。可至今才知道，他们来自义乌！

不过，这里想说的主要不是这些，而是在今天"义乌现象"中涉及的公共管理尤其是党政领导和管理的问题。有关资料虽已不可避免地接触到这一点，但就其实质性的作用而言，我认为很有必要相对集中地做专题论述和总结，因为那才是具有普遍意义和更大参考价值的宝贵经验。

众所周知，公共管理的作用从来有积极和消极两个方面。如何掌握和发挥，与对大政方针、发展战略、指导思想等理解水平和付诸实践的勇气、能力有关。我们不妨试就"义乌现象"中几个带决定性或关键性的事例加以说明。

"三次勇气非凡的壮举"：敢为天下先、敢于顶住压力、敢于迎接挑战，实际上是公共管理机构有胆有识的表现。能有这样的壮举要害在于吃透方针政策，而且要求各级领导能有共识。必须看到胆和识是不能分离的，有胆无识可能乱来，而无胆有识，则常错过良机，或并非真识、深识，其实是理不直气不壮。可见在"壮举"的后面，少不了理论支撑。

再从负面来考察，面对刚正不阿、敢闯敢碰、勤耕苦学、精思巧为、海纳百川等文化特质，如果公共管理不因势利导、充分发挥，予以促进、鼓励、支持，而是熟视无睹、漠不关心、若无其事，甚至不仅不自觉地认为这些是难得的优势，反而在有意无意之中加以约束、压抑、限制，直到采取不利于加强"软实力"的措施，会是什么光景！因此，一个自然资源、工业基础、外资投入、优惠政策等俱缺的内陆小县竟能创造惊人奇迹，实在值得深思！

（原载《中国行政管理》2006年第10期）

青藏铁路

2006年7月,青藏铁路建成通车不仅是中国的历史创举,而且也是全世界的一件大事。因为它是世界铁路建设史上最具挑战性的工程项目,破解了多年冻土、高寒缺氧和生态脆弱三大世界性工程技术难题,还提前一年建成通车,创造了多项世界铁路之最。这充分证明:在中国共产党领导下的中国人民,有志气、有能力通过自己实际有效的具体行动,办成、办好前人想干而没有去干,或者根本连想也不敢去想的福国利民的事情。

这无疑是一项非常伟大的公共工程。从它是志气、能力、行动的集中体现这一点来看,我们深刻地体会到,公共管理领域的从业人员,要真正做好本职工作,就不能没有志气、能力和行动,并且三者缺一不可。因此,通常关于德才兼备的要求固然极其重要,但是还不够,还要见诸行动,才能有所成就,实现目标、理想。换个说法,也就是德才状况如何,必须由实践来检验、评估。再说志、能、行三者紧密联系,不可分离、割裂、各自孤立。"人而无信,不知其可"。如果志大才疏、眼高手低,也无能为力。光坐而言,不起而行不成,难怪前人有"纸上得来终觉浅,绝知此事要躬行""为治者不至多言,顾力

行何如耳"之类的感叹。有能力和行动但没有明确和正确的志向,就会失去针对性而致徒劳无功,甚至产生失误,积极性也就难以高度发挥或发挥不到点子上、不对路。

在不同的时代背景和社会环境中,志、能、行的表现和作用有待深入分析。即仍以交通为例,古人云:"蜀道之难,难于上青天",那是受历史和技术条件局限的说法。到了近现代,铁路兴起,但在中国发展缓慢,成渝(成都至重庆)铁路和四川与外省间的铁路交通一直是空白状态,而在新中国成立后,便建成四通八达的交通网。现在,蜀道不难,连到达世界屋脊的"天路"也通了,因此,受到外国媒体和外国人士的高度关注也绝非偶然了。

这条铁路与三峡工程和神舟六号被称为中国经济发展的"三大奇迹"(《自由比利时报》),我们认为,这些创举和成功都是中国特色社会主义建设者们为发展、建设创新型国家的志气、能力和行动的展现。

(原载《中国行政管理》2006 年第 11 期)

"中式"装修

正在思考关于我国行政成本居高不下的问题，读报被《中国式装修年浪费300亿》这个醒目的标题吸引住了。原来说的主要是："一些政府部门大型建筑设计追求新、奇、特，已成为不节能的典型反面教材，一些市级机关建筑耗电量是居民住宅耗电量的10倍。同时，中国特色的'二次'装修，每年造成的浪费高达300亿元。"① 这可不是随便说说的一般议论，而是一位高级别权威人士——建设部仇保兴副部长所做的表示。其可信度应毋庸置疑。

再看下文："由于管理粗放，中国大型建筑能耗比西方发达国家高出一倍。"② 显然，这里所说的"中式""中国式""中国特色"都是贬义的，最好是加上引号以引起注意和避免与中国特色社会主义相混淆。因为后者所指的是正面的、积极的。而那些瞎胡闹的铺张浪费，被称为"反面教材"非常恰当，说它是什么"式"或"特色"只是意在讽刺，并且正是我们所坚决反对的事。试想行政成本长期居高不下，又怎能与此

---

① ② 天府早报，2007-03-28。

无关?

即以能耗和装修浪费而论,便根本不符合节能和节约的原则精神要求。何况能耗之高(除上述1倍、10倍外,是农民用电量的36倍)和浪费之大,也确实是够惊人的了。不妨更进一步统计一下,全国像这样的能耗总量是多少,能办成多少大型的工程项目。恐怕还会令人大惊特惊。对于严重超标的不节能政府机关楼仅实行公开披露和通报也似乎太客气了一点,追究追究责任如何?

说到装修年浪费300亿元能做些什么?如果捐20万元可建希望小学一所,那就是立马可建15万所!但浪费损失还远不止此,另一位建设部前副部长、两院院士周干峙指出,问题城建每年损失好几千亿元,直接表现在决策浪费、规划不当、设计和指导思想问题、工程质量低劣、运行管理浪费、大拆大迁过早折旧浪费等六个方面,至少占城建总投资的10%[1]。若按7万亿元左右的1/10计,300亿只能算是"小巫"了。我们还是发展中国家,实在大不应该这样眼睁睁地损耗下去。

(原载《中国行政管理》2007年第7期)

---

[1] 钟欣文.华西都市报,2007-03-08.

"中式"奢侈

又有记者报道用了这样一个标题——"中国式奢侈:出差4天花8 000元",副标题是"公务消费浪费严重 仅公款吃喝一年就吞掉一个三峡工程"。其中谈道,所述奢侈之风在2007年被概括为一个新名词——"中国式奢侈"(标题中未加引号)。接着解释道:"舆论认为,这种'中国式奢侈'就是'花公款的奢侈',因为花的是公款,所以出手出奇地大方。"① 它的特色一是借用权力,二是为了"政绩""形象",最大的特色在于大多"不会出事"。有些"不仅平安无事,而且很快高升"②。全国政协委员冯培恩总结行政浪费病因:一是行政权力运行透明度低;二是出现监督"死角";三是责任主体缺位;四是预算约束软化和预算外资金大量存在;五是领导干部考核主要看经济发展指标不计行政成本③。

像这样一类的丑怪现象被称为"中国式"(更不用说"特色"了)的什么、什么,简直完全和实在是给中国特色社会主义抹黑。在前不久的全国"两会"上,温家宝总理在做政府工

---

①② 中华成语大辞典. 长春:吉林文史出版社,2004.
③ 基督教科学箴言报(美国),2007-04-19.

作报告时曾两次怒斥公务消费奢侈浪费，同时表明，问题已经到了必须认真对待的时候。胡锦涛主席提出的"八荣八耻"中，就有"以艰苦奋斗为荣，以骄奢淫逸为耻"接着又提出领导干部要增强忧患、公仆和节俭三个意识，都具有极强的现实针对性。然而，"冰冻三尺，非一日之寒。"自古就有"由俭入奢易，由奢入俭难"之说，看来还得从普遍提高对奢侈浪费危害性的认识入手。

比较经常和集中的一点是：思想上的满不在乎。例如说什么家大业大、不贪污、没有进私人腰包、浪费一点也不算啥。有时还似乎"理直气壮"，反而认为别人"大惊小怪"了。抱着这种心态看浪费，便难免在有意无意之间弱化了遵守相关政策法令、规章制度、财经纪律的观念，甚至有法不依，明知故犯。因此，建立、健全各种制度无疑是必要的、重要的。与此同时，还必须注意提高干部的综合素质。首先是思想素质，思想认识上的误区、差距依旧，有些人很难改掉。平心而论，有关文件、法规已经不能算少，有的早已达到三令五申的程度，可是并未见效。关键在于要动真格，要依法办事、雷厉风行。

（原载《中国行政管理》2007年第9期）

暴殄天物

对于这句成语，可能有人感到陌生。但它反映了前人对任意浪费和糟蹋物品持反对、批评、谴责态度的优良传统。感谢辞典工作者们的辛勤劳动，为我们提供了有力说明这方面情况的方便："任意糟蹋东西。(殄：灭绝。天物：指自然界的鸟兽草木等)"[1] 这话最早见于《尚书·武成》，即"今商王受无道，暴殄天物，害虐烝民"。唐代杜甫诗中就有："暴殄天物圣所哀。"《红楼梦》里也说："既有许多值钱的东西，任人作践了，也似乎暴殄天物。"总之是无道、可悲的事。

"天物"当然包括粮食、食品，这里想讲的，正是这个问题。最近媒体报道，在香港，食客留下吃不完的食品要被罚款。如果经过宣传教育仍难改善看来此罚可行，而且势在必行。香港每天填埋处理的 9 300 吨垃圾中有 1/3 是食物。相比之下，食物在美国 2005 年产生的垃圾总量中占 12%。"[2] 真是不比不知道，一比吓一跳，1/3 即 33.33%，几近 12% 的 3 倍！

---

[1] 中国社会科学院语言研究所词典编辑室. 现代汉语词典. 7 版. 北京：商务印书馆，2016：51.

[2] 基督教科学箴言报（美国），2007-04-19.

不用再联系到人均 GDP 去比较了，更何况美国是国际著名已久的浪费大户，我国香港竟然如此大幅度地超过，实在惊人。

说起对剩饭剩菜罚款的事，新加坡早已领先了一步。凡是在新加坡生活或到那里访问、旅游过的人大概都知道这一点。其实，正像别的罚款事项一样，旨在由逐步减少到完全消除不良行为，而非另辟一条"创收"渠道。看看新加坡所取得的成效，我国香港可能实施同样的政策。但愿大家能认识到饭菜浪费是很不文明的表现，自觉检点、避免就好。

这里不能不联想到我们所在地区、城市和单位的同类状况。虽然关于公款吃喝一年就吞掉一个三峡工程的说法已经不是新闻，但是在公私饮食消费中被当垃圾扔掉的食品究竟有多少尚无全面统计。尽管如此，估计总量一定不少。就一般印象而言，剩饭剩菜经常较多，"打包"的比例很少。尤其是几桌、几十桌或者更多时，就更会"盛况"空前了。偶尔见到饭店有"丰俭由人"的牌子，可实际上点菜总是多多益善才有"面子"，特别是公款开销。在这个问题上，香港是我们内地的一面镜子，应当早为之计，不失时机地采取必要的有效措施，以助于加快社会主义和谐社会的构建。

（原载《中国行政管理》2007 年第 10 期）

闲话单车

单车,即脚踏车、自行车,重庆早期土话也有叫"洋马"的,但毕竟是有轮子滚动的车而不是用蹄子奔跑的"马",所以"洋马"之说仅曾在有限的地区内流行,未见推广。

说起"单车",它本是广州的说法。由于改革开放广东先走一步,不少广州话中的词语为普通话所接纳,"单车"便是其中的一个。使用者当然知道它指的是什么,可是要问"单车"是什么意思,为什么叫"单车",特别是分明有两个轮子,能够做出令人满意回答者恐怕很少。不信?请看颇具权威性的汉语词典,也只是:"〈方〉名自行车。"①(方言名词自行车)并无其他解释。问过不少老广州,也讲不出所以然来。也许是指两个轮子在一条线(单线)上行,或者另有所指,还不得而知。

作为一种交通工具,中国曾有"世界单车王国"之称。记忆犹新的是在改革开放以前和初期,各大中城市早晚两轮上、下班和上、放学的单车如潮的壮观景象。不少城市设置了"单

---

① 中国社会科学院语言研究所词典编辑室. 现代汉语词典. 7版. 北京:商务印书馆,2016:253.

车道",并在高峰时采取措施方便单车"大军"过桥。后来经济快速增长,汽车多了,交通堵塞时有发生。也曾以为单车碍事,人力驱动,显然落后,于是对其另眼相看,在某些地段限行禁入、取消"单车道"等随之而来。可是,单车是禁不了、废不掉,它还有继续存在和发展的理由。无污染、符合节能减排要求、有体育锻炼作用、存放和运作空间不大、近距离灵活轻便和成本不高等都是不能否认的事实。值得注意的是,差不多在有人对单车感到"头痛"的同时,西方某些城市却不断兴起单车热。

更不能不令人称奇的是,在平均三人拥有一辆小汽车的德国,竟然还有一个拥有26万人口的叫明斯特的"自行车城"。每人一辆自行车,上班远的常备两辆,分别存放于长途公共车站的两端,以便往返。教授、勤杂工、公职人员、修女、邮差、警察、市长等均以单车代步。明斯特的政府和交通建设在很大程度上是以自行车为轴心发展的。当然,这也许只是特例,但它不仅有趣,而且令人深思:他们为何爱骑单车并从未想到要取缔它,反而一个劲儿地使环境适应单车数量多的特点?看来,其中似乎隐含不言而喻的"以人为本"的味道。否则,又怎么可能"市政府部门建议对汽车司机施加'温和压力',让他们驶离城区,只许自行车进入市内。"① 看来,大势所趋,"自行车革命"风靡巴黎,绝非偶然,北京的举措也很好理解。

(原载《中国行政管理》2007年第10期)

---

① 刘直. 明斯特:德国自行车之城. 海外文摘,2007(4):37.

再说单车

单车即自行车。因曾经讲过《闲话单车》,所以这里是"再说"。说过的也就不重复了,不过有关的事还得略提一下,如北京的相应举措、法国巴黎的"自行车革命"和德国的"自行车城"明斯特等。因为接着要说的,仍是外国一个城市在这方面的情况。

不久前接触到一份简短的信息资料,标题是《哥本哈根的特色:重回自行车时代》[①]。哥本哈根是丹麦的首都,一个拥有50多万人口(将近丹麦全国人口的1/10)的城市。该国是个高福利、高收入、高消费、高税收的西方发达工业国家,有许多先进的生产技术和经验,人均国内生产总值居世界前列。交通发达不在话下,每千人拥有小轿车343辆[②]。由于众所周知的原因,人们对于自行车发生了相当浓厚的兴趣,掀起公共自行车热。

他们实施计划的特色在于车源来自捐助,捐助者所得到的回报是在车轮上为捐助者单位打出宣传广告。这一招确实可

---

① 广州文摘报,2008-06-12.
② 世界知识年鉴(2004—2005). 北京:世界知识出版社,2005:597,598.

行,并且很灵。从 1995 年开始提出方案,到 1998 年仅三年时间,公共自行车便从无到有,从少到多,增加到 3 000 辆。估计在未来,其发展势头不会减弱。因为自行车单价不高,他们以 25 辆为捐助起点,也容易被捐助方接受。这就大大提高了工作效率,加快了发展速度。何况这种宣传广告的效果可能较之其他形式有过之而无不及。

有了车源,还有如何管理、运作的问题。哥本哈根的具体做法是:在全市各交通要道分布停车点约 150 处,市民可就近取用和归还。但有一道手续,即停车点的自行车都被锁住,取用者必须向车锁塞进规定数额的硬币方能启动、使用,用毕将车放回停车点锁上,所付硬币即自动退还。也就是说,那是用车的押金,其实用车是免费的。如此这般,无非旨在维护和保证车辆有序运转,广大市民是能够理解和配合的。

不过话又得说回来,凡属公益之事,莫不在很大程度上与市民素质和社会风气密切相关。端正对待公共财物的态度,应普遍持久地加强宣传教育。过去公车和私车的"待遇"截然不同,我们实在不能再继续熟视无睹和安之若素了!

(原载《中国行政管理》2008 年第 12 期)

去汽车化

在一篇关于日本走向"后汽车时代"的报道中,提出了日本有一种"去汽车化"的趋势。其中说的主要是在大城市交通中,由于开车的不便,公共交通体系的日趋完备和费用不断提高等原因,已有如下的一些论调和事实:"买车是 20 世纪的过时做法……汽车已经丧失了激动人心的魅力……汽车销量下跌……普遍对汽车不感兴趣……有车曾经是身份的象征,它代表西方的现代生活方式……这种看法已经过时了。"①

我们的具体情况不同,在这方面似乎还方兴未艾。也许有人认为,这些言之过早。但不妨照照镜子、想想问题,或多或少地有助于防患于未然,也是好事。何况有些近似或相同的景象已经出现在我们的实际生活中,我们也正在考虑可施之计。别的且不去说,只说因人多车多而致拥挤堵塞的事实许多城市都有。例如北京是首都,也有人戏称为"首堵"。缓解办法之一是实行单双号限行制度。又如上海在应对盛大国际活动时采取若干紧急措施,暂时收效但却难以持久。广州则早已有"羊城

---

① 后汽车时代. 新闻周刊,2008-02-25.

无处不塞车"的名声。不少城市在下了高速路开始进入市区以后便突然变慢到无可奈何的地步,更是司空见惯了。

当然,立即完全实行"去汽车化"是行不通和办不到的。正如人们常说的,不能因噎废食,也不能因堵废车,但总得想想办法来解决问题。人们也常说,我们有后发优势,也就是看看先行者的经验教训,以避免盲目性和少走弯路。与此同时,勿忘努力创新,才能争得上游。

放眼世界,作为城市国家的新加坡,其综合治理交通拥挤问题的一揽子措施已引起日本媒体的注意。"其核心内容包括:加大国家投资改善公共交通,发展快速轨道和高速公路;降低新增车辆配额;提高私家车使用成本……"[①] 如果不能有效应对家用轿车的增加,就无法解决拥堵。而在经济环境等方面的国家利益,又是必须做出的困难选择。凡此也都值得我们深思:畅通的交通体系对国家发展的重要性众所周知,制定和推行科学的交通政策又可能遇到这样或那样的阻力,怎么办?有的我们在做了,如改善公共交通等。难就难在各种利益之间的去从、取舍。相信在以人为本全面协调可持续发展的科学发展观指导下,这些问题终将迎刃而解。

(原载《中国行政管理》2008年第8期)

---

① 新加坡被迫调整汽车政策. 经济学人,2008-03-18.

市民素质

关于"北京市民提高素质迎奥运""中国欲借奥运东风改掉生活陋习""北京奥运会将考验国民素质"之类的报道和议论,国内外媒体都已经不断有所反映。应当认为,这确实是办好奥运会的一个有极大影响的关键性因素。

常识告诉我们,实力有"硬""软"之分,文明也有政治文明、物质文明和精神文明的区别。体育运动本身就不单纯是体力的表现,只有伴随智力的运用和发挥,才能取得优异的成绩。赛事的进行,需要大家都有公平、公正、友好、共勉的精神。像对失败的选手特别是外国选手喝倒彩,便是严重违反体育道德之举。承办奥运会的国家和地区是负责提供优良环境的东道主,同时也是将自身各种条件向全世界全面展示的一个难得的机会。因为到会的不光是与奥运会直接有关的人员,更有大量的观众和旅游者,还有寻觅"商机"的人士等。并且较多的是既来之,则游之,不只是到北京一地,还会顺道到各地一游。显然,在奥运期内和前后一个时期,各地在这方面也要做好准备。也就是说,我们的工作不能局限于北京,而要有全国迎奥运办奥运的心态。

另外一方面，国内人口也是经常流动的。在奥运期间，赴京观赛和探亲访友以及办理各种事务的人必然不少。因此，说到提高市民素质，也就很难仅以提高北京市民素质为满足。在公共场所活动和接触到的，谁能分清谁是或不是北京市民呢？外地人在京不排队、乱吐痰等，也会算在北京人身上，岂不冤哉？这里的意思，并非一定要分清是否北京市民，而是说全国都要把提高市民、国民、公民、人民素质作为重要任务来注意和进行，也不是只顾一时的事。

说到底，人的素质问题所关至大。它对国家和地区各项事业的发展具有全面、长远、根本的意义。素质是个综合概念，内容非常丰富，大体上离不开实力和文明的范畴。提高之道在于各级领导和全民重视在科学发展观的统领下，认真落实"科教兴国"的战略方针。根据综合素质的要求，"科教"须做广义理解，即指科学文化、思想政治、待人接物、文明礼貌、遵纪守法、良好习惯等方面的教育。要在全面提升素质教育上狠下功夫，警惕应试教育的流弊。

（原载《中国行政管理》2007年第12期）

创新能力

创新是历史潮流、世界潮流、时代潮流和大势所趋，并非谁的偏好。我国古代就有"日日新，又日新"的明训，国外现代著名管理学家中就曾有人把它作为座右铭。当然，最重要的是必须具备创新能力。

现在，各国各地各行各业都在竞相创新，但应注意的是政府管理创新有其特殊重要的作用。因为社会创新活动所需要的适宜环境、基础设施和创新人才，莫不有待政府管理有所作为。否则，社会创新活动将难以开展或困难重重。为此，对各级政府管理人员要求有创新能力，完全是应有之义。

先说在公务员的九项通用能力中有创新能力，再看党政领导干部公开选拔和竞争上岗考试大纲的面试十项能力中必有创新能力。显然，对后者的要求应当更高，而且不能仅从形式上看九分之一或十分之一，实际上创新能力是"打通关"的，它将通过其他能力得到充分体现。也就是说，其他各项能力的发挥和提高，都无可避免地有创新因素。领导者在创新方面，也必须起带头、示范作用。

创新能力既然如此重要，所以，对它的培养、提高和应用便需要给予高度重视。例如创新思维方式、创新精神、创新勇气、对新生事物的敏感性、解放思想、开阔视野（扩大知识面）、与时俱进、更新知识、更新观念、分析新情况、总结新经验、提出新思路（突破旧框框）、创新方法、创新技能、发现新生事物、扶植新生事物、解决新问题、结合实际创造性地开展工作（乐于试验）等均须不断地认真培养、提高、应用，以求在创新中发展，又在发展中继续创新。

为了能够更好地创新，还有必要加强与创新有关的学习、研究。其中包括众多的直接或间接对创新有启发、帮助的知识、信息，"开卷有益"决非虚语。举例来说，一如参考借鉴国内外、专业领域内外无论是对口的还是不对口的创新经验为我所用。二如研究预测的未来学，广义的、狭义的、专业的（像政治未来学、经济未来学、军事未来学等）都值得浏览。三如研究创造发明的创造学，对于培育和活跃创新思维更有触类旁通之效。创新不易，但对有心人无难事，只是乐于、勤于、善于学习而已。

（原载《中国行政管理》2004年第11期）

重在治本

《中国行政管理》2001年第3、6两期分别发表过《科教兴国》和《正本清源》二文。看来，不仅发展经济、培养人才、防治污染、反对腐败必须有这样的战略和思路，破除封建迷信也一定要在狠抓治标的同时，在治本方面多下功夫。

"中国新春迷信盛行"[①]——在以此为题的短短几百字的报道中，把实况描绘得淋漓尽致。不能否认，我们数十年来破除封建迷信的工作收效甚微，那些根深蒂固的思想正铺天盖地卷土重来。许多人钱包变鼓了，也使迷信习俗死灰复燃。

记得温家宝总理有一次在美国哈佛大学的演讲中谈到中国和平崛起的发展道路的要义时，就提到更加充分地依靠国民素质的提高和科技进步来解决资源和环境问题。应当认为，封建迷信猖獗必然阻碍上述提高和进步，所以决不可掉以轻心。

举例来说，过去提过要扫除的"文盲"、"法盲"和"科（学）盲"都事关国民素质和科技进步。后来电子计算机发展起来，实现国际联网又提出要扫除"机盲"（不知用电脑）或

---

① 中国新春迷信盛行. 法新社，2005-02-08.

"网盲"（不会上网）。可是，"电脑算命""网上算命服务"随之兴起，并且生意兴隆，真令人啼笑皆非。

什么鸡年会带来厄运，因而想方设法在猴年结婚、生孩子，甚至要求提前做剖宫产手术，等等，不一而足。很值得注意和深思的是在这类迷信人群中，也有为数不少的各级大小"官员"，个别干部讲"风水"、问"官运"的事早已不是新闻，影响恶劣，自不待言。设想在这样的精神状态下，真正落实"三个代表"重要思想和科学发展观从何说起呢?!

我们听说过"习惯势力是最可怕的势力"这句名言，也有"习惯成自然""习惯是第二天性"和"约定俗成"之类的说法，当然要做具体分析。习惯有好坏利弊之分，封建迷信的内容本属子虚乌有。可怕的是恶习、恶俗，要从根本上破而除之。禁而不止或屡禁不绝还要加大禁止力度，不可因而放松。但须研究不止、不绝的深层次原因，就得回到正本、固本的问题上去，也就是我们常强调的移风易俗，切实提高全民的科学文化水平。虽然任重道远，但持之以恒，必有成效。

（原载《中国行政管理》2005年第5期）

堵住赌注

"6 000亿元人民币",这可是一大笔相当可观和足以惊人的财富!我们很容易联想和设想:用它能够办多少所希望小学、扶多少贫、助多少困、解多少危、救多少急,等等。然而,它竟是由北京大学一所研究机构提供的中国每年外流赌资的数据[①]!这是多么大的一个漏洞,它被认为是中国金融监管体系的新的重要课题是理所当然的事。

其实,这不能仅仅从金融监管角度来看问题。非常应该并且值得注意的是:"中国的干部在南方邻国乃至在朝鲜的赌桌上用贪污的公款下赌注,在专门为这批人开办的赌场里豪赌。"[②] 这就成了腐败活动延伸、扩展的一个途径。赌徒们贪得无厌,心存侥幸,输了也不心疼。或者利用职权"挪用"资金作为赌本,落空便畏罪潜逃。如此这般,愈演愈烈,不管怎么得了?!

我们清楚地看到,国家惩治"官赌"没有手软,并已初见成效。"在过去两个月里……邻近中国边境地区的大小赌场已

---

① "围赌中国"潮起潮落. 参考消息,2005-01-27.
② 科隆科. 赌场之旅. 法兰克福汇报,2005-01-21.

有84家关闭。"① 可见,只要认起真来,赌注一定会被堵住。什么"围赌"中国的怪现象,必须让它们都见鬼去!关于赌博的危害,只停留于轻描淡写地说说不行,还是很有必要大张挞伐,使之成为人人喊打的过街老鼠。

因为严禁、严惩虽然可以收效于一时,但治本之计仍在于要彻底转变顽固的思想观点,进行移风易俗。自古至今,嗜赌成瘾者大有人在,人们早已把"黄、赌、毒"合称三害,这绝非偶然。由于中毒太深,倾家荡产、祸延子孙者有之,作奸犯科、罪大恶极者亦有之,不妨多举一些"反面教员"的例子,供大家提高认识。

引人深思的是:那些设有以"娱乐城"命名的赌场的所在国为什么规定"不对内、只对外"或列为本国人的"禁地"呢?说白了,那些赌场的赌客以中国人为主,甚至是专为中国赌客而开设的。真是可惊!可叹!怎么办?说到底,"冰冻三尺,非一日之寒"。长远来看或者从根本上着眼,首先是与各级干部的品德素质相关。教育不能忽视品德教育,政治文明、物质文明、精神文明同步提高了,才能逐渐和普遍摆脱低级趣味,进入追求高雅的境界。

(原载《中国行政管理》2005年第7期)

---

① 科隆科. 赌场之旅. 法兰克福汇报,2005-01-21.

森林面积

在中国特色社会主义建设中，人们继关注物质文明、精神文明、政治文明之后，又较多地重视和谈论生态文明。应当认为，这是一种很自然和良好的状况。由于对生态问题还缺乏研究，以下只是凭有关资料和一般常识，就"森林面积"这个小题目略抒浅见。

大家知道，森林同绿化环境的关系十分密切，直接影响到水土的保持和流失。俗话早有"想致富，多种树"之说，"植树节"（3月12日）已经成为一个重要节日，届时党和国家领导人都带头植树，给人以隆重其事的深刻印象。在全国倡导和开展植树运动之际，我们应该牢牢记住：我国目前人均森林面积还不足世界人均占有量四分之一[①]。这是一位人大代表在所做调查中显示的数字。

既然如此，我们本当在积极大力植树的同时注意保持和扩大森林面积，尽可能减少砍伐，减少木材的浪费，以争取早日达到合理的人均水平。可是，上述调查所提及的关于生产一次性木筷的事，却使人发生疑虑。事情是这样的，我国每年大约

---

① 21世纪新闻报道，2012-03-13.

生产450亿双一次性木筷,一棵生长20年的大树,仅能制成3 000~4 000双筷子。每年出口日本225亿双(恰好是产量之半),约合200万棵成年树(共400万棵)。这笔账简单易算。问题集中在这每年要失去400万棵成年树!

疑虑之一是:每年20年树龄的400万棵成年树的供应情况怎样?对森林面积有何影响?是维持、增加?还是减少?若是总量依旧,已经必须警惕,如果逐年下降,更要猛敲警钟。因为对生态大局而言,这可不是小事。但愿这是过虑,能早为之计就好。

疑虑之二是:日本人均森林面积似在我国之上,为何不自己生产一次性木筷,而要花钱从中国进口?关于日本重视环保,我们早有所闻,为什么在这方面我们不加思考,甘当出口大户?225亿双,200万棵成年树,而且是每年提供,他们应该是算过这笔账的,结论还是进口划得来。

疑虑之三是:靠牺牲环境发展经济而致难以进行可持续发展的教训汲取了没有?仅按森林面积来说,通常也讲"十年树木",何况是20年的成年树!虽然一时能卖得些钱和利于就业,甚至可能是好价钱,但是一算大账和长远的账,往往得不偿失,后悔已晚。因此,认真审时度势、统筹兼顾、当机立断,方为上策。

(原载《中国行政管理》2013年第1期)

说普通话

管理（当然包括甚至更应强调公共管理、行政管理）需用语言，在城市里说普通话尤有必要。我国宪法总纲有"国家推广全国通用的普通话"的规定。宪法是国家根本大法，无关宏旨的小事是不会上宪法的。可见，对这项工作的态度不够积极、认真，虽不能扣"违宪"的大帽子，但至少可以认为对宪法的原则精神领会得不深、不足。

语言在社会发展、科技进步和经济文化繁荣等方面所起的极其重要的作用是众所周知的。以我们现在所说的普通话（旧的说法称之为"国语"，在港、澳、台地区至今仍时有所闻）而论，一些有关的实际情况，便很引人注目和引人深思。

在海外华人、华侨中，人们不难看到语言习惯的变化。例如美国许多大城市都有华人聚居的"唐人街"（China Town，"中国城"），早期广东台山话较为流行，后来是广州话较为流行，现在能说或听懂普通话的与日俱增。

最有说服力的例子是新加坡。那里全国人口中华人近80%，来自不同方言区者之间不仅沟通困难，而且常引起误会、冲突，甚至械斗，对国家的发展非常不利。因而新加坡在立国以后，便大力提倡、推广普通话，在年轻人中的普及率估计已超过某些方言盛行的城市。

再看回归前后的香港、澳门地区，普通话水平的迅速提高也很显著。由于同内地的联系大大加强，学习普通话的自发倾向普遍存在，有组织的学习颇受欢迎，具体表现为积极参与。广播、电视中的普通话节目增多，自然是社会有此需要。

就成为国内大都市的条件而论，说普通话应当是其中之一。在这方面，上海市是比较敏感和措施及时、得力的。电视台除地方剧种之类的文娱节目以外，都用普通话；公务员上岗也规定普通话要达到一定水平。新兴城市如深圳就更不用说了。那里汇集了全国各地的人才，很自然地形成了说普通话的环境。

现在，有"中国 TOEFL"之称的汉语水平考试（HSK）在国际上频繁举行。其内容当然是以普通话为标准。还有各国来中国留学的学生所学的汉语也是如此。总而言之，从发展过程和为了更好地发展来看，说普通话是大势所趋，必须与时俱进。

（原载《中国行政管理》2003 年第 9 期）

病从口入

很多人都知道"民以食为天"和"病从口入"这两句话。进食通常是要用口的,基本国情中的"人口"这个词,妙就妙在把"人"与"口"连在一起。人们将勉强谋生叫作"糊口",英语里也有"现挣现吃"或"做一天吃一天"(from hand to mouth,直译即为"从手到口")之说,可见人要吃饭是极其普遍的事。

当然,除了食物之外,还有药物也经常是口服。因此,虽非所有的病都从口入,但病从口入的机会无疑很多。致病甚至致命的食物和药物不能不管,这可是公共管理首先是政府管理中必须高度重视的大问题。

现代社会生活节奏空前加快,食品中的快餐、速食、熟食、半成品、预制品等和药品中的成药大增。食品工业、餐饮服务业、医药业的发展很快。如果不严加管理,则劣质、变质产品难免在市场泛滥,必将对社会造成极大的危害。若通过饮食引起恶性病毒的迅速扩散,后果更为严重。

在这方面的管理一定要讲求实效。信手拈来的两个例子,可以让我们想想怎样才能管住、管好。要是有头无尾、有名无实,或者没有管到点子上、要害处,那就值得好好研究改进。

例子之一是广东省质量技术监督局公布了月饼质量抽查结果。据媒体报道，广州有五种不合格月饼，并列出生产者和产品名称，但只在标题上叫《不要买》而别无措施①。对此，消费者议论开了：照样上市吗？这样管用吗？报纸都登吗？人人看报和记住吗？处处张贴吗？改头换面呢？既经查出，何不从源头上去处理？看来，似不能认为问得苛求或无理。

例子之二是北京在超市内设食品检测站，市民购买食品可免费检测，设备将于2003年11月底投入使用②。这当然也是好消息，是重视食品卫生的一项新举措。问题和希望同上述宣布不合格差不多：超市之外呢？大家都忙，品种又多，顾得上吗？检测出违规情况又如何？怎样才能全面、彻底保证杜绝出售劣质食品，需要有配套的办法。事关公众健康和生命安全，应当着力去做。

美国早有出租屋必须设置电冰箱的规定，其实是与饮食卫生直接联系着的。在现代社会生活中，严防病从口入确实是需要深思和认真对待的事。

（原载《中国行政管理》2004年第1期）

---

① 新快报，2003-09-04.
② 文摘报，2003-09-14.

狠抓教育

一篇关于在狠抓教育中尝到甜头的报道，虽仅约1 500字，但既摆清了事实，有统计数字，又讲明了道理，有说服力。

狠抓教育的结果是："变人口压力为人才优势，变教育优势为经济优势。"① 下文没有说，似乎也不用说，不言而喻或不言自明的是经济优势必将有可能更进一步促进教育优势和人才优势的加强，从而借以形成不断继长增高的良性循环，非常有利于可持续发展。这种情况，显然很符合我们现在所着力倡导的认真落实科学发展观的战略要求。

说到科学发展观，众所周知，最根本的一条就是应以人为本。亦即发展的最终目的是为了人，发展的全过程也依靠有发展才能的人。换句话说，人的整体素质的全面提高，需要人自身的努力。那么，教育事业的地位和作用，在这里便充分凸显出来。"把沉重的人口压力变为高素质人才资源优势的唯一途径便是发展教育，优化、完善教育结构。"② 应该认为，这是上述报道中可信的经验之谈。

---

①② 郑晋鸣. 江苏尝到狠抓教育的甜头. 光明日报，2005-01-07.

教育的重要性与日俱增。伴随知识经济的发展趋势，建设学习型国家、社会、城市、组织等呼声响遍全球，进行终身学习的实践已大幅度地推广。目前常见的可喜现象之一是在双休日和晚间，为数众多的在职人员到各高校去"加油""充电""回炉"，谋求知识更新。但是，基础教育不可忽视，从长远来看，要处理好普及和提高的关系。

发展需要各方面的人才，有不同的层次和门类，教育结构一定要与此相适应。在科学发展观的指导下，发展教育必须全面协调。领导和从事教育工作者要有正确的教育理念，善于安排、掌握合理的教育规模，构建、保持良好的教育体系，选拔、培育优秀的师资队伍，争取、保证较多的经费投入，密切关注、深入研究，并勇于探索和积极改革、创新，使科教兴国、人才强国的愿望逐步实现，和平崛起更见成效。

强调狠抓，就是要抓紧、抓好、抓到点子上和要害处。常识告诉我们：抓而不紧，等于不抓；抓不出效果来也等于白抓；对大事、要事如教育更加是如此。指导思想不明、不正，实际运作流于形式或乱抓一气，以及诸如此类的问题，都是发展教育事业的大忌。

（原载《中国行政管理》2005年第10期）

一氧化碳

看到这个题目，可能有很多人不感兴趣。因为它是个化学名词，似乎与公共管理、行政管理无关。其实不然，它是空气污染中的一大祸害，现在已引起越来越引起人们的注意。最近消息传来，欧盟委员会的一项调查显示："吸烟产生的烟雾是一氧化碳污染的主要来源，比汽车尾气产生的一氧化碳污染更严重。"[①] 在具体危害性方面，调查又显示："吸烟者肺部的一氧化碳含量是不吸烟但受烟雾影响者的 2.75 倍，是与香烟没有接触的不吸烟者的 4.55 倍。"[②] 大意不外是既害自己又害别人，与另外一种说法的不同之处则在于有人认定吸二手烟者比吸烟者本人受害还要大。不管怎么说，若烟草污染果真甚于汽车，岂不很值得考虑？

话再说回到一氧化碳上去。它原是煤气或水煤气的主要成分，毒性极大。通常所讲的煤气中毒，也就是一氧化碳中毒，主要是由于室内一氧化碳过多而引起的。常识告诉我们：不要在紧闭着门窗的室内生煤炉或者以炭盆取暖，煤矿、车间应注意通风，要警惕煤气管道和使用煤气的设备、器具漏气，等等。

---

①② 烟草污染更甚于汽车. 世界报，2007-10-31.

可是，对烟草污染一般还不那么紧张，至今根本不当一回事，往往一笑置之，甚至诸多辩解。有时较起真来，还会出现不欢而散的场面。主张吸烟无害的一方"理直气壮"，仿佛认为对方简直是在无理取闹。当然，要改变长期形成的一种习惯很不容易，那是可以理解的，必要时还不妨在一定程度上给以谅解。但在涉及和影响别人和环境的问题上，也应该进行一些换位思维，并鼓励尝试发挥公共精神。

公共管理本是通过管理实现公共服务的。该管些什么，取决于与公共利益攸关的事情。或防或治、或保或拒、或立或破，贵能兴利除弊、扶正祛邪、移风易俗。怎样对待一氧化碳，联系到公共卫生、公共保健和优化环境，不能不管。众所周知的是汽车尾气在发达国家的城市管理中早已属于监控之列，"禁止吸烟""请勿吸烟"的公告出现在公共场所也日益普遍。去年，美国两个加州城市已通过法律限制在多单元住宅楼内吸烟①。可见，姑不论烟草污染是否更甚于汽车，至少在公共管理实践中已等量齐观。放眼世界，这是不争的事实。我国环境污染问题比较突出，自当首先从抓重大事项入手。一氧化碳也许一时还排不上队，即使是这样，仍须及时跟上，以免积重难返，有碍和谐。

（原载《中国行政管理》2008 年第 3 期）

---

① 纽约时报，2007-11-05。

经济责任

我们所要建设的和正在建设的是服务型政府，当然也应该和必须是负责任的政府。在如政治、法律、道义等各种责任中，经济责任是不容轻忽的一项。关于反腐倡廉、降低行政成本等要求，就少不了经济责任方面的考虑。因此，审计署对领导干部和有关单位进行经济责任审计、一般审计和专项审计都无疑是极其正常的业务。若不经常和认真去做，那才叫不务正业。

试以 2007 年为例，对 36 429 名领导干部做经济责任审计，发现违规金额 61 亿元，损失浪费 72 亿元；审计和专项审计调查 14.2 万个单位，损失浪费 323 亿元[①]。不言自明的事实是全国领导干部和可审计的单位均远不止此数，因而对上述金额也只能做局部观。但仅就这几个数字来说，孤立去看意义不大，而一经比较，则引人深思，甚至令人吃惊。让我们随便从节约预算资金的信息中取一个数做对照，当可有所评议。说的是中共国家机关推行政府集中采购，5 年省了近 51 亿元[②]。本来，它们之间的可比性不那么简单，但至少有一条：浪费

---

① 新闻晨报，2008-03-27.
② 人民日报，2007-12-10.

实在太容易了！请看前面一年中损失的是 72 亿、323 亿，后面却是 5 年才节约近 51 亿（平均每年约 10 亿）。

实际情况也许不幸正是这样，节约远远落后于浪费。关于政府投资决策失误导致资金浪费损失约为 4 000 亿到 5 000 亿元的估计（世界银行）①，我们记忆犹新。假账、暗箱操作、浪费、滥用、腐败、混乱、坏账、债务、违规等一系列事关经济责任的问题由来已久且积弊很深。掀几次审计风暴确实大快人心，但真正要做到弊绝风清，则还有待继续坚持、不懈努力。这需要各有关方面的全面、经常、大力的支持和配合，不能在思想上和行动上让审计工作成为一支孤军。

看来，除在制度上严密加强有效监督、控制外，在责任心（包括经济责任心）的问题上，也有一项严肃的移风易俗的任务。慷公家之慨惯了，自然就大手大脚、铺张浪费，直到以权谋私、假公济私、损公肥私、化公为私。其中包括对公物、公产的不爱惜、不爱护等，如不节约水、电之类。说到底，是要在对从事公共管理、公共服务人员的素质要求中有公心、公德方面的内容，并作为重要标准。

（原载《中国行政管理》2008 年第 10 期）

---

① 扬子晚报，2005-09-17。

今昔对比

据英国《泰晤士报》报道，英青少年读写和数学水平糟糕①。原标题为《学生的数学和英语水平面临危机》。消息来源是：经济合作与发展组织（OECD）的一项全球性的深入研究报告。报告指出：在23个发达国家中，16~19岁的英国青少年识字率最低，数学能力排名倒数第二。然而，该国的退休者或即将退休的人，在他们的年龄组中排名却最高。这真是鲜明的今不如昔！看到这段新闻，不知大家有何感想？愚意以为，凡事不进则退，纤毫不可在已有成绩上睡大觉。稍一不慎，就会出现始料所不及的前功尽弃的场面。

值得注意的是：报告还说，虽然英国年轻人的学历越来越高，拥有的教育机会也很多，但与其他国家相同学历的人相比，他们的能力依然很差。这当然是个事关教育质量和绩效的问题。很多具体的数字和例子，这里不必一一转述。但对高学历有名无实的原因似乎已有所了解，如大学对低级的读写和数学能力关注不够，而致那些基本技能很差的毕业生收入通常不高，很多人将来连助学贷款都还不起。其实，基础知识和能

---

① 参考消息，2016-01-30.

力不能全等到大学才开始关注。因此，报告最后建议减少本科生的数量，把钱投入到基础教育中。

不过，教育经费是否充裕固然重要，还有方针政策、内容方法、师资条件以及钱怎么花等一系列的问题有待妥善考虑和研究、规划和安排，以免顾此失彼，期望既能稳步普及，又能切实提高，从而全面健康发展。这些细节，由于报道的不是报告全文，估计未及其详，可能还有高见。我们还是发展中国家，对于别国尤其是发达国家的经验教训是很留意参考的。在教育方面，我们的现行体制，基本上和主要是从西方引进的框架。正式的教育层次为：小学、初中、高中、专科、大学本科、研究生，有学士、硕士、博士学位。但在全面深化改革中，教育占很重要的地位。已经十分明确的是必须高度体现中国社会主义特色，深刻进行社会主义核心价值观教育，大力提高为实现中华民族伟大复兴中国梦所需要的知识和能力水平。面对上述英国现象，应该引起我们的警惕。我们发展理念中的第一条是创新，教育事业也要在发扬优良传统的同时不断创新。保证和争取今必胜昔，不许和防止今不如昔。只有这样，我们才能发达起来。

（原载《中国行政管理》2016年第6期）

卷四　中国问题与本土话语

　　曾经有人建议建立中国特色社会主义行政管理学流派，我认为如果能真正和确实做到这一点，那就相当值得自豪了。

——夏书章

事出有因

完全可以这么说：凡是一种现象的形成和出现，都无不事出有因。于是要有所改变或解决问题，就得把真实的原因找出来，才能有针对性地采取有效措施。大家都知道大量中国人到日本去抢购马桶盖等商品这回事，最后却发现原产地为杭州。一位新加坡作者在他所写的有关文章中还提到，几年前有过很多中国人在回国前购买新加坡的中药材的事，那些中药材的原产地就是中国。撇开有点偏激的评论，他认为应找出深层次的原因，并指出："这其中的关键并不是企业的升级换代，而是市场与管理问题在背后起作用。……迫切需要的不是产业升级，而是制度与管理升级。"[1] 也就是说，只要对症下药，消除管理与制度方面的各种弊端，中国制造定能获得更大的国际空间和声誉，起码这种到外国去买优质中国货的现象会少得多。

看来，事出有因，一点不假。批评生产商"崇洋媚外"，为外国生产高质量产品却不对内销售，或认为赴日消费者丢中

---

[1] 中国制造的瓶颈在哪里?. 参考消息，2015-04-02.

国人的脸,都没有批到点子上。例如,要设法管控劣质产品,加强法治,以免因监管不力导致企业违法,或产生成本太低的痼疾。假冒伪劣不受到惩罚,生产高质量产品便冒较大的经济与生产风险。还有的行业和部门假公共福利之名行垄断之实,也使市场调节失效。是否确实如此,显然值得研究。现在中国已是世界第二大经济体,经济发展成绩卓著,也许有人并不看重这类"小事"。可是,不当回事是不是就没事了呢?其实不然,中国制造的国际名声远不算很好。而被忽略的重要事实是中国不缺制造一流产品的能力,是被劣质产品拖住了。因此,问题不仅要从长计议,还要从广计议,许多事都不宜只是就事论事。俗话说:"一粒鼠屎坏一锅粥。"何况很多"鼠屎"呢?加强法治,对假冒、伪劣监管从严,为中国制造的整体性升级扫除障碍,情况才能改变。要是听之任之,必将愈演愈烈。那可不是国人所愿意看到的现象。

  与此相类似的是外出旅游者的某些负面表现,给人以一种暴发户粗野无文的印象。其实也与我们许多工作没有做到、做好有关。最近采取了显然是治标的措施,但愿能普遍重视文明礼貌的宣传、教育,尤其是旅游行业第一线的服务工作,更应重视这方面的内容。

(原载《中国行政管理》2015年第8期)

官邪败国

官邪败国,古有明训:"国家之败,由官邪也。"语出儒家重要经典之一的《左传》。里边说的是公元前700多年至公元前400多年之间的事。时代虽已久远,但至今并未失去其警示意义。

邪是正的反面。所谓"官邪",指的是一些为官不正者。他们不走正道,行为不正当,作风不正派,具体表现常常是以权谋私、仗势欺人、贪赃枉法、倒行逆施等。邪总是同恶联系在一起,不正之风所到之处,种种坏事便随之而来。更为可恶、可怕、可恨者,莫如当官的所干的坏事,往往不止是一般的鼠窃狗偷,而是在较大的范围内和较严重的程度上,或明目张胆地巧取豪夺,或挖空心思地敲骨吸髓,名目繁多,花样百出。

对于上述情况,老百姓不仅心明眼亮,而且深受其害。民怨沸腾了,就有冤要申,有苦要诉。若再遇上官官相护,甚至实行高压,则难免有官逼民反的事。即使民不反或反而不成,至少也给政敌一大可乘之机。因此,时不论古今,地不分中外,国家衰亡都少不了吏治腐败这一条重要因素。

其实，这道理也很简单。古人早已懂得"物必先腐也，而后虫生之"（苏轼《范增论》）。更早的如："肉腐出虫，鱼枯生蠹。"（《荀子·劝学》）这与近现代的说法"堡垒是容易从内部攻破的"可以说是异曲同工。更直截了当一点，实不啻是自己打败自己。丝毫没有危言耸听，实质上正是如此。

在社会主义条件下，国家政府工作人员本来就应该是名副其实的人民公仆，而不是当官做老爷，更不用说搞邪门歪道了。我们所进行的"三讲"中的"讲正气"，就是要扶正祛邪和反腐倡廉。对于不正之风，我们的态度应当是深恶痛绝，还要除恶务尽，以固国本和安民心。一个兴旺发达、欣欣向荣的新中国，绝对不允许被少数鼠辈、丑类所玷污和损害！

（原载《中国行政管理》2001年第5期）

官僚作风

学习、研究行政管理，旨在改进管理工作、提高服务水平。其中，改进作风是关键。最近，外媒报道：中国大举向行政官僚作风开战①。讲了一些岂有此理而竟有此事的行政审批中的实例，真令人啼笑皆非，叹为黑色幽默和奇葩故事！一对准备搬家的年轻夫妇，有关机构要求他们为一岁的孩子开具无犯罪证明，这是规定！某三口之家出国旅游，在填写紧急联络人时写的是他的妈妈，有关部门却要求证明"他妈是他妈"！小孩无意撕碎钞票，银行要求证明不是蓄意撕毁的才给兑换，居委会拒开证明因为"不在现场"！这些都不是笑话，是真事。

报道提到，国务院总理李克强已经知道，这是一个如何消除官僚作风的问题，是唤起中国新企业家精神和领导层保证增长和创新所迫切需要的。他希望扭转中国的官僚风气，已多次提到其危害性。如名目繁多、无处不在的审批事项对个人浪费时间和精力，增加烦恼和无奈；对企业浪费人力物力，耽误市场机遇；对社会削弱公平、抑制劳动生产力的提高；对党和政

---

① 在中国什么时候"你妈是你妈"?. 参考消息，2015-06-03.

府影响形象和威信，损害的是人心和民意。

世界银行的报告表明，在189个经济体的营商环境中，中国上年虽升了三位，但仍列第90位。可见消除官僚作风已成为中国发展至关重要的因素。我们看到，尽管面临不少困难，中国在2014年仍新增1300多万个就业岗位，除其他因素外，主要归功于官方一些障碍的清除。国务院还将再削减行政审批事项的1/3以上。此外，还有许多改进措施，如国务院的领导同志半夜拿到特级文件立即批阅，但有些部门、地方的文件却常在原地"转圈"。这种现象必须坚决改变。还有一些改变作风、提高效率的"新制度"，也都要看执行的力度和速度。

因此，说"中国大举向行政官僚作风开战"，说对了。还有认为，"寻找这方面的奇葩事件眼下已经成了中国的一种全民运动"也说对了。我们正是要加强与群众的密切联系，真正做到和做好"三严三实"，使"四个全面"顺利进行，努力争取逐步和早日实现中华民族伟大复兴的中国梦，不能容许任何一种官僚作风在我们前进的道路上为难、作梗！让官僚作风自惭形秽，永远、彻底消除了吧！

（原载《中国行政管理》2015年第9期）

必须严实

正在进行的"三严三实"(严以修身、严以用权、严以律己,谋事要实、创业要实、做人要实)专题教育,不可小看和低估,而是关系全局和长远的大事。只要我们想想:如果不是既严且实,并即"不严不实",中国能有今日吗?还能实现社会主义现代化、小康社会和国家富强、民族振兴、人民幸福的中国梦吗?

众所周知,中国共产党人是最讲认真的,具体表现就是要求严实,必须严实。否则,许多"奇迹"便不可思议。回忆革命和建设的历史,无不充分证明了这一点。从一穷二白到世界第二大经济体、从半殖民半封建到独立自主、从"东亚病夫"到体育强国,等等,都要从"星星之火,可以燎原"、从小到大、从弱到强的过程说起。这都是严实以待的结果。

想当年,"敌军围困万千重,我自岿然不动",若非众志成城、严阵以待,能行吗?后来,"红军不怕远征难,万水千山只等闲",没有这一段经历,也就不会出现"钟山风雨起苍黄,百万雄师过大江"的场面。正面的例子,不胜枚举。负面的当然也有,凡是失严失实之时、之处、之事、之人,莫不产生消极影响,甚至犯大错误,留下深刻的教训。

过去的事不多说了。现在最重要的,正在于一定要承前启后、继往开来,把严和实的精神、风格、气派、劲头和力度持续加强和发扬下去,争取更新、更大、更多的成功和胜利。本来,我们建设中国特色社会主义的道路、理论、制度和文化自信,绝非凭空而至,也完全是实践经验积聚形成的,并且愈真抓实干信心愈足,愈能从思想自觉到行动自觉。

应当看到,这股主流的本质是非常好的。倘若不然,国际舆论就不会从各种不同的角度,做出有针对性的反映。比较有代表性的,应是环绕"中国崛起"所发出的尖锐对立的声音。唱衰中国者如"中国崩溃论",仗义执言者则认为其论据全部失实、毫无道理[1]。联合国前秘书长安南表示,"中国对世界和谐发展贡献巨大"[2]。此外,还有很多积极评估,不必也很难一一列举。我们对好话坏话都要听,重要的是做得对的、好的要坚持,做错、做差了的要改正,严格切实做到心中有数,在前人取得卓越成就的基础上,当好称职、胜任的接班人和不断创新、开拓的实干家。

(原载《中国行政管理》2015 年第 10 期)

---

[1] 沈大伟"中国崩溃论"是严重误读. 参考消息,2015-03-11.
[2] 中国社会科学报,2015-04-24.

怒批懒政

最近,媒体有个引人注目的标题——《李克强怒批官员懒政》。看了简短的报道,令人感到确实是怒得有理,批得有据。而且,这不是第一次了。"李克强再次发声,对经济放缓形势下有些官员无视扭转官僚作风的命令表示失望,批评说这些人与政府努力铲除的腐败干部没什么两样。"①

原来,在过去一年左右,他已一再批评官员在落实政策指示时怠政懒政。在全面反腐运动期间,有人为了避免惹上麻烦,奉行多一事不如少一事的原则。为了确保政令得到落实,政府派出了督察组。"有关专家称,这次督查是对政府各部门的'猛击一掌',有助于推动重大政策落实。"

值得注意的是:督查中既发现了一些好的样板,同时也发现了许多问题有待解决。这里还是说回批懒政的事。李克强在一次会议上说:"尸位素餐、无所作为是典型的吏治腐败,这样的干部应该追责!"他又说:"一些地方表面上取消了一些审批事项,但前置审批居然大幅增加。这样的行为要坚决查处!"

---

① 参考消息,2015-07-10.

他还讲了督查机制应当常态化,并向社会公布,对一些不负责任的典型要公开曝光。

可见,办法总是有的。正在进行的"三严三实"教育,便具有极强的现实针对性。在既严且实面前,贪污腐败和怠政懒政都无所遁形。只是略有不同的是前者已是"过街老鼠,人人喊打",而后者还没有引起人们足够的重视。实质上,消极怠工的危害之大,是万万不可低估的。

回想当年,延安时期人们的精神面貌好、社会风气好,是国内外民主进步人士一致公认的。记得曾经流行的"十字令",就说的是延安的十个"没有",即一没有贪官污吏,二没有土豪劣绅,三没有赌博,四没有娼妓,五没有小老婆,六没有叫花子,七没有结党营私之徒,八没有萎靡不振之风,九没有人吃摩擦饭,十没有人发国难财①。其中一、八就是没有腐败和懒政。这是我们的优良传统,一定要继续发扬。

国家富强、民族振兴、人民幸福的中国梦正等待我们去实现。中国共产党从来是全心全意为人民服务的,廉政、勤政理所当然。因此,我们为怒批懒政叫好!要继续加强监督,对好的样板认真学习!

(原载《中国行政管理》2015 年第 11 期)

---

① 罗维扬. 非常语文. 桂林:广西师范大学出版社,2006:119.

贪腐嘴脸

现在大举反贪,极得人心。有人认为,那些贪官污吏,不去努力提高原来意义上的 GDP 水平,而是在大搞"刮(G)地(D)皮(P)"的丑恶勾当。这事早就有了,旧社会已传对贪官的咒骂:"早走几天天有眼,久留此地地无皮。"他们刮的是民脂民膏,犯的是严重罪行。真正为人民服务的人民政府,岂能容许此辈继续胡作非为、作奸犯科!对这些"过街老鼠"久已人人喊打了。

一本叫《非常语文》①的书,有不少揭露贪官真面目的联语、打油诗之类的文字。这里转引一些,大可借以看清贪腐之徒的嘴脸。

旧时曾有贪官装点门面,自称"爱民如子,执法如山",当夜即被人加上两句:"金子银子皆吾子也,钱山靠山岂为山乎"。

另一贪官夜用对联打扮自己:"奉君命来守是邦,只求对头上青天和眼前赤子;与民众共安此土,最难忘山间白石寺里清泉。"也在当夜被人改了几个字,将"守"改为"虐","只求对"改为"哪管他","安"改为"刮","最难忘"改为"只

---

① 罗维扬. 非常语文. 桂林:广西师范大学出版社,2006.

剩得"。于是真相大白、大快人心。

有一首为贪官画像的宝塔诗曾广为流传：

凶

蛀虫

全掏空

肥私损公

善把领导哄

群众骂娘装聋

明捞暗盗乐无穷

工资少却是富家翁

还有仿《陋室铭》的《陋官铭》："官不在高，有威则名；学不在深，有权则灵。斯是公堂，唯吾德馨。前门'碧螺绿'，后门'竹叶青'，捧场有下属，差役皆同人。开口乱弹琴，假正经。爱甜言以悦耳，喜轿车之随行，出入'归醉庐'，往来'赏心亭'。神仙曰：吾乐何及？"最厚颜无耻的，莫如三个贪官，为谋逃跑邪路，竟把自己的妻子先"嫁"到外国去的案例[①]。

当然，存在不正之风的不是主流。我们广大的各级干部都是好的和比较好的，我们应该区别对待，使正气上升，使邪气下降。例如，《公仆铭》便是歌颂好干部的："位不在高，廉洁则名；权不在大，为公则灵；吾是公仆，为民尽忠。心揣大目标，宗旨律己行。躬身四化业，弘扬求是风。时时处处事，廉明公。无谎报之乱耳，无取宠之劣行。兰考焦裕禄，余辈之先

---

① 洪巧俊. 教师报，2006-02-10.

锋。中山云：天下为公。"

历史已经充分和生动地证明，新中国之能有今天，不正是由于各个重要历史时期内大量明智和得力的优秀干部艰苦奋斗得来的吗？我们必须发扬光荣传统，继续向完全弊绝风清的境界前进！

（原载《中国行政管理》2016年第1期）

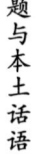

海绵城市

好消息,"我国将加快海绵城市建设"①。这是国务院政策例行吹风会的重要内容之一,它将有效推进新型城镇化,可以把70%的降雨就地消纳和利用。稍前和紧接着,国内外媒体的有关报道不少,表明人们对此有较高的关注度。本来,若按联合国所定的标准来衡量,中国缺水或严重缺水的城市约占657座中的一半。因此中国对于采纳海绵城市的热情最高,是完全可以理解的。

对于水资源不足,我们早就大力提倡节流。但是,节流,节流,总还要有流可节。通常把开源和节流并重是理所当然的事。南水北调的巨大工程,正是一项开源创举。而修建"海绵城市",则是关于城市环境的一种重新设想。倘若能建设好,甚至可能充分对雨水加以控制和利用。其中,首当其冲的是改善和加强水资源管理。再说,"海绵城市"建设,亦非轻而易举。足够的资金、妥善的设计、认真的施工等无一不需要群策群力去落到实处。试仅以修建可渗透路面和公共空间使雨水能渗入地下为例,就很不简单。应当认为,必须统筹兼顾、兴利

---

① 光明日报,2015-10-10。

除弊，既要由表及里，又不患得患失。那些"政绩工程""面子工程"之类的搞法教训太深了，切忌重蹈覆辙！

现在，可喜的是，全国已有130多个城市制定了建设海绵城市的方案。其中重要和关键环节颇多，都不可掉以轻心和马虎从事。像开发蓄水池塘、过滤设施和湿地，以及前已述及的事项等，无一不需要力求高质、高效，才能发挥预期的作用。否则，必将徒然劳民伤财，造成严重浪费。此外，聚集雨水以为家用，如给植物淋水、冲洗厕所之类，民间或集体单位早已在做，应继续予以倡导和鼓励。实践已经证明：做好这项工作，久而久之，将大大有助于减少碳排放和应对极端天气变化带来的危险。也有使周围气温降低约1.3摄氏度的记录，从而减少大楼降温所付出的能源。据国外已取得的经验：将清除了污染物的雨水补充城市地下水，干旱时把水抽出来，"大地变成你的用水银行"[1]。海绵城市还会带来更广泛的社会福祉。这可需要巨额投资，但"这些改革长期内在财政上也是合理的"[2]。也就是说：值！我们常说，要把钢用在刀刃上，对如此关系民生的大事，又怎能不好好大干一场呢？

（原载《中国行政管理》2016年第2期）

---

[1][2] 哈里斯. 中国的海绵城市：吸水以降低洪涝风险. 参考消息，2015-10-03.

不要"鬼城"

所谓"鬼城",原是指建起一大片住房,长期空着不见人影。前几年曾经闹过一阵,如:"全国空置商品房近2亿平方米……占压基金6 000亿元。"[1] 那是按全国平均房价3 000元/平方米计算的。后来人们似已淡忘了。最近忽然看到外媒述评:"中国'新城热'或催生更多'鬼城'"[2]。这充分表明,问题不仅没有消失,而且变本加厉和愈演愈烈。也许认为"岂有此理,竟有此事"的人是不懂"行情",但习以为常的"内行"却干得很起劲。可是,不管怎么说,事实摆在面前,从国家和社会发展的角度来观察,我们要那么多的"鬼城"干什么?

根据消息来源,我国仍在建设大批新"鬼城",估计拟建可容纳34亿人的住房。媒体报道也说城市规划正在失去控制。主要原因可能正在于此。但还可以进一步思索:是消极、被动、无意之间失控呢,还是积极、主动、存心不控?不排除更有些主其事者力图显示"高明",追求多、大和速见明效,而置切实性、合理性于不顾,说白了便是有盲目性。试问,即使14亿的中国人口

---

[1] 新消息报,2008-12-01.
[2] 参考消息,2015-10-21.

现在都没有住房,仍将有20亿人的空房,何时才能用上?

原来城区开发失控并非新问题,过去已经受到批评,但不仅未能有所改进,反而每况愈下,实在不能再让这类"鬼城"继续增多了。有关专家学者已经开始高度注意和提出不少中肯意见。这与大城市过度扩张有关,扩张便增加土地数量。用地代价不高,必将影响"土地财政"。开发商总想在有限的土地面积上多建高楼,才能谋取高利。但房价太高,消费者又必须慎重其事。加上所在地区的吸引力包括环境条件之类,往往形成各种恶性循环,于是许多"鬼城"便只有继续"鬼"下去。

显而易见的是,大城市的过度扩张,忽视了与周边小城市的协调发展。转变城市规划的指导思想应当被视为重中之重。真正做到以人为本,涉及建设工作的思路和方式以及开发的项目和规模等不能脱离新型城镇化的要求,以免拉大各种差距。大量新旧"鬼城"的存在,已经在给我们大敲警钟!

不无趣味和应有所启发又比较复杂的信息是:"澳房产商绞尽脑汁讨好中国买家。"① 相关新闻报道的原题是《澳大利亚的房地产开发商为中国富人铺开红毯》。据说在新加坡也一再上演此"盛典",为什么大批"鬼城"却被不屑一顾呢?

总之,数据定位可能有所不同,但城市需要提供就业、工业、娱乐、医疗和学校。"单是一片无人居住的房屋,远不能称其为城市"② 是应该肯定的。

(原载《中国行政管理》2016年第3期)

---

① 参考消息,2015-10-22.
② 参考消息,2015-11-06.

再说"鬼城"

曾经谈过《不要"鬼城"》,这里又来个《再说"鬼城"》,有必要吗?有。因为我们一方面正积极倡导和大力推进新型城镇化的发展,而另一方面或正是与之同时,却出现"政府在新区推动大规模开发,那里的'鬼城'也迅速出现"①的现象。连世界知名度很高的上海浦东新区,也在所难免。这就在国际上受到瞩目和引起评议:"作为世界第一人口大国,中国有许多地方空无人烟。"

同一消息来源除主要是讲上海最大单一空置建筑的,也提到大连长山岛所建利用率很低的机场和上海郊区没有分流节日拥挤人群的两个风情小镇,并且都是通过最精心设计和起了洋名称的。报道者认为,这些都具有讽刺意味。

那就让我们先来看看那座模仿美国国防部五角大楼的"五角世贸商城",耗资约两亿美元,占地约124英亩(约合50万平方米)。自2009年建成,至今大部分实际空置。而原来是定位为大型购物中心的,或定位为小商品市场、进口商品直销中心的,都没有能吸引到客流。

---

① 上海"五角世贸"门可罗雀. 参考消息,2016-01-28.

大连那个机场耗资600万美元，平均每天只有约10名旅客，已经够说明问题。至于上海郊区那两个"梦幻般的娱乐休闲场所"，一个叫"荷兰风情小镇"，一个叫"泰晤士小镇"，到访的人不多，如今主要成为人们拍婚纱照的背景，并没有出现预期的"盛况"。当然，我们也曾听到"新城新区'多鬼城'"的论调，应谨慎使用以防"很多新城是鬼城"说与实际不符[①]，可能在数字和严重程度上存在差异。

不管各有关方面做何解释，对于已经存在的事实，我们只有认真对待，既积极改善困境，又谨慎汲取教训，不要让"鬼城"继续扩展。我们深信，在这个问题上，大家本来都想把事情办好，但需要进行全面严实的考虑，科学论证实际绩效，以免好心办坏事。前面提到的新型城镇化，必将继续深入推进。在春节前夕，国务院已印发有关的若干意见[②]。其中提出了九方面三十六条具体措施，这对做好城市工作的指导和规范意义是不言而喻的。"意见"正是为了全面部署深入推进新型城镇化建设，其所强调的各点，无不如目之有纲，如"现代化的必由之路""最大的内需潜力""经济发展的重要动力""重要的民生工程""以人的城镇化为核心"等。我们务必保持十分清醒，千万别再让"鬼城"之类（包括新建办公楼的空置等）来影响、妨碍、干扰，甚至破坏我们正能量的发挥、主旋律的运转以及中国梦的早日实现。

（原载《中国行政管理》2016年第9期）

---

① 中国社会科学报，2014-05-16.
② 光明日报，2016-02-07.

县长助理

没有调查研究就没有发言权,现在全国上下有多少职位设助理不得而知,不能乱说。但是,各种助理日益增多,已给人们留下深刻印象。

平时听说或接触到的各种助理,常是个别的,多则三四个,已经引起议论。而一个人口 38 万欠发达的某省的最后一个基本解决温饱问题的贫困县,竟除有县长 1 名和副县长 6 名外,还有 15 个县长助理!对像我这样孤陋寡闻的老汉确有点少见多怪。

记得曾有"见怪不怪,其怪自败(或坏)"的说法,恐怕未必。当地干部和群众发话了:"县政府从一把手、二把手、三把手直到'二十二把手'……领导班子快成了'千手观音'……不仅影响了政府形象,而且工作上容易扯皮推诿,办事程序的线条拉长,大大降低了行政效率。"[①] 何止这些!它是副职过多和机构臃肿流弊的扩大和加重,使居高不下的行政成本猛增,更难扭转"吃饭财政"的局面。

显然不用解释,这里指的并非一般的设置助理,而是过多、

---

① 新快报,2007-08-11。

过滥。结果既不合情，又不合理，也不合法。上述干群的讥评，表明不得人心和无益有损，而且经过上级正式任命的"只有两个县长助理"①。如此随意扩充编制，要讲依法行政，不知是依的哪一条？

再说这 15 个县长助理，不同于临时散工，而是有固定工作岗位的正规人员。他们各就各位，各司其职，各得其所，表面上和理论上应该是相安无事。其实不然，实践证明，这种节外生枝的动作过程已显现出如上所述的扯皮推诿等弊端。在暗地里和事实上，县长助理太多，可能更加添乱。日子久了，侵权、越权、弄权、延误、梗阻之类的事都会或多或少和程度不同地发生、发展，甚至尾大不掉。

也许说得严重了些，不妨总结、调查，让事实来说话。似乎还有一条心照不宣的"不成文法"或叫"潜规则"，即某长助理往往是副职的预备队，加以培养考察本好理解，可是数量过多，该怎么办？何况有的副职早已超额，在失察、失控的情况下，明争暗斗直到"恶战"不休，有时对工作的消极影响难以估量。总而言之，县长助理过多不是好事。

（原载《中国行政管理》2008 年第 2 期）

---

① 新快报，2007-08-11。

副秘书长

在行政管理改革中，关于副职过多的问题，从改革开放初期起，人们的议论实在已经很多了。这里且拿"副秘书长"说事，也算"借题发挥"。

不久前，一位网友将"一下子会让全国都盯上并'啧啧称奇'"的某地级市政府竟设20个副秘书长的帖子在网上迅速传开[①]。该市政务网似乎意识到问题的严重性，而于两天后把原列名单撤去。

其实，这样的例子还有的是。不信？不妨就地、就近、就便看看，也许有些早已司空见惯。可以认为，"膨胀—精简—膨胀"在机构改革中尤其是地方政府层面的恶性循环并未真正得到改善。行政成本长期居高不下，当然少不了这方面的原因。

根据上述信息来源，有关的解释是这么几条：一是"每个城市都有不同的情况"；二是"每个副市长都有不同分工"（针对9名副市长和20名副秘书长而言）；三是"中央有关部门应当有一个明确的说法"（指像规定领导干部职数一样）。

---

① 法制时报，2008-11-29.

这很值得研究。解决问题需要找出真正的原因，才能对症下药，以求根治。否则，若都情有可原，容而任之，不仅积弊难除，且将变本加厉。某些机构臃肿的现实正好证明了这一点。之前谈到一个人口 38 万的重点扶贫县即除 6 个副县长外还有 15 个县长助理。对比起来，一个 304 万人口的地级市"只有"20 个副秘书长似乎"不多"。那就要看怎么比了，天津作为直辖市"才有 7 个副秘书长"①。何况后者是否恰当，尚无定论或有待论证。

还把话说回去，前面提到的三点解释，即需分别思考。如情况不同和副市长有不同分工与设 20 个副秘书长并无直接和必然联系，职数需要规定虽言之成理，但在尚无明文的条件下，也反映领导素质和管理能力。兴利除弊的原则和精神应当坚持，总不能钻政策法令的"空子"。

不必为某些异常现象绞脑汁、费心思试图自圆其说，有什么"为难"之处和不得已的"苦衷"或实在是出于"无奈"，最好大家都摊开来"会诊"一番，相信问题终将得到妥善解决。否则，积重难返、愈演愈烈，不仅对所在城市或地区的正常发展不利，也会多少影响到发展大局，不可不认真对待。

（原载《中国行政管理》2009 年第 8 期）

---

① 法制时报，2008-11-29.

行政科长

记得17年前，中国政治学会和中国法学会在某直辖市的某大宾馆联合举办了一次"行政科学学术研讨会"。主要内容是关于行政学和行政法学的讨论。

会议期间，有这么一段小插曲：一位参加同时、同地召开的别的会议的代表指着上述研讨会的横标问道：那是什么会呀？另一位说，大概是行政科长们的学习会吧！

这一问一答反映了两种情况，一是人们对行政科学、行政学、行政法学都还很陌生，甚至没有听说过；二是对行政科、处倒很熟悉，几乎已习以为常了。当然，事出有因，原也难怪。那时，关于行政学和行政法学的教学研究刚刚开始提上议事日程不久，有关观念、知识远没有普及，而行政科、处的设置则相当普遍和经常接触。

可不是吗？许多日常生活方面的事情，要找和靠行政科、处来解决。因为实际上，行政科、处所主管的主要就是部门或单位的后勤、总务、庶务之类的工作。后来已逐渐用机关事务管理或总务等名称，但仍保持未改的也时有所见或有所闻。

那么，现在就这个问题发点议论，尚非完全过时。说的是一般行政科、处的名称不准确、不科学。虽然所管的也属于行政工作的一小部分，但远非其全部和主要内容。认为它是以偏概全一点也不为过。

原因很简单，也很清楚，宪法明确规定，中华人民共和国国务院即中央人民政府是国家最高行政机关，地方各级人民政府是地方各级国家行政机关。行政何所指，已不用做更多解释。一个科、处，又怎能包办代替呢！事实并非如此，所以显然名不符实。

颇为近似的还有如城市中的市政管理处、局。本来，市政府所管的和市政学所研究的面很宽，远不能局限于上述处、局管辖的事项或范围。因此，还是名如其实的好。

不难理解，一所学校、一家医院或一个工厂，总不能把分工承担某些具体工作的单位称为"校务"、"院务"或"厂务"机构。称只供应少数几种货物的摊位为"百货公司"、"超级商场"或"综合商店"之类，岂不令人感到滑稽可笑？

（原载《中国行政管理》2002年第1期）

更名杂议

中国历来讲究"正名"。人们常用"名不正则言不顺,言不顺则事不成"来说事,从务求名实相当的名义,及各种名称,凡觉得命名欠妥、不当,便更而"正"之,包括人名、地名等,有的改来改去或多次改变,很难说会长久和永远固定下来。

例如"师出无名",指的是没有正当理由;"无名之火""莫名其妙"也是说不清、道不明之意。后来扩大和集中到各种名称上来,花样迭出,几乎无奇不有。仅因对皇帝、长官、父亲的名字要避讳而更名这一点而言,就有很多历史故事。最荒唐的故事之一要算"只许州官放火,不许百姓点灯"这句话的由来:原来某州官名"登",当地有节日"放灯"的习俗,"登"与"灯"同音,故改"放灯"为"放火",百姓家里"点灯"也要说是"点火"。还有为讨吉利、找借口的等,不一而足。"睡不着觉怪床歪,生意不好换招牌"。这种动辄更名的习惯,似乎已一直流传至今。

可不是吗?最近一个时期的地名、校名等的"更名热"正好证明了这一点。改个名称更有利于地方和学校等的发展,都有"堂堂正正"的理由。可是,如地名,应当考虑的是:

(1)是不是有非改不可的特殊理由？(2)改名是否遵循了"有利于人民团结和社会主义现代化建设、尊重当地群众的愿望，与有关各方协商一致"？(3)有没有考虑过"可改可不改的和当地群众不同意改的地名，不要更改"(以上都是1986年颁行的《地名管理条例》的规定)[1]？(4)会不会因更名造成无形文化财富的流失和对当地传统文化的传承有负面影响？(5)有没有在更名过程中侵犯了公众使用地名的公共权益？(6)更名还有个成本问题，不仅是政府部门，还包括企、事业单位和个人，面广量大，不可低估[2]。

再如学校，尤其是高校改名，也出现过一阵热风。说起原因，大家心领神会、心照不宣，无非求大、求响。其实，还是求真务实的好，名牌畅销商品也讲究货真价实。有的高校本来已有相当的知名度，改了反而令人陌生，实在可惜。记得某老校曾经改为某某联合大学，被误认为一新校，还是恢复了原名。作为世界名校之一的美国麻省理工学院，一直没有改称大学，照样名列前茅。可见名实之间，务实的人们是绝不重名轻实的。

(原载《中国行政管理》2008年第5期)

---

[1][2] 苏雁，陆炜."改地名热"的冷思考. 光明日报，2007-07-04.

政绩工程

政绩本来是指政府官员在任职期内的业绩,是对做了好事、做了贡献的正面肯定和含有褒义之词。但是,现在说到加了引号的"政绩工程",人们不觉另眼看待,也抱有明显不以为然的情绪,成了一个新的贬义词。原因在于某些当官的使"政绩"离谱、变样、变味、变质,不是为了福国利民,而是为自己沽名钓誉、树碑立传,有的还假公济私、借机捞取自己以为可以捞到的"政治资本"。

如果这是零星的个别现象,已经足以令人纳闷。要是像媒体所报道的那样"由于不受市场规律制约,不考虑投入产出比,投资损耗极大、华而不实的政绩工程比比皆是"[①],那可是个相当严重的大问题。事实上,它已引起国际有关方面的注意。与此有密切联系的是世界银行所提供的统计或估计数字,可能有些出入,未必十分精确,但也不会完全是无稽之谈:"'七五'到'九五'期间,中国投资决策失误率在 30% 左右,资金浪费损失大约在 4 000 亿到 5 000 亿元。以'国际化大都市

---

① 扬子晚报,2005-09-16.

热'为例，在目前中国的 600 多个城市中，竟有 183 个城市提出要建国际化大都市。"① 其中投资决策失误和资金浪费损失的必然包括许多"政绩工程"。

我们学习领会在党的十七大报告中郑重提到的降低行政成本、反对奢侈浪费、坚决惩治和有效预防腐败，都是有具体针对性的。而有贬义的所谓"政绩工程"，正往往造成行政成本趋高，助长奢侈浪费，甚至导致腐败。仅以修建出格的豪华办公大楼和办公园区一事为例，其不良影响就不难预见。随之而来的"配套"设施和维修费用，自然也水涨船高。

原来意义的政绩则如十七大报告所说，属于打基础、利长远的事。新中国成立以来特别是改革开放以来，这类政绩在全国和各地都有，人民群众对受到的实惠是心中有数的。历史上也有不少例子，如杭州西湖的"苏堤"，便是当年因苏轼疏浚西湖堆泥筑堤得名，至今"苏堤春晓"仍为西湖十景之一。广东惠州西湖也有"苏堤"，也是因他筑堤以障水而来，大概此公非常重视水利。杭州西湖还有个"白堤"，旧时误以为是白居易所筑，他确曾另筑一堤叫白公堤已不存在，今之白堤乃后人为纪念他将白沙堤命名为"白堤"的。可见，人民不会忘记真正的政绩工程。

（原载《中国行政管理》2008 年第 6 期）

---

① 扬子晚报，2005-09-16.

"城管"火好

曾有过一篇专题报道：硕士博士应聘城管说明了啥[①]？说的是那年毕业季，"城管"很火。上海青浦城管招聘引来121名硕士博士竞争。其中还有一名来自英国大学的"海归"。人们议论纷纷，打趣、质疑、忧心、叫好的都有。报道中的三个小标题是："'城管'招硕士，不是新鲜事""研究生抢了本科生的岗？""当'城管'，行不行？"，都各有其具体内容。在经过一番分析、思考之余，提出人们看待职业选择时的有色眼镜是不是该摘掉了的问题，似乎应该认为比较恰当。

从职业选择的角度来观察，各人有自己的实际情况，包括有可能的就业压力大、本人的冲劲小和择业观等因素。但不管怎么说，选择城管是自主的决策。至于有的人是希望有一份有正式编制的、相对稳定的工作，有的人为了就近能照顾父母，或有服务社会的工作兴趣之类，莫不因人而异。关于自己是什么学历和专业，当然比别人更清楚和一定有所考虑，还有用人单位有什么要求和是否接受那可还是一个未知数。这是一个

---

① 光明日报，2013-05-21。

双向选择的问题，不光是只看学历高低。

从用人单位来说，硕士博士与大学本科毕业生一起应聘可能产生某些"挤压效应"。但由于不只是看学历高低来做决定，亦即并非学历高就占优势，所以"挤压效应"还不算太大。如当年参加一次面试的共180人，包括本科59人、硕士119名、博士2名，通过面试的共有60名，内有16名硕士。后来还有5人自愿放弃，可见未达到计划数。原因是多方面的，没有像有的人想象的那么简单。笔试之外还有面试环节，原则当然是择优录用，落实、体现双向选择，并未突出"挤压"。

从工作性质与需要来说，"城管"工作究竟是怎么一回事，很有必要认真对待。各种各样的说法都有，这里不用一一列举。仅从城市化、城市现代化、新型城镇化等方面来考虑，不难得出比较严肃的结论，即城管工作确实是事关城市管理运作的各个方面，从街面管理到管理执法，随着城市化进程的加快，对城市管理的要求水涨船高，提升城市管理能力是必然的发展趋势。因此，一般公众对城管工作的陈旧甚至是刻板的印象正在改变。高学历者的择业观念也在改变，我们应该说"城管"火好！

（原载《中国行政管理》2015年第7期）

反腐治庸

继大张旗鼓地宣传和确动真格地实行"反腐倡廉"之后,现在人们已听到日益广泛的"反腐治庸"的呼声,也看到了有关实际行动。这应当是行政改革在逐步深化的重要标志之一。

"反腐治庸"是一般习惯上的省略语。虽有简单扼要和容易上口的特点,但有时也会出现难以全面和高度概括的局限性。"反腐"是怎么一回事,早已家喻户晓和深入人心,即要反的是贪污、受贿、以权谋私一类的腐败行为。而"治庸"所治的却不止是平庸、无能,如滥竽充数的"南郭先生"之流,还包括有能力并未充分发挥、不负责任、无所作为、消极怠工、敷衍了事、办事拖拉、不思进取、不务正业等缺乏事业心、积极性等不正常的精神状态。过去比较典型的一种表现便是"门难进、脸难看、话难听、事难办",分明是一副当官做老爷的嘴脸,同全心全意为人民服务的公仆相对照,反差真是太大了。这就不是一个"庸"字所能形容,说"庸官",远远不够,实际上不少是"昏官""恶官""懒官"。

因此,对于"治庸"中的"庸",这里有必要做广义的理解。否则,就字论事,要治的对象和范围将大大减少和缩小,无法迅速提高公共服务质量和工作效率。治的措施也大不一样，如果只是单纯的原来意义上的"庸"，主要是工作能力较差而已，有可能忽视在"佼佼者"中关于工作态度、生活作风、道德品质、违法乱纪等方面一时尚难纳入"腐败"范畴的问题。后者同样为人民群众所深恶痛绝，也误事不浅。

说到这里，不久前颁发的、被认为全国首创的《浙江省影响机关工作效能行为责任追究办法（试行）》值得一提。该《办法》明确、具体，不是泛泛而谈，而是具有较强的可行性和可操作性。它的适用范围划得清清楚楚，30种影响机关工作效能的行为列举得明明白白，对责任人追究什么责任和追究责任的形式等都有明确规定。结果是该省在去年约10个月内，"已经惩治了2 390名'庸官'，其中还有94人做待岗处理或辞退"①。

看来，真正执政为民，实践"三个代表"重要思想，在大力培养高素质干部之际，必须在"反腐""治庸"两个方面双管齐下。这是非常符合人民心愿的事，"用老百姓的话来说，贪官祸国，庸官误国，不整治不行"②。

（原载《中国行政管理》2005年第4期）

---

① 潘剑凯. 浙江首创庸官问责办法. 光明日报，2004-12-17.
② 中共在两条战线上整顿干部. 信报，2004-12-17.

正本清源

位于某江下游的某大城市,决定整治该市所面临的水域污染。但是,由于其污染源并非完全来自本市,该江中上游的污水和废弃物不断顺流而下,这就明显地加大了整治的难度。道理非常简单,其源不清,其流难洁而已。

同样或类似的情况,还表现于一人清扫、万人投污,或者除污者少、投污者众,也常令人无可奈何。如果人们的环保意识薄弱,卫生观念不强,习惯于乱丢乱吐,甚至置各种公德、禁令于不顾,制污、排污,以致达到只图自己便利、不管旁人死活的地步,那就更为严重。

看来,治污之事,非全面协同动作不可,尤其要在清源上狠下功夫。联系到社会反腐败现象,还有一个必须正本的问题。即使是小偷小摸猖獗,也与风气不正或管理不严有关。至于大案、要案,只稍稍问一问,为什么那样胆大妄为,有恃无恐,以及如何得逞,等等,便不难看出,其中定有"奥妙"。

尽管情况可能比较复杂,但导致腐败行为的原因也往往是多方面的,可是,认真查办起来,总会有根可寻和有底可究。对此,国家领导人已经明确表示,应从源头上解决问题。这是釜底抽薪之见，也充分显示了彻底治腐的决心。广大人民群众极其拥护自不待言。

从历史上来看，在封建社会中，居于源头的干大的坏事者，决非等闲之辈，而是权倾当朝、势压群僚的大人物，正像还在放映的某些影视剧里所演艺的那样。要对他们动真格地去碰硬可很不容易。然而果真动了、碰了，却是大快人心、大得人心的事。

古代兵家有云："利一害百，民去城郭；利一害万，国乃思散。去一利百，人乃慕泽；去一利万，政乃不乱。"(《三略·下略》)这里所说的利害分明，一看就懂。倘若利害关系到亿万人民，那么，在"利一"还是"去一"之间当如何抉择，似乎已不难回答。

（原载《中国行政管理》2001年第6期）

当凭绩效

我们记忆犹新,敬爱的周恩来总理在关于消除林彪一伙对经济的破坏性后果的意见中指出:"按劳分配的问题,现在是四个一样①嘛!还有干难干易一个样。'不利于调动职工积极性,也不利于控制职工人数的增加',这句话说得对!"② 这五个一样出现在政府工作人员中,也同样会有消极影响。

不过,还有一种更糟糕的情况,那就是反常的不一样,即颠倒过来,干得少的反而得到较多的回报,其余依此类推。也就是赏罚不公,此乃推进和改善工作的大忌。问题在于,我们对人对事的评价,究竟应当凭什么?从理论原则和实践经验来说,回答都是当凭绩效。要着重看具体成绩和实际效果。

按劳分配还要论功行赏,因为劳而有功和劳而无功差别很大,有功也有功大、功小的不同。所谓"没有功劳有苦劳,没有苦劳有疲劳",其实"出勤不出力"者连疲劳也说不上,且不说干坏事的起的是负面作用,是无功而有过。如果功过不

---

① 原注:即干多干少一个样,干好干坏一个样,会干不会干一个样,干与不干一个样。

② 周恩来. 周恩来选集:下卷. 北京:人民出版社,1984:465.

分、奖惩失据，甚至乱施，则邪气必升，正气必降。

凭绩效，就得对绩效进行严肃认真的考核和切实科学的评估或测评。绩效评估成为国际管理领域的热门课题之一，不是偶然的。完全可以认为是不约而同、不谋而合，是一条测评管理水平高低、服务质量优劣的必由之路。抓绩效就是"牵住了牛鼻子"。绩效如何自有客观标准，不靠自我感觉或谁的主观判断。

据了解，现在全国各地各级政府单位中，已有不少这方面的试点经验，很值得重视并予以总结和推广。行政改革落到实处，离不开绩效评估这一环。一定要把它抓早、抓好，以确保我们的共同事业能够在清醒和稳健的状态中阔步前进。

（原载《中国行政管理》2001年第7期）

谈弃票权

《数贵切实》，意犹未尽。例如，在世界流行的无记名投票中，关于投票结果的计算，便也存在是否切实的问题。赞成还是反对，态度鲜明，没有什么好说的。但是，对弃权票怎么看，值得研究。除非规定不许投弃权票，如果把它与反对票等量齐观，似乎有欠公允，并未反映其实际意义。

一般而论，无记名投票使投票者无所顾忌，既不赞成又不反对必有原因。情况不明，难以判断。倘若赞成的比重大于反对，就可能投赞成票，反之亦然。因此，可以设想，二者比重相当，相持不下，只好弃权，实为"中立"。也就是说，明确表示赞成或反对的理由都不充分，应当认为这是负责任的表现，而随意乱投才是不负责任。

我们知道，数是有分数或小数的。假设在弃权票中一分为二，即内含一半赞成因素和一半反对因素（事实上从来没有这样算过）成为 $1⁄2+1⁄2=1$，或 $0.5+0.5=1$，那么，在投票结果的计算中，就会有明显的变化。也许对全面深刻了解真实情况不无帮助。虽然其可行性和可操作性尚待探讨，但仍姑妄言之。

举例来说，如规定选票半数以上通过，设总票数为 13，即 7 票当选。若只计赞成票，不管反对票和弃权票，可能出现以下情况：

A. 赞成票 7　　B. 赞成票 6
　　反对票 6　　　　弃权票 7

按规定是 A 当选，B 落选。可是，倘使前述假设言之成理，则 B 的 7 票弃权中，有一半是赞成因素，则 6＋3.5＝9.5，B 的实际赞成值可能大过 A，反对值小过 A。这里必须注意两点：一是不设弃权票，二是弃权票不等于反对票。只要弃权票存在，就要把它同反对票区别对待。

看来，把弃权票与反对票等同，是和不设弃权票一样，或者叫形同虚设。不设弃权票确是比较简单、干脆，却未必符合现代民主精神；形同虚设则有明显的虚假迹象，有悖实事求是的风格。怎么办？还是研究出一个合理的方案为宜。

仍以前述 B 例来说，即使弃权票中的赞成倾向为 0.2，则 6＋7×0.2＝7.4，对 A 犹有过之。因为若赞成倾向降至 0.1 或 0，是不会不投反对票的。总而言之，值得深思。

（原载《中国行政管理》2002 年第 5 期）

流未必失

面临知识经济时代，经济全球化大潮日益高涨，人才争夺愈趋剧烈。在人才流动过程中，许多地区、部门、单位惊呼人才流失并力谋有效对策是可以理解和无可厚非的。

不过，从全面和长远来看，人才流动的结果是流未必失。说的是有用和可用之才，总体上是有失有得，既有可能失而复得，也有可能得而复失。那就要由具体情况和条件的发展与变化来决定了。

应当认为，人才争夺是由于人才短缺。治本之道还在于积极培养。人才流失的原因很多，值得分析、研究。有时是表面和暂时现象，有待从战略高度进行深思。

常听到的一些说法不是没有根据，诸如，"人往高处走，水向低处流"。我国西北部过去欠发达，于是曾有"一江春水向东流""孔雀东南飞""雁南飞"之类的感叹。其实，事在人为，环境是能够改变的。

关于人才的去留，无论是大环境还是小环境，主要是引得来、留得住、可发展、有前途。缺乏吸引力、向心力、凝聚力，便不能专心致志、共襄其成，而只能是"骑驴找马"，东张西望。

在微观上,有一个善待人才的问题。"在这里是条虫,在那里是条龙"表明积极性的调动和其作用的发挥有极大关系。"墙里开花墙外红""把宝当成草"等,也可体现出在人才的对待之间,存在明显的区别。

在宏观上,人才的流向须着眼于具有历史意义的重大决策。美国的西部开发和南部发展固然是生动的见证,我国的改革开放也雄辩地说明了这一点。下面再举两个实例。

一是某发展中国家一度为人才流失发愁,想方设法去防止。后来该国的信息产业大发展,受到举世瞩目,外流人才不仅纷纷归来,而且带回高、新、尖技术,做出很大贡献。该国真正尝到了人才流动的甜头,这些人才可以被看作该国的"海龟(归)"派。

二是某国际名校,对自己培养的最优秀的博士也从不留校任教,而是让后者到别处去工作,他日事业有成,再请回来。这样做既避免了学术上的"近亲繁殖",又从而观其实效。不留似乎是失,请回则是更高层次的得。因系国际名校,其吸引力自不待言,所以能够保持在人才得失方面的良性循环。

(原载《中国行政管理》2002年第10期)

综合实力

说到"综合实力",似乎大家都懂。许多竞争、较量,不能只看一时一事,而要从整体和长远着想。古今中外,屡试不爽。即以时下流行的多少"强"为例,计的是总分,算的是总账。其实,它们并非十全十美,不是无懈可击或没有薄弱环节。强就强在综合实力,也应当认为是根据全局和全过程的反映所判定的大势。不过,对于综合实力稍逊者而言,亦非一无是处、完全乏善可陈,而是往往各有特色,甚至在某一或某些方面出类拔萃。

上述情况存在于各个国家、地区、部门、单位、家庭和个人之间。强、弱是相对显示的,但总离不开综合表现和单项比较。因此,一方面以综合实力表达类别、档次可以理解,另一方面也可能出现模糊认识甚至形成误区。原因在于:一是综合实力强些不等于一切都强、无所不强,二是综合实力较弱不能否定独有的特长。两者既须尊重事实,又要保持清醒。如果不加分析,产生错觉,则难以正确对待,不能实事求是。

最好还是举例以明之,让我们谈谈公共管理领域的一般具体情况。

例子之一,如最发达的国家的综合国力无疑是最强的,可是并不能保证其无论什么事情一定会处于领先地位。像体育运动项目，某些冠军却出在发展中国家或不发达国家。公开、公平、公正的比赛结果不能不服。

例子之二，如首都是"首善之区"，但也有不尽如人意之处。比方对"故宫保养不善"，就有人提出批评。但与一个非直辖市、非省会市的地级市某名园的保养相对照："不怕不识货，就怕货比货，和北京的故宫、承德的避暑山庄相比，真是天壤之别。"①

例子之三，如教育部所设人文社会科学百所重点研究基地和重点课程，若按综合实力必然高度集中于少数高校。但教育部没有那样做，而是从实际出发，各得其宜。不仅如此，还提出要求，继以评估，倘不合格便不能保持下去。其可以预期的积极作用，不言而喻。

看来，涉及综合实力和专项优势的事情，有联系也有区别，混为一谈不行，适当处理为好。后者增多是前者的基础，前者增强有利于后者的发展，都有一个过程。

（原载《中国行政管理》2002年第11期）

---

① 关愚谦. 故宫是国家第一财富不容践踏. 信报，2002-07-02.

人才难得

　　一般来说，人们所慨叹的"人才难得"，指的应该是德才兼备的人才。因为一个人如果在道德品质方面的情况欠佳、较差，甚至非常恶劣，那么，即使具有才能，也很难、极难或不可能期望其发挥正当和正常作用。人们心目中的"德高望重"者，同样是德才兼备，即道德高尚又能做大好事的人。习惯的说法已反映了这一点，如自谦为"德薄能鲜"，评价人物要问"何德何能"等。德不仅总是与才能相联系，而且总是列于才能之前，被看作第一位，绝非随意或偶然。

　　此事实不论古今，不分中外，可以说是不约而同。尽管由于社会性质和历史时期的差异，道德标准并不一致，但是对于德才兼备的要求是颇为一致的。有德无才办不成或办不好正事、好事、大事，无德有才却会去干坏事，成为危害社会、国家的大奸大恶。中国历史上的例证很多，其中有的是多才多艺、文武双全、聪明过人的人，如"荒淫暴虐的殷纣王"受辛；有的是从小聪明好学、文思敏捷，并有武功的人，如"步秦二世后尘的昏暴之主隋炀帝"杨广；有的是文武全才，有文集十卷和武功卓著的人，如"集功臣与权奸于一身的佞臣"杨素；有的是曾有抱负，欲有一番作为的人，如"落下万代骂名的卖国贼"秦桧；有的是身强力壮，精通狱法的人，如"中国历史上第一个倾危国家政权的大宦官"赵高；有的是雄韬武略冠绝一时的人，如"遗臭万年的祸国大盗"董卓；等等①。近的如一些大大小小的贪污腐败分子，他们的"本领"都用到哪里去了?!

现阶段，尤其是在党的十六大胜利召开以后，衡量德才的标准已经十分明确。一切愿意为建设中国特色社会主义现代化事业、实现中华民族伟大复兴做贡献的有心人，都可以对照努力，从而使德才兼备的人才日益增多起来。应当认为：德集中体现于全面贯彻、落实"三个代表"重要思想之志，此志愈坚，其德愈高；才充分表现于致力建设、发展"三个文明"重要实践之能，此能愈强，其望愈重。对处于高位、拥有大权和负有重要责任者，当然更应该德才兼备。否则误起事来，影响更坏。有了具体、鲜明的标准，加上健全、合理的制度和公正、清新的风气，随着政治文明程度的不断提高，人民真正当家作主，我们必将进入人才辈出的新时代。

（原载《中国行政管理》2003 年第 5 期）

---

① 王慧敏. 影响中国历史 100 名人. 北京：民族出版社，1999：附录 443-478.

公车改革

估计不会误解,这里说的"公车",不是公共交通用车,而是公共(尤其是政府)部门用车。由于耗资和浪费惊人,所以势在必改。对于滥用公车,有称之为"马路上的腐败"的,也有喻作"屁股底下一座楼"(特指名牌豪华贵车)的。据调查,内地公车至少有400万辆,仅2004年,消费已达4 085亿元[①]。每年为此开支的日常费用占到财政收入的15%左右,为世界公车消费之冠。问题在于:一是公车私用严重,真正公用只占1/3;二是公车运行成本是出租车的4.5倍;三是攀比、超标之风屡禁不止,连贫困地区也难免。

显然,这种情况是不能听之任之的。但是,已经出台和正在试行中的一些改革措施,还远远不能令人满意,有的不仅没有真正改到点子上,而且孳生更多新的问题。例如,实行"公车货币化改革"变成了按级别的工资附加,公务消费变成个人福利,补贴标准与当地消费水平相差较大等,难怪广大人民群众和低级别公职人员很有意见了。至于在某些地区或单位,既

---

① 伊铭. 马路上的腐败. 镜报,2006.

领车补，同时享受公车待遇的现象，分明更不合理。

切实可行的好建议很多，只要是真心诚意地改革，有针对性的和有效的办法必然会被提出来。为了构建节约型社会与和谐社会，建设服务型政府和创新型国家，降低行政成本、提高行政效率，公车改革必须继续努力进行，以求收到较好的效果。除了认真总结自身的实践经验之外，还应该借鉴发达国家和地区在这方面的一些具体做法。有人主张对大排量车实行高征税，如果还是"公家"负担，不知情况如何！一般干部概不配专车，事实上已大致如此，问题是对"高级领导"作何解释。逐步取消公车，代之以"公司化管理"，大可一试。普遍发交通补贴还是实行实报实销，有一个具体操作问题……诸如此类不一而足。

由此想起一件小事，国外某著名大学拥有公用车队，但不配司机，而是经批准使用者领取钥匙自行驾驶，用后归还。这未尝不是公车管理的办法之一，但有一个条件，即领用者必须有驾驶执照。而不配司机则已省了一笔开销。还有对私车公用定出一些两利的办法，亦未始非计。

（原载《中国行政管理》2006 年第 6 期）

高效政府

在三月初,外刊有一篇文章提道:"中国的经济发展得益于它拥有一个高效、全能的政府……中国看起来不错,从许多方面来看,它的确不错。它创造了人类历史上最成功的经济发展模式。"[①] 其中,除是否和应否"全能"尚待斟酌外,可以认为这种评价是比较客观和切合实际的。

但是,文章在与另一个发展中大国做对比时,则有不少值得商榷之处。例如,其发展"不是因为政府的作为,反倒是因为政府的不作为",而同时其政治是"民主的"。这就分明指"高效"政府与"民主"政治无"缘"。本来,各国有不同的国情,不宜相提并论。若硬要简单比拟,便需要具体分析和涉及不少原理、原则和标准等问题。

又如,文章说该国"在政府晚上睡大觉的时候,经济发展起来了"。果真如此,那么,"有透明且管理规范的金融体系以及毫不含糊地实行法治",便难以设想和不可思议。因为"管理规范"和"实行法治"关系到政府的"作为"和管理能力。

---

① 为什么会出现印度热?. 新闻周刊(美国),2006-03-06.

"不作为""睡大觉"又怎能"毫不含糊"?!至于私营部门对资本利用的效率较高、有为数不少的世界一流企业、有管理水平也较高和获质量奖频率特高的企业等的事实,虽应予以肯定,但不能离开"金融体系"和"法治"等重要因素的出现和运作。再说文中谈到的基础设施,亦非完全与政府无关,还不说在人才培养和环境建设等方面的投入。

问题在于:"民主的"国家政府就必然对应发展"杂乱无章而且基本上毫无计划"和消极无为吗?文章对此没有明说,而言下之意和弦外之音却给人以鲜明的印象。可是,真正的民主精神应该体现于为广大人民群众谋根本和长远利益,检验"高效政府"的"民主"性首先必须着眼于这一点。

因此,依常理,考察"高效"的本质和衡量"民主"的程度不能截然分开。过去有些现象原属病态,逐渐变作偏见的事不少,这似乎是一个很明显的例子。试问,"民主"为人民的利益服务就"低效","高效"为人民的利益服务就不够"民主",这说得通吗?看来很有必要在"民主"到底是怎么一回事上弄个一清二楚。

(原载《中国行政管理》2006年第8期)

坏事变好

坏事变好,是大家的愿望,也很有可能。主要是看怎么去做,既落到实处,又有具体行动和显著效果。在历史和现实生活中,不少"家大业大"的管家和成员们,出于不正常的心态,大手大脚、满不在乎、漫不经心,或对各种弊端的存在视而不见、听之任之,甚至予以纵容、助长和直接参与其事,而致造成巨大损失,有的终于破败。但是,若能及时扭转、改进、补救,情况自会不同。

现在正在强调要构建节约型社会,要大力降低行政成本,使我们更加注意和考虑如上所述的事情。这里信手拈来一个不大不小的例子,虽未必很典型,却有一定的代表性,不妨做一番"借题发挥"。

说的是自 2005 年底以来,重庆市清查出 2 652 名"吃空饷"的公务员和事业编制人员,此后每年可减少财政支出 1 300 万元①。消息来源没有说明此种现象已存在多久,只提到"长期以来",也不知总共"漏掉"了多少。再说,一个直辖市的收支是以亿元计的,相形之下,似乎这"区区"之数也

---

① 徐旭宗. 江淮晨报,2006-07-10.

"微不足道"。可是不能简单地这样认为。这1 300万元就可以办许多好事，只要我们面向基层，想想一些基础性的建设，便不难理解此语不虚了。

请看事实：政府职能部门本来想为、该为人民群众干的某些工作任务，或广大人民群众希望、要求政府给予解决的某些问题，常常会被"预算较紧""经费困难"等原因无可奈何地放在一边和拖延下去。具有极大讽刺意味的是，恰恰与此同时，成千上万（这里是上千万）的公款，竟不知不觉地、不声不响地顺利"开溜"。有朝一日清查出来了，国库得以减少损耗，当然是好事。不过，为了把坏事变得更好一点，不知可否做另一种设想，即将原可能流失之数用于想办未办的要务、急务？也许碍于"程序"，姑妄言之而已。

《大有希望》一文中提到的"希望小学"便是一例。据说西南联大的老校友们已捐建24所。以每所20万元计，那么1 300万元可建65所。如果下决心这么干两三年，仅此一项，效验真是立马可见。这里只是举例，干点别的亦可。让清查工作带有"挖潜"意义和派上现实的积极用场，岂不适宜？

（原载《中国行政管理》2007年第2期）

蚯蚓工程

不久前接触到"蚯蚓工程",真令人有耳目一新、思路大开之感。说的是南非某著名大饭店用垃圾养蚯蚓,日处理剩菜饭和厨房食物垃圾数千公斤的事。妙就妙在蚯蚓不仅能减少大量垃圾,消除垃圾臭味,抑制有害细菌繁殖,增加益菌数量,同时还可增加土壤中的氮、钾含量,有利于植物生长。而"这些元素正是应给土壤增加的,从而使人食用蔬菜后吸收"[1]。

过去我们也知道,蚯蚓能使土壤疏松,其粪便能使土壤肥沃,是益虫。但是,让它直接为"环保"来"服务"和做"贡献"则颇有新意。专家认为,这项工程"有利于鼓励人们寻找其他途径处理垃圾,使南非实现在2022年前停止向垃圾处投放垃圾的目标"[2]。这话有理。

我们正在讨论和落实构建和谐社会的问题。其中包括人与自然的和谐相处,要爱护和保护环境,而不要去污损、破坏自然。应该相信"人为万物之灵"和"事在人为"的说法,不再继续干"自作自受"的蠢事。"蚯蚓工程"是否真的会那么"神"?

---

[1][2] 健康报,2006-08-23.

不妨试试。更重要的是从中得到启发,打开思路,想想别的有效办法。

话又说回去,有趣的是,"蚯蚓是种好吃的动物,它们爱吃快腐烂的食物并且对此很在行,这些蚯蚓胃口大得惊人"[1]。这就表明,蚯蚓是很"欢迎"和"乐于"完成这项愉快的"任务"的。果真如此,岂不也符合和谐社会"合作、互补、双赢、共利",亦即符合"皆大欢喜"的原则精神,我们又何乐而不为呢?

众所周知,垃圾处理是现代城市管理中具有世界普遍性的问题之一。大家同感"头痛"和"棘手",在想方设法处理好此问题的同时,也已经提出要从源头上注意控制、减少的建议。这是非常明智的、合理的和可行的建议,对于食物垃圾主要是剩菜饭的情况尤有必要。因为剩菜饭属于本来可以避免的浪费,而且是经过人为的精加工和付出高代价所制造出来的垃圾,太可惜了!应当比简单地抛弃原料资源罪加几等。

对此,新加坡在餐馆行业中早有关于惩罚浪费饭菜的规定,对我们很有参考借鉴的价值。有些讲排场、要面子的坏习惯也得改一改,如古老的"食前方丈"的"气派",菜已多到吃不完的"好客","劝"吃、"劝"喝有时"热情"到变相强迫的程度等,反而不啬花钱去损害健康,实在很不文明。

(原载《中国行政管理》2007年第4期)

---

[1] 健康报,2006-08-23.

廉价政府

《中国行政管理》2003年第12期的《行政成本》一文，谈的和这里要谈的是一码事，但已谈过的内容就不再重复了。

且说汉语"廉"字，一般较多地指不贪或便宜。前者如"廉洁"，后者如"廉价"。现在反腐倡廉，大家对廉洁奉公者颇有好感。对于廉价商品，则有"好货不便宜，便宜没好货"之说。其实并不尽然，价廉物美还是很受欢迎的。何况某些要高价的东西，不乏骗局，结果是让不明真相的消费者当"冤大头"。

这里所说的"廉价政府"，用市场经济讲诚信的术语来讲，可真是"货真价实、童叟无欺"的。也就是真正对人民负责，为人民谋福利，把取之于民的税费，精打细算地用之于民，用之于国家发展和社会进步。廉洁当然极其重要，若能在不贪的同时，又不大手大脚地铺张浪费、挥霍无度，"慷公家之慨"，建立廉价政府才确有保证。

可是，在现实生活中，我们遗憾地看到，还有不少行政成本依然过高，甚至高到令人触目惊心，有亟待痛改的紧迫感。所谓"政绩工程""形象工程"无非劳民伤财，是为个人树碑立传之举。即使"一个子儿也没有进腰包"，也对发展大局无益。像这种"钢没有用在刀刃上"的情况，反而把一些重要的事情给延误了。因为资金毕竟有限，开支即便不能按轻重缓急，也应尽量做到心中有数，岂可随心所欲乱来一气?！

例子太多，不胜枚举。仅就"通病"而言，像机关的办公面积和办公工具等便有很大出入和弹性，缺乏可以遵循的标准。过去有过一些简单的规定，现在更日益在豪华方面无止境地攀比。再如机构臃肿、人浮于事、副职过多、效率不高的情况，尚未得到根本解决。"官多为患"是一大弊端，既增加成本开支，又滋长官僚主义。一个省有四五十个省级干部，几百个乃至上千个地厅级干部，一个县有几十个县级干部，可以说古今中外没有过。这是权威人士提到的数字[1]不可不信。更具体的如一个国家级贫困县竟有 11 个副县长[2]！有人认为，贫困县或许应从县长减"副"开始解困，这并非戏言。可喜的是，以减少副职为突破口的中国政治体制改革正在有条不紊地进行（2006 年春，已有冀、皖、闽、宁、琼等省区党委副书记开始减人）。

总之，一定要认真地降低行政成本。

原载《中国行政管理》2007 年第 5 期

---

[1] 重庆晨报，2006-08-24.
[2] 西安晚报，2006-08-19.

城市交通

　　城市交通是否成为问题？是些什么问题？如何解决才好？不能一概而论。
　　记得西部地区某市长在看到一些大城市交通严重堵塞的情况之余，很有感慨："我们那儿路宽车稀，真希望有朝一日也会塞车！"言下之意是这与经济发达与否有直接联系。
　　话虽如此，但塞车问题还得解决。否则，时间久了，负面影响亦将不一而足。这里要谈的主要之点也在于此。倒是尚未出现同类问题的城市需要照照"镜子"，想想前景并早为之计。因为这正是容易疏忽或考虑不周的事。
　　关于城市交通，一般无非通过水域、陆地和空中交通进行市内、市际和国际（也是市际）来往。这里只谈较有普遍性的市内陆地交通。
　　说到市内陆地交通，人们自然会想起各种车辆。在较小的城镇，也许还有就地"安步当车"的机会，但在大城市可不行，于是就有人力车（如黄包车、三轮车、自行车）、畜力车（如马车）、机动车（如汽车、电车）等的相继兴起，并以后者为主要发展趋势。
　　在机动车中，又以汽车发展得最快，但也有许多问题随之而来。大家都看到了,全世界的有关人员正为此纷纷议论和出谋献策。问题有新有旧,大可进行比较研究,然后做出明智、审慎、适宜的选择,以免太多反复、折腾。

再如,自行车应否打入"冷宫"?有的地方把自行车道废了,现在又下令恢复。在某些发达国家或地区,却因环保有益而方兴未艾。

又如,车量猛增,到处拓宽路面,而"瓶颈"依然,堵塞仍不可避免,甚至因车多而塞车时间更长。国际已有公共汽车设厕所先例。

还有,如为缓解交通窘况,环城路不断扩建,市区也像摊"大饼"似的,难以从根本上解决问题。

例子不必多举,说到底是要有预见和切合实际的举措。学外国既不可只盯住某一个国家,而要放眼世界,也不可依样照描,而要按国情市情办事。不能动辄听到风就是雨,未经认真试点,便轻率大面积推广,这是要付出代价的,有时会走弯路或者在某种程度上走回头路。实事求是永远是我们的行动准则,对待城市交通问题也是如此。

(原载《中国行政管理》2007年第8期)

卷五　全球治理与人类命运共同体

"人为万物之灵"，总不该让世界不文明下去。

——夏书章

当观后效

有些事情往往一时在某一方面见效，时间久了，就会逐渐失效，甚至产生负效。提出这个"当观后效"的题目，便是基于此类事实。

最近消息传来，说学生分心影响听课，美国出现大学课堂禁用笔记本电脑的事。人们记忆犹新，笔记本电脑曾被看作重要学习辅助工具，怎么忽然不许在课堂使用了呢？还有要求教师也不要在课堂用电脑的，直到下令将所有电脑都搬出学校教室，以及呼吁教师停止用电子课件授课等。主要原因在于：干扰教育过程，学生在听讲时玩网游、分心、分散注意力，妨碍学习，不能在课堂时间进行富有启发性的讨论之类，并且问题日趋严重。常言道："凡事有利有弊"，应当权衡利弊。

这本来没有什么好奇怪的。既为始料所不及，总结经验、兴利除弊就是了。但切忌各走极端，而是贵能用得其所、用得其宜。回想当年电子计算器流行以后，小学生连二加二等于几也要靠它才知道，结果是在小学课堂里被禁用。这同样是出于对教育效果的考虑。有些则属于必要的基础训练，不能单纯地被依赖和代替。

类似的例子还有的是,由于处理的方法不同,情况也不一样。像人们对待自行车的态度,就发生过戏剧性的变化。在西方,尤其是欧洲,在汽车盛行之际,自行车一度被当作体育器具和儿童玩具。但因环境污染和交通拥堵,才又想起它的许多好处。于是有的大城市已出现大量"公共自行车""智能公共自行车"供市民取用。我国素有"自行车王国"之称,可自改革开放以来,汽车数量激增,不少原设自行车道被取消,直至产生污染和拥堵严重,可能"觉今是昨非"了,方在群众呼声中恢复或重开自行车道,"请回"自行车。大概很多人没有想到,或者未必相信,发达国家已经提出和议论"去汽车化"的问题。

关于有轨交通的折腾也是如此。不是说要保持老古董,而是说不要乱跟风和想当然,应该慎重些。抱科学的态度去决定存废、弃取,可以少走弯路和少付代价。后发优势无疑是客观存在的,利用和发挥得好也可以取得非常明显的效益。不过,这同照搬照套和"亦步亦趋"完全是两码事。这就涉及如何进行独立思考和自主抉择,并根据实际情况有所创新的问题。依同理,凡是要与"国际接轨"的事,都当观后效。

(原载《中国行政管理》2010年第8期)

世界新桥

说的是两座世界级的新桥。巧的是两者在不到半个月内相继见于一家英媒及其网站的报道和文章①。桥名分别是：符拉迪沃斯托克（海参崴）未来之桥（世界最长的斜拉桥）和青岛胶州湾大桥（世界最长的跨海大桥）。

先说前者，转载时所用的标题是《俄远东城市翻新被批"面子工程"》。只说这桥，投资约合10亿美元，也将成为该市最醒目的地标。但被认为此桥究竟有没有用，则完全是另一码事。人们因而质疑，政府为何要选择修建如此宏伟的大桥？事实是它所通向的俄罗斯岛只有5 000名居民，而建设新城镇的计划不现实正是来自居民们的意见。"面子工程"主要是指亚太经合组织首脑会议即将在该市举行，所以有"这些设施在会后有什么用"之问。

再说后者，转载时所用的标题是《英媒文章：不良投资将让中国经济付出代价》。胶州湾大桥的问题在于，桥上几乎没

---

① 符拉迪沃斯托克市容翻新引质疑. 金融时报，2012-07-04；中国：绝路. 参考消息，2012-07-05.

什么车。它本应从核心区通往办公区和住宅区，却一直通到农田。而桥有六车道宽，长达 36.48 公里。浪费资金，毫无收益。某些官员和投资者的乐观看法正在受到考验。超越实际需求进行过度投资可能导致严重的后果，希望不要再出现更多没有用途的桥梁之类，以免在实现经济复苏中付出重大代价。

看来，果如上述报道和文章所说，这两座世界新桥似乎都很有"面子工程"的味道和不良投资的性质。不管外媒怎么议论和别人怎么办事，重要的是我们自己应该深思熟虑，不护短，力求做到"有则改之，无则加勉"。以下拟就管见所及，集中针对比较常见的有关情况提两点建议：

一是保持清醒，遇到别人也有的某些消极或负面现象切忌在有意无意之中若可告"慰"。那将必然会放松、冲淡对自身的严格要求。如"面子工程"即属人有我有，何用"大惊小怪"！亦如过去曾说"外国也有臭虫"，我们有"臭虫"不仅不必紧张，倒反"心安理得"了。

二是审慎对待，别人严守的某些常规被我们打破，一定要认真权衡利弊得失，不可乱用、滥用、误用"中国特色"而自以为是，直到一意孤行。如不良投资、过度投资，导致投资所占国内生产总值的比重连续九年超过 40% 的情况为别国所未有，便必须引起注意和高度警惕以避免严重后果。

（原载《中国行政管理》2012 年第 11 期）

花费惊人

说的是美国总统竞选花费惊人。四年一届,两党都为此花费巨资去拉拢选民。且看至 2012 年 5 月底,距总统大选还有 5 个月的时间,他们仅在几个州的竞选活动中就花掉了 8 700 万美元的电视广告费,开支既提前激增,也是前所未有的[①]。有关人员在感到惊讶之余,还指出这只不过是"冰山一角"。试想在一个人口 26 万的城市,人均受到大约 330 个广告的"轰炸",那可是一种引人深思的现象。

首先一个问题是,他们为什么要这样做?如果说是为了体现、保证、发扬选举的民主精神,那么,大吹大擂、大做广告的竞赛会不会使之有走味、变质之虞?倘若谁拉拢得力、得法,谁便是赢家,岂非主客易位,选举徒具形式?我们还不可淡忘一些有真才实学、愿意和能够为公众服务,但缺乏用广告竞选条件的人们,实际上是广大选民长期获益的潜在损失。换言之,拉票拉得太厉害了将损害民主。

其次一个问题是,那些惊人的花费与巨额款项从何而来?

---

① 参考消息,2012-06-02。

除了零星、分散的赞助外，主要来源显然是资金雄厚的各种独立团体。后者出手"大方"，但不可能是白给。俗话说："拿人家的手软，吃人家的嘴软。"在"慷慨"的同时或背后，总免不了某些互利的考虑，如政策措施等方面的方便之处。其中有的是心照不宣的默契，有的是赤裸裸的权钱交易。至于是否符合国家长远发展和全民根本利益的要求，则有待进一步分析研究。

再次一个问题是，资助团体的钱又是哪里来的？不用说，各行各业都各有生财之道，其中不排除与政府关系比较密切的行业。但其共同之处在于资金得之不易，政治献金不同于慈善捐赠，因而"投资"的意味进一步增浓。亦即除总统候选人的个人因素之外，政党背景及其所标榜的内容并非与资助团体无关。尤其是赞成和反对什么，往往十分鲜明或非常敏感，有机可投。

最后一个问题是，可否试将这些惊人的花费转用于扶危济困、福国利民（美国有 1 800 万个家庭吃不饱，4 670 万人领食品券[①]）？此或许乃过于天真的设想。但果能实行，必可令人大开眼界、肃然起敬，广大选民在刮目相看之余，自然会进行比较、思考，做出自主和明智的选择。人们不禁要问：花那么多的金钱、时间和精力，去竞选一个任期几年的职位，真的完全是为了体现"民主"原则吗？

（原载《中国行政管理》2012 年第 12 期）

---

① 参考消息，2012-09-07。

内外一体

相信很多人都知道和已注意到"内外有别"这句话。但必须同时明确的是"有别"并非分离、隔绝或互不相干,而是内外一体,应当统筹兼顾。因为两者之间存在密切联系,有灵敏的直接影响。通常所谓外强中干、虚有其表、名不副实之类是骗不了人的,打肿了脸也充不了胖子。就国家层面而言,内忧与外患总是息息相关,于是有"外交是内政的延伸"之说,甚至兴"弱国无外交"之叹。也有某种逞强称霸、侵略成性的国家领导人,虽然吃过败仗,但仍贼心不死,梦想重整旗鼓、卷土重来,继承老战争贩子,即严重战争罪犯的衣钵,妄图再继续穷兵黩武、恃强凌弱。

说到这里,大家一定已经明白,说的正是最近传遍全球的日本首相安倍"拜鬼"的国际丑闻。此事表面看来,似乎是内事。可是立即受到全世界正义呼声的讨伐,这充分表明其对国际关系可能产生的破坏性之大。不仅如此,日本国内正直、明智人士也深感这是祸国殃民之举,对国家和社会的正常、健康发展极为不利。例如,日本企业立即敏感地忧虑有关业务将遇"乌云",日本经济复苏也要面临风险。日本媒体大批安倍参拜

行径"不负责任",还包括无耻地否认侵略历史,违反政教分离原则,损害日本国家利益等。应当认为,这批评是有理有据的。

其实,情况十分简单和清楚:那个"靖国神社"早已成为日本军国主义对外疯狂侵略的精神象征。安倍的参拜等于向全世界宣布要复活军国主义,而这正是明摆着的一条不归路,连美国也正式宣称"大为失望"。假如这些反应均为安倍的始料所不及,那么,他的一意孤行只能是"鬼"迷心窍,把侵略的野心看成追求"荣耀"!难怪德国人一再奉劝日本应正视历史,可安倍之流就是听不进去,还在自欺欺人。殊不知日本军国主义过去的行径仍然使受害者创巨痛深、记忆犹新,岂能不保持高度警惕?中国人民是受伤害最重、最久的,理所当然和理直气壮地应同全世界爱好和平的人们一起,坚定不移地反对这股逆历史潮流而动的恶势力再兴血腥之风和作残暴之浪。已经站起来的中国人民必将自强不息,力争国家富强、民族振兴、人民幸福的中国梦早日实现。

(原载《中国行政管理》2014 年第 3 期)

语言问题

近读《2115年的世界讲什么语言?》一文①，有趣、有感。说了很多事实，答案虽未完全肯定，但倾向非常明显。好在全文不长，试略抒浅见。以下按原文内容顺序来谈。

一是曾经有人一再创造"世界语"，但都是昙花一现，没起什么作用。而英语兴起为世界媒介，这是事实，但需要说明为什么"世界语"不行，兴起的是英语而不是也曾流行过的语种?

二是英语本是早期在法语阴影下的一个小岛上"苟延残喘"的小语种，没人想到它会有今天的"盛况"也是事实。问题还是为什么，因为不是偶然的。英俄贵族都曾流行说法语。

三是"对英语将成为全世界唯一语言的担心为时过早"，晚些时呢? 预想百年后地球语言格局是语种较少和不那么复杂是有可能的。但此乃后话，其前言为英语与太多语种共存的日子不多了。是否表明英语较具有简明的特征?

四是被当作"异议"提出的是汉语普通话，作者认为"不

---

① 参考消息，2015-01-07.

太可能"。"理由"之一是英语已占领先地位,"极其稳固",转变需付出巨大代价。汉语声调极难学习,汉字书写体系也难。英语既已站稳脚跟,英语的易学性难被取代。原文这部分较长,这里也不妨多说几句。英语的领先地位是怎么来的?是否必然领先下去?不付代价损失更大怎么办?学的难易取决于有无必要。"天下无难事,只怕有心人。"说英语易学也未必尽然,取代与否决定于客观发展趋势。

五是"日语不会有事",是相对比日本人规模更小的群体而言的。标准似乎高了一点,且应顺其自然。接着提到"殖民"的事,倒是应该多说点,英语的兴起不能认为与此无关。

六是有书面文字的语言看上去正规并且"真实"是事实。这对中文(汉字)而言,我们有更深的体会。秦朝讲"书同文",元朝讲"九儒十丐",是最早的"臭老九",但元曲与唐诗宋词齐名,清朝也不用说了。汉语生命力可见。

七是成年人学语言困难,确实比儿童困难,但困难不是不可能,在迫切需求面前,困难会打折扣。至于词汇量更小和语法更简化的"新版语言",是一个根据需要进行改革的问题。

八是使更多人能用母语之外的一种语言沟通,这也有个环境和需求的问题。旅游业最为明显,来自中国的游客日增,当地在接待中运用的语言文字必然会增加和扩大普通话和简化字的应用范围。

(原载《中国行政管理》2015 年第 3 期)

误判有因

一本新书:《我们误判了中国——西方政要智囊重构对华认知》①。能够进行反思,总算已经开始认清事态发展的真相。但为什么会误判?值得思考、探讨。对于西方政要智囊的认知水平,一般是不可低估的。出现误判必另有原因。我们在这里作为东方的旁观者,不妨试做些分析以供评议。

在近现代历史上,西方某些阶层的人士形成优越感后的影响深远,不易消除。偏见又总是同傲慢联系在一起,更何况自鸦片、甲午等战争之后,中国处于被侵略的地位,任人污辱。中国确曾面临过国将不国的危险,西方竟曾有人认为中国不是主权国家而是地理名词!因为确实有过四分五裂、军阀割据,列强各有势力范围的局面。他们把过去的老印象固化了,又对新中国的变化视而不见或存疑不信。由于在他们的心目中,一党领导多党参政的协商政治没有西方轮流执政的制度"民主"。于是预测中国必将崩溃。事实证明,这不仅完全是误判,而且正是西方"民主"出了问题,才引起了前面所说的反思。

---

① 光明日报. 2015-01-13.

港刊有一篇文章，标题是《西方开始改变对华"刻板印象"》[①]。说的正是那些带有偏见、成见和俯视、轻视、歧视态度的内容，有了开始向崭新的真实情况的转变的迹象，这是值得欢迎。也只有这样，才能推进和平、平等、互相尊重、互助合作、共同发展、繁荣的前景的实现。我们从来不是只爱听好话，而是好话、坏话都听，但必须加以科学分析。该改正的改正，该加强的加强。对于该坚持的，也丝毫不为别人的说三道四所动。我们的道路自信、理论自信、制度自信和文化自信并非凭空而来。摆在世人面前的中国现实和发展趋势，是对坚持四个自信的最好说明。这是促成"刻板印象"改变的关键。

别人误判和有"刻板印象"是别人的事。人家反思了、改变了，我们更须清醒：中国特色社会主义道路不可动摇。中国现行政治制度是健全有效的。要继续努力兴利除弊，尤其是反贪污浪费，要一反到底和除恶务尽。千言万语一句话，就是要更好地做好自己的工作。误判和"刻板印象"还会有的，"西方中心论"仍在不同程度上主导西方学界的思维方式。不管风吹雨打，只要我们能早日实现国家富强、民族振兴、人民幸福的中国梦，便是最好的回答。

(原载《中国行政管理》2015 年第 4 期)

---

① 参考消息，2015-01-14。

全球治理

这完全可以说是一个十分古老而又新颖的话题：全球治理。人类社会自产生以来，经历了马克思主义所分析的几个发展阶段，并将最后在世界范围内实现科学社会主义、共产主义。对于有原始共产主义社会之称的原始社会的具体情况，我们且不去说。只看奴隶社会、封建社会和资本主义社会及其帝国主义阶段，便知道有压迫必有反抗，特权必带来争夺。于是战争不断，逞强称霸，愈演愈烈。第二次世界大战以后，局部战争至今仍在进行。广大人民群众和明智之士总希望实现持久和平、天下大治。

有人认为这不可能，因私心太重。其实并不尽然，人类还有理性的一面。只要达成共识，即可同心协力、合作互助。像最近举行的第七十一届联合国大会，其主题是"可持续发展目标：共同努力改造我们的世界"。如果 193 个会员国都能做到，岂不很好？当然，这可不是一件简单、容易的事。实际情况要复杂得多。但具有共同愿望是极其重要的前提，而凭人类所特有的智慧，则完全可以解决问题。例如，2016 年 G20 杭州峰会，已为全球经济治理提出了切实可行的方案，为世界各国领导、专家、学者所认同。我们知道，只要经济走上轨道，能正常发展、创新,其影响会非常深远。倘能逐步与政治治理相联系,则情况又可能得到转变。

不过,问题还在于人,尤其是领导人。据联合国秘书长潘基文对很多西方领导人失望[①]这一点而言,就直接关系到全球治理的难度。因为一些西方领导人更关心把持权力,而非改善本国民众生活。关心全球治理的人们莫不对此大动脑筋和想方设法。现在,摆在面前的一件事显然对此有直接针对性。说的是清华大学办的苏世民书院,有来自全球31个国家70所知名高校的110名学生齐聚一堂,将用一年的时间,用全球化的视角观察中国,探究世界发展的共性问题,也就是"在中国培养影响世界的杰出人才"[②]。新闻报道的要点有三:"21世纪,中国不再是选修课""跨越国家边界,解决全球问题是目标""全球意识、创新意识和人文素养不可或缺"。据了解,对未来世界领导者的培养并非只有这个书院在尝试,北京大学也正在探索。已有不少学生希望成为世界公民以解决人类的共同问题,但必须具备与人合作、共同解决复杂问题的能力。我们坚信:"人为万物之灵",总不应该让世界继续不文明下去。

(原载《中国行政管理》2016年第12期)

---

① 潘基文对很多西方领导人失望. 参考消息,2016-09-15.
② 在中国培养影响世界的杰出人才. 光明日报,2016-09-14.

短讯传真

说的是以《英国政府资助孔子学院推广汉语教学》为题的不足 300 字的短讯[①]，其所传达的具体事实真相，很能表明有关情况和有助于回答某些问题。

首先，作为一个老牌的发达国家，拨款资助是英国教育部的政府行为。资助项目还有明确要求，例如学生每周中文学习时间要达到 8 小时，包括教师授课等以强化语言学习课程。这可不是突如其来的事。

其次，为促进汉语教学，伦敦大学教育学院还将与英国文化教育协会合作，为该项目培训师资。这当然是一个不可或缺的步骤，而且师资的数量和水平直接关系到项目的开展和成效，岂能掉以轻心！

最后，更重要的基本实况是："在过去 4 年里，英国国内的孔子学院增至 29 个，孔子课堂达 127 个。"看来还有些零散的汉语教学活动未包括在内。这些正式挂牌的学院和课堂的授课内容也不仅仅是汉语教学，不少专业人才有待中方提供配合。

---

① 英国政府资助孔子学院推广汉语教学. 中国社会科学报，2016-09-27.

可见，短讯虽短，传递的真相却应引起我们的关注和深思。紧接着让我们来看另一篇稍长的资讯——《国家影响力、学术魅力的引致效应，中国哲学'走红'海外课堂》[①]，那是从一门选修课——"古代中国伦理与政治理论"在美国哈佛大学成为最受学生欢迎的课程之一说起的。原话是："这门课程的走红，可以说是今天中国哲学在海外传播状况的一个缩影。"

显然，这完全可以视为前述短讯的一种延伸。可不是吗？中国哲学的价值内涵正在获得西方年轻一代人的欣赏。像我们所强调的"中和"之道，便很符合世界和谐发展的潮流。中国综合国力的增强，也少不了学术文化方面因素的影响。本来，国外早有"汉学"研究，但近来更趋活跃和开展创新性研究是与中国的和平崛起及其影响力的提升分不开的。

因此，我们非常高兴地看到："将优秀的中国哲学向海外推广，已成为许多学者的共识。"推广的渠道和方式很多，诸如合作、交流，多发表高水平的、理论密切联系实际的论文和专著等。话又说回来，国内非哲学专业的学者和各领域的专业人士，也应该以"日日新，又日新"的创新精神加强对中国优秀哲学的学习研究。必要时，还要认真"补课"。

（原载《中国行政管理》2017 年第 2 期）

---

① 国家影响力、学术魅力的引致效应，中国哲学"走红"海外课堂. 中国社会科学报，2016-10-28.

应当研究

在《国际中共学正在兴起——中国学者应在研究中发挥主导作用》[①]这篇报道中,我们知道我国山东大学和美国加州伯克利大学的有关单位共同主办了首届"'国际中共学与世界社会主义比较'学术研讨会"。原来国际中共学已成为一门新兴的国际化综合交叉学科。这是完全可以理解的,因为从新中国成立到实行改革开放、建设中国特色社会主义、实现和平崛起,都是在中国共产党的领导下发生的事。世人在对中国做今昔对比的感慨之余,很快把注意力集中到研究中国共产党上。

但是,要研究中国共产党必须研究共产党的指导思想和理论依据,即放之四海而皆准的马克思主义,亦即党的性质和目标。用西方一般的政党观来研究不行。再说马克思主义不是教条,紧接着的是理论必须联系实际,各国各有具体的国情,要处理和解决好本土化的问题。中国共产党成立于辛亥革命和俄国十月革命之后,作为反帝、反封建的伟大政治文化运动的五四运动为中国共产党的成立做了准备。中国共产党成立不久,

---

[①] 国际中共学正在兴起——中国学者应在研究中发挥主导作用. 中国社会科学报,2016-11-25.

深感"革命尚未成功，同志仍须努力"的孙中山先生便主张"联俄联共，扶助农工"。后来他的继承人背叛了他的遗愿，造成了长期内战。这些历史背景，人们记忆犹新，不用多说了。

问题在于，为什么"星星之火可以燎原"？答案是：这是正义之火，是大得人心之火。中国共产党从几十人发展到八千多万人的大党，把一穷二白的旧中国发展成日益富强的新中国，对世界的影响力不断扩大，令世界刮目相看，都不难理解。不过，对中共学的研究，实际上存在海外中共学和本土中共学之分。海外学者由于所处环境不同，难免有主观偏见，本土学者可能对中国特色较有体会。因此，关于"中国学者应当在国际中共学界发挥主导作用，主动向国际社会讲好中国共产党的故事，消除一些带有偏见的误读"的要求，实属应有之义。

值得注意的事实是：对中国学术界的研究成果和学者意见的国际关注度也在增长。《中国社会科学》《中国行政管理》等入选"中国最具国际影响力学术期刊"便是"我国学术期刊国际影响力迅速提升"的明证。《习近平谈治国理政》这本书在国际上所受到的热烈欢迎，也充分表明世界各国对新中国的极大兴趣。

（原载《中国行政管理》2017年第3期）

以邻为鉴

记忆犹新的是在《中国行政管理》2002年第3期曾经发出过"勿轻汉语"的呼吁。可是，近期以来，令人遗憾的是，不够重视汉语教学的情况似乎已更引人注目。信手拈来的例证，真可以毫不夸张地说不胜枚举。"一个语文老师的困惑和苦恼"[①] 所产生的广泛共鸣，是最近的事。

一方面，国际汉语教学不断升温，汉语水平考试（HSK）日益推广，在全球创办100所以汉语教学为主的"孔子学院"计划正开始实施；另一方面，在我们国内，作为母语的汉语教学，却未能与时俱进，水平还有明显下降的趋势。这很值得注意，不可掉以轻心和等闲视之。

无独有偶，非常类似的现象也发生在我国的东邻："日学生母语水平严重下降。"我们所看到的虽是外电报道，但它所根据的是日本国立多媒体教育研究所的调查和日本信息专家小野博的意见。概括来说是："随着日本的出生率降低，日本的教育水平有所下降，日本学生对母语的运用能力也在减弱，有

---

① 光明日报，2004-11-18.

时甚至不如在日本大学就读的外国学生"(具体指有些日本学生的日语水平还不如能够用日语阅读和写作论文的外国研究生)。

本来,出生率低有可能使教育水平提高,因为教育资源会相对显得丰富。但问题在生源少了,竞争减弱,有些学校越来越不严格,一些大学开始录取没有经过文化课考试的学生。对此,小野博表示:"我不是说大学不该录取这些人,但他们需要补上这一课",以便进行正常的课堂学习。可见,他们既认真进行了调查(有关统计数字略),又在考虑有针对性的和有效的补救措施。我们也不妨以邻为鉴。

说到补课,想起一件往事。那是在抗日战争时期,教育受到影响。大学新生入学以后有国文、英语分级考试。合格者上"大学国文"和"大学英语"课,计学分;不合格者上"补习国文""补习英语"课,不计学分。如此这般做的目的,就是要保证汉语和英语在大学阶段获得相应的水平,并且正是通过入学考试后的再考核和再"加工"来提高汉语和英语的水平。现在,毋庸讳言,英语稍有提高,汉语反而退步者也大有人在,翻译难以"等值"的例子也不算少。怎么办?是否也应该着力做些调查研究?

(原载《中国行政管理》2005 年第 8 期)

孔子学院

第十一届全球孔子学院大会于 2016 年 12 月 10 日在昆明举行。这不能不算是一场国际盛会。出席大会的人数共达 2 200 多人，是来自 140 个国家和地区的大学校长、孔子学院代表。原来，孔子学院创办 12 年后，全球已有 511 所孔子学院和 1 073 个孔子课堂，各类学员达 210 万人，成为中外文明交流互通的"架桥人"和世界认识中国、中国与各国深化友谊和合作的重要窗口[1]。

可喜的是，孔子学院稳步发展，办学质量不断提升，服务能力得到拓展，运行机制日益健全，为可持续发展注入了新活力。但还要以"创新、合作、包容、共享"为努力方向。要深化教师、教材、教学方法的改革创新，拓展办学功能，提高办学质量，实现内涵发展，等等，会上都已提到和强调了。

这里想特别着重谈一下的是师资的选拔和培训，因为在明确指导思想和办学方向以及领导人以后，关键在于如何贯彻执行，确保完全实现。如果没有好的教师，则教材、教学方法的改革创新等便无从谈起，更不用说提高办学功能、办学质量和

---

[1] 刘延东. 创新合作包容共享携手并肩开创孔子学院发展新局面. 光明日报，2016-12-11.

内涵发展之类了。我们知道，师资选拔和培训早已受到重视，但难度必将增大。孔子学院和课堂创办之初没有经验，现在已有12年以上的历史可以好好总结一下，这是有利条件。但问题又在于培训老师的师资，是客观存在某些局限性的。诸如德才兼备、双语俱佳、知彼知己，等等。若要讲好中国故事必先吃透中国故事，要深刻了解国情包括历史、现状和世界上许多人已知道的中国梦。又若对"创新、合作、包容、共享"精神的体会不深，也很难在教学活动中有所体现。

通过12年来对经验的不断总结，我们肯定已对上述问题达成一些重要共识，也相信会采取直接针对性的措施积极行动。完全可以这样认为：这方面的要求也将带动和促进有关各方的改革。因为一方面就广义上来说，国内各界也需要了解国际各行各业的发展状况；另一方面国外有许多人尤其是要与中国打交道和来华留学者都想认清中国现状和前景。例如，翻译界已在讨论如何改善和加强翻译工作的问题，学术界也早已开展关于道路自信、理论自信、制度自信、文化自信的讨论，以及国际上已有"中共学"的兴起和什么是"中国特色"等，在孔子学院的教学中却不能不有所反映。该怎么办也很清楚。

（原载《中国行政管理》2017年第4期）

德媒报道

《德媒称中国人是世界上最幸福的人》:"衡量各国民众满意度的学者们从好几年前起就把中国人选为世界上最幸福的人。"①他们认为,中国人的生活质量不是在发展而是在飞跃。具体表现如:从土坯房到公寓、从自行车到高铁、从没有固定电话的时代到手机微信等。这表明进步不只是抽象的概念,而是实实在在的事实,并且是在几年之内发生的。报道指出:"五分之四的中国人相信自己的孩子会比自己过得更好。这与欧洲和美国形成鲜明对比。"最后,他们的观感是:"德国应该多一丁点中国味,多一些乐观和改变的意愿,或者多一丝冒险精神。那不仅会让德国变得更幸福,而且也将释放社会和经济能量。"

看了这篇简短的外媒报道,作为一个中国老人深感所言属实。可见,有信心的中国人还不止五分之四,还有一些是"身在福中不知福"的。不过,对于后者,其实也无可厚非。因为没有经历过旧中国社会的苦难生活,难以做今昔对比,忆苦思甜。这主要是加强近现代史教育的问题。还有极少数是旧社会

---

① 德媒称中国人是世界上最幸福的人:几年间生活质量飞跃. 参考消息,2017-01-20.

的"豪门"后代，过惯了坐享其成的生活，可能觉得今不如昔。这可必须提高思想觉悟，应以自食其力为荣。我们讲的是全国人民的大多数，但也不可忽视有不同情况的少数甚至是极少数。正如报道所说，相信自己的孩子会比自己过得更好这一点，光是相信还不够，还要注意引领和施教。因为不用讳言，事实上已有"啃老族"出现。我们可不能只看作家庭小事。

别人所说的"中国味"是正面的，至少是反映了乐观、改革、创新、冒险，释放社会和经济能量的精神。用我们自己的话来说，便是习近平同志所一贯强调的：要实现"两个一百年"目标和国家富强、民族振兴、人民幸福的中国梦。中国梦是中国味的集中体现，人家只要"多一丁点、多一些、多一丝"的那些"味""意愿""精神"，就会"变得更幸福"和"也将释放社会和经济能量"，我们已具有和掌握了全部，岂不更应该努力充分发挥、发扬和获得更伟大的胜利？总之，我们看到外媒的这类报道，在高兴之余，一定要好好考虑，我们还应该注意些什么，特别是我们前进的过程中有哪些障碍或困难必须及时排除和克服。千万不可让"中国味"走味！

（原载《中国行政管理》2017年第5期）

卷六　学术生态与公共情怀

我们的学科体制、教育体制，都需要改革，如果保守的话，那会产生不利的影响。

——夏书章

官与非官

在汉语中，用于职称的官与非官，从来公私分明，而且除政府部门外，事业、企业单位的负责人历来概不称官。英语则不同，有时一词多义，官与非官无明显界限，汉译需要加以区别。这里举几个例子。

在英语里，"president"是个多义词，政府总统、大学校长、学会会长、公司总裁等都可以用这个词来表示，但汉译不能相混。曾经有一位粗通汉语的外国朋友，用汉语称某大学校长为"总统"，显然是只知其一，不知其二、其三、其四……闹了一个小笑话。一般来说，这在以汉语为母语者当中尚未见过。

"secretary"也是个多义词，秘书、书记，官员中如部长、国务卿等都可以用它表示，但汉译应根据不同情况处理，不能一概而论。将部长或国务卿译成秘书的事有过，但并不经常，也就是说，这方面已经受到注意了。

可是，最近一段时间，媒体对于"officer"一词的汉译"情有独钟""独沽一味"，即几乎全部将这个单词汉译为"官"。其实，具体情况与上述二例完全一样，"officer"既有官员或官吏的意思，又可以用来称（高级）职员，因此"officer"在汉译中似不宜一律称"官"。

　　这要从 CEO（chief executive officer）被译成"首席执行官"说起，与此相类似的，还有"新闻官""财务官"等，问题在于多出自某私营公司、学校，其流行程度，大有"约定俗成"之势。一位资深的翻译工作者，明知表示欠妥，也难以"顶"住，不得不"随波逐流"。这回轮到粗通汉语的外国朋友发表意见了："我是 CEO，可我不是'官'，怎么汉语一定要叫我'官'呢？"问问精通汉语的人，他问得有理吗？是否轮到我们只知其一、不知其二了？此"约"可定乎？此"俗"可成乎？

　　据了解，撇开经理、董事、理事、干事等可供选择外，还有既符合原义又适应汉语表达习惯的词语，如在发展知识经济需要知识管理中有"CKO（chief knowledge officer）"，汉译为"知识主管"或"知识总监"，没有译为"首席知识官"，这就避免了任意封"官"的错误，因为主任、长之类的称呼在汉语中也无官与非官之分。

（原载《中国行政管理》2001年第8期）

勿乱封官

这里说的不是政府行为，而是媒体外文翻译方面的事。本来，在《中国行政管理》2001年第8期已发表过一篇题为《官与非官》的短文，内容大致相同。现在旧话重提，并非故意来"炒冷饭"，实在是因为问题未引起注意，仍然继续"封官"，令人不能已于言。

说的还是外国（主要是私营）大公司里的一些重要职务（位）名称，如 CEO、CIO、CFO、CKO 等。这些都是同 WTO、UNO、USA 等一样的英文缩略语，所不同的是在汉语中后者比较规范，而前者有待"正名"。依照顺序，前者的汉译一般和较多作："首席执行官""首席信息官""首席财务官"和"知识主管"（出现不多，也许有作"首席知识官"的）。问题就出在这个"官"字上，"officer"是不是"官"呢？是，也不是，具体要看用在什么地方。这是个多义词，汉语里也有。译成外语时不可单打一，如角、牛角、羊角、头角峥嵘、演什么角、某个角落、角度、角斗、角逐、口角、古代五音之一的角、货币单位的角等。小心一点，查查字典，也就不会停留于望文生义、先入为主，直至以讹传讹。把《孙子》译成 Grandson 的笑话，正是从初学（也是粗学）汉语者中传出来的。

关于"officer",原来兼有官员、干事、高级职员、办事员、主要职员、商船船长或其副手等意思。高级船员有 a chief (second、third) officer 之分,汉语称为(船上的)大(二、三)副(chief officer 或称一级驾驶员),全船工作人员叫作"officers and crew"(包括船员和水手),有时只说"crew"。在英语里虽然如此,在汉语中却不能一律理解成"官"。因为文化背景不同,中国的官与非官界限分明。尤其是在地道的私营企业中出现一批大"官",简直不可思议。

不懂汉语的倒也罢了,有懂汉语的反应可不一样,或耸耸肩膀付之一笑,或发出感叹:"中国人真喜欢官!"也有的人并不领"情",还有反感,说不喜欢官,问为什么中国人要给他安上个"官"。真是何苦来又何必这么做呢?对外国大学主持考试(含面试)和新闻发布人员称考"官"、新闻发布"官"(原文均未加引号),其实也是同样的不伦不类。

如果说堂倌、牛倌、羊倌都叫"倌",那么请注意,"倌"不是"官"的繁体,而是另外一个字。

(原载《中国行政管理》2003 年第 10 期)

政府学院

"政府学院"？乍看起来，也许会被认为是政府办的或者是属于政府的学院。还有可能被视同一门或一类学科的学院，如文、理、法、商、工、农、医学院等。那就是研究"政府学"的了。前者对于设在私立大学内的这种学院，显然不是事实；后者虽然比较接近事实，但其实又不尽然。

这里说的，主要是美国某老牌大学有此学院，其英文原名为"School of Government"，现在很多汉译称之为"政府学院"。它的教学研究内容与"政府"有关，但非"政府"所能概括和体现。问题在于"government"一词，除指政府组织机构和活动外，还有政治和政治学的意思，对学科领域和学术研究而言，指的是政治学。

许多后起或新兴的大学称政治学或政治科学为"Politics"或"Political Science"，但是老校则多惯用"government"，如上述某校的政治学系，即为"Department of Government"，译成"政府系"或"政府学系"非其原意，译成"政府部"或"政府学部"，也会令人不知所云或难以理解。

因此，"School of Government"应译作"政治学院"才切合

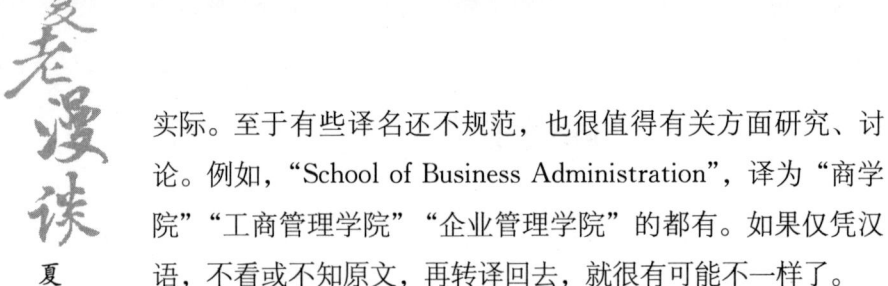

实际。至于有些译名还不规范，也很值得有关方面研究、讨论。例如，"School of Business Administration"，译为"商学院""工商管理学院""企业管理学院"的都有。如果仅凭汉语，不看或不知原文，再转译回去，就很有可能不一样了。

从这里说开去，高等教育界还有不少诸如此类的情况。像英语中的"college"、"institute"、（大学中的）"school"，现在汉语统称"学院"。若不据原文转译，也会出现差异。有的是由于历史原因造成的，例如，"Public Administration"作为一门新兴学科引进时，其主要研究对象和内容是政府管理，因此，译为"行政学""行政管理学""公共行政学""公共行政管理学"并无不当，按其原意译为"公共管理"也本无不可。然而，现在该名词的内容已拓宽至非政府组织、非营利组织公共管理。我们已将公共管理列为一级学科，而将行政管理列为二级学科。国内语境下完全可以理解，若同国际接轨，则有必要在译名上有所斟酌。

（原载《中国行政管理》2006 年第 1 期）

智力投资

关于什么叫智力投资和为什么要进行智力投资，似乎已不需要多加解释。现在已开始或正在进入知识经济时代，发达国家对此更加重视、非常重视。

2002年3月31日，美国《波士顿环球报》曾有一篇《赋予知识更高价值》的专题报道，主要说的是：美国企业界如今比以往任何时候都投入更多的资金用于对员工的教育。……知识员工必须不断学习才能适应发展的要求。

我国要实施好"科教兴国"战略，使教育事业的发展速度加快，发展规模不断扩大，就必然要大幅度地增加智力投资，这无疑是以经济建设为中心，实现新时代中国特色社会主义现代化，增强我国综合国力和国际竞争实力的必要准备。

应当认为，正常的智力投资是福国利民的好事，是有助于促进人类社会文明进步的明智之举。人们欣赏、称赞、拥护、敬佩、仿效，并寄予厚望和乐观其成。

可是，十分令人遗憾的是竟有一些丑类、败类在这方面大搞邪门歪道！此辈营私舞弊、弄虚作假，无所不用其极。伪造的文凭、证书已经公然在名牌高校的门口出售，这是对"以德治国""依法治国"的严重挑战,岂非是可忍孰不可忍!

引人注目和发人深省的还有所谓"权学交易",其实也是一种腐败现象。这是"以权谋私"的扩大和加深,决不可听之任之。借智力投资之名,行"资历投机"之实,欺世盗名必将祸国殃民。

此外,"学术打假"确实有假可打,因为并非空穴来风,而是事实俱在。古人云:"行有不得者皆反求诸己。"就是有必要反躬自问的意思。不过这里指的是看看我们的体制要求等方面是否存在可被人用来钻的"空子"或者漏洞。更重要的是应从根本上提高有关人员的总体素质,否则,"出了一个骗子,便把谁都看作骗子"的思维惯性未必妥当。

看来,智力投资事关培育人才的大计,不能只注意数量而忽视质量。联系到教育改革,仍必须强调德才兼备。既然人是智力的载体,怎样做人和做怎样的人不能没有基本的考虑和态度。运用智力去干什么,是任何人在关键时刻都要面临的抉择。

(原载《中国行政管理》2002 年第 8 期)

游戏规则

近年来，人们对于外语翻译和汉语水平问题常有一些意见。作者曾在《官与非官》《政府学院》《勿轻汉语》《勿乱封官》等文章当中谈过相关情况，其中的主要观点是：作为多义词的英语，若只取其某一种汉译，便难以符合汉语的习惯或规范。已举过的例子不再重复，这里且从关于"游戏规则"一词的议论来看看这样讲是否在理。

现在，"游戏规则"一词，似乎用得普遍，说得自然。但也有人纳闷：为什么明明是正式的、严肃的事情，却要说成是在制订和遵守什么"游戏规则"呢？问题即出在"game"这个词应该怎样翻译上。"game"通常指的是游戏、娱乐、戏谑、趣事，要用"游戏规则"实属名副其实和理所当然。可是，我们不可只知其一、不知其二，"game"还有别的意思，如竞赛、比赛、赌胜负，那就要有"竞赛规则"；又如计划、事业，那就要有"办事规则"；再如狩猎，便是"狩猎规则"；等等。英语的说法虽是一种，而在不同场合针对不同事项不言自明。汉语则要有所区别，不宜光图省事照搬。理由很简单，汉语不同于英语。

一个众所周知的例子是"president",总统、(大学)校长、公司董事长或总裁等都在英语里这样称呼。然而在汉语里,如果有谁把校长称为总统就会成为笑谈。这与将"办事规则"叫作"游戏规则"岂不颇为类似?又比如,"bank"主要有银行、堤岸两个意思,总不能说"到堤岸去取款"或说"要巩固银行以防水灾"吧?苍蝇和飞行(fly)、脚和"英尺"(feet)等是一个词,但在英语表达中一般都不会弄错。诸如此类,不胜枚举,也不必再举了。

　　不过,稍一不慎,像"游戏规则"这样的说法,仍然在所难免,有的竟一直流传下来。"田野工作或调查"便是信手拈来的一例,在城市或工厂作调查研究也习惯地被称为"田野工作"。这与"游戏规则"如出一辙。"field"首指田野,但还有工作场、战场、运动场、活动地、范围、方面、界(如学术界)等意思。在野外当然是名正言顺,不在野外应作"实地"或"现场"之类,才是让人听得懂的汉语。行内人似乎已"约定俗成",奈广大外行人听来便觉得奇怪。愚意还是该把"游戏""田野"这些词认真区分一下,各得其所、各得其宜为好。

(原载《中国行政管理》2006年第1期)

填表重负

有一位在高校工作的政协委员提出了关于"高校渴望从填表的重负中解脱"的意见（以下简称"意见"）[①]。深有同感者大有人在，有时痛感无可奈何，有时只好望表兴叹，也有时是省事无事，即在有主动权时放弃"权利"（如申报什么项目特别是各种奖项之类，还要附加名目很多的复印件，缺一不可）。

若理性地看待这个问题，便是必要的表要填，但太多、太滥，甚至有成"灾"之势，"使大家不堪重负。而且越是有学术影响的人，填表的任务就越大"。除"意见"中所列举的事项以外，还有来自有关或无关方面的调研、问卷、咨询，等等，不一而足。有的虽无表格形式，但实际上也是要说明情况和回答问题的。

如果大家都很清闲，倒也可以借此"消遣"，但问题是："这种现象的危害不仅仅在于填表本身耽误了很多宝贵时间，而且表格上对数据与数量的片面要求往往导致弄虚作假，使学人失去平常心态，学风更加浮躁。"可不是吗？时间花得值不

[①] 张传亚. 光明日报，2006-03-13.

值得，固然应当考虑，倘若花了时间又带来不良的副作用或负面影响，那就更有必要研究如何加以改善了。

例如，在一般表格的常见栏目中，有关于个人成绩、自我评价、优势强项等内容，对于填表的"能手"来说，这将成为一个"自吹自擂"、自己给自己"评功摆好"的机会。有些不谙或不惯此道的人，未免"相形见绌"。于是有"不吹白不吹"之议，相习成风，弊端可见。

据说有的单位在档案材料里也有"报喜不报忧""扬长避短"的"经验"，以免在人事调动中影响接收单位的"兴趣"而"流动"不出去。这是表格作用的另一种表现，已明显对求真务实的原则要求有所偏离。此风实不可长！

"意见"建议在高校"能尽量减少一些评估、检查与考核，使大家把更多的心思用于教书育人与学校管理，用于学术创新"。看来，评估、检查与考核也不一定主要靠填表，这不仅是省时间，主要是重效果。两院院士产生的办法是推荐、评选，不用本人填申请表，虽然难以推广，但可从中得到启发。区别对待应比一刀切、一锅炒好，不愿自找麻烦、自得烦恼、自讨没趣、自取其辱的人也许不多但大概还有。

（原载《中国行政管理》2006年第9期）

案例教学

在应用学科领域，对于通过案例分析进行教学研究的方法，普遍给予高度重视，包括公共管理、行政管理、城市管理等在内的各种管理学科也不例外。

较早采用这种方法的，有医学、法学、军事学等。我们很清楚地看到，它们所用的案例不同于一般的举例，也不同于故事、演义、新闻采访和报告文学之类，而是根据教学研究的目的要求，理论结合实际地对素材加以整理、编写、加工，以适应教学研究的需要并收到学以致用的效果。

案例法的运用虽明显有助于减少"纸上谈兵"之弊，有利于汲取前人的经验教训，但如缺乏专业基础理论知识，仍难以深入或仅停留于就事论事，获益不大。又，案例若过于简单、浅白，价值也不高。

一个善于治病救人的良医，必须对医理、药理、生理、心理、病理等颇有造诣，加上丰富的临床经验，才能有效地治疗疑难杂症。关键在于做出正确的诊断，然后对症下药，做到药到病除，甚至出现起死回生的奇迹。当然，也有"杀人不用刀"的庸医、急惊风遇上了慢郎中以及医德败坏之流，那些都只是各种程度不同的败类。

一个公正的法官或优秀的律师，需要有深厚的法学功底，包括具体的法律知识和对案情的分析能力，还要刚正不阿，才能坚持公道，避免冤假错案的发生。本来法治的主要作用是要维护正义和惩治邪恶，但在现实生活中，也有以专门钻法律条文的空子为能事的"讼棍"或公然践踏法制尊严的"霸王"，我们应当保持警惕，不可放过。

一个能征善战的将军，一定精通兵法，把战略、战术的知识机动灵活地用于实战而取得胜利。有时，在条件相同或处于劣势的情况下，也能转败为胜或转危为安，那可真的是"运用之妙，存乎一心"了。古今中外著名的战例很多，大家都在认真学习，但效验各异，便很值得深思。其中的"奥妙"之一，可能是重在受到启迪，不宜照搬照套。

管理类学科的案例教学，大体上也应该如此。由于学科的发展在各国、各地和各校不平衡，有利条件大可参考借鉴，切勿闭户造车，同时也要注意自身特色。

（原载《中国行政管理》2006 年第 12 期）

案例大赛

关于案例教学，在《中国行政管理》2006年第12期已发表过一篇短文。这里要谈的，是正在进行的一场"大学生公共管理案例大赛"。它由中山大学新华学院主办，向全国（含港澳台）各高校的院系领导发了邀请函。不少有关人士对它很感兴趣，并对其开展过程和实际效果予以关注和期待。

本来，任何具有参考借鉴价值或教育指导意义的经验教训，均非凭空出现，而是有因有果、有理有据的。在公共管理、治国理政方面，广义的案例可大可小，真可以说是随时、随地、随人、随事、无所不在。古今中外，都是如此。试看历史上的兴衰存亡，现实中的顺逆成败，莫不有其来龙去脉。

远的不去说了，即以庆祝中国共产党成立95周年这件举世瞩目的大事为例。中央电视台放映的32集短片《筑梦路上》就说明了发人的深省问题。中国能有今天，绝不是偶然的，更不是突然的。全世界早已开始把中国崛起作为一个重大的"案例"在研究。我们自己所要坚持的道路自信、理论自信、制度自信和文化自信，也都是对革命和建设实践经验的科学总结。于是，建设新时代中国特色社会主义现代化道路，培养和践行社会主义核心价值观，努力实现国家富强、民族振兴、人民幸福的中国梦，已经成为全民共识。对此，各国人民中已有人认为中国梦也应是全人类所共同的梦。

现在，可供制作优秀案例的素材很多。让各类优秀案例相互启发、推进、带动，必将起到更好更积极的作用，也能把工作做得更好。诸如在"四个全面""三严三实""五大发展概念""坚持以人民为中心""不忘初心，继续前进"等方面，可列举的好人好事极多。除报刊常有报道外，我们身临其境，具体接触，感受更深。中国人不仅真正站起来了，而且越来越富、越来越强。"世界第二大经济体"不是自封的，联合国已十分明确：中国贫困人口的减少是全球最多和速度最快的。我们的"两个一百年"又在指明什么，通过大大小小的案例亦不难让人们看得一清二楚。因此，我们应该增强信心、鼓足干劲、勇往直前。

（原载《中国行政管理》2016年第8期）

学术腐败

说起学术腐败,当我们试回首往事和放眼世界时,几乎可以肯定的是,古今中外程度不同地都有过这一现象。有人因而觉得"不足为怪"。常言道:"少见多怪,多见少怪。"会不会再普遍些,就一点也不觉得怪了呢?还确实有这样一种说法,叫作"见怪不怪,其怪自败"。可是,很有必要澄清一下的是:那只是指一般异常的言行服饰之类而言,"无关宏旨""无伤大雅",无须太当回事去认真对待,而贪赃枉法、以权谋私的腐败现象,包括弄虚作假、欺世盗名的学术腐败等在内,是根本没有可能"不怪自败"的。实际的发展趋势倒是假如听之任之,必将愈演愈烈,越来越不像话,会毫无忌惮地破坏共同事业和损害共同利益,后果会非常严重。

为此,对于腐败现象的正确态度,应该是旗帜鲜明地坚决反对、严厉制止和积极预防。不能"不怪",而要"大怪特怪",既要治标,更要治本,力求做到正本清源和弊绝风清。也就是要横扫一切歪风邪气,还我学术研究的科学精神和求真务实的本色。

关于彻底治理学术腐败的问题,就像医病。首先要弄清

"症状",看看有些什么表现形式,其次要分析"病因",然后做出正确"诊断",再就是"对症下药",以期"药到病除",恢复健康。其中最重要的环节,莫如找准"病因"而且"药"能"对症"。否则拖延、恶化,使"病情"加重,直到"病入膏肓",无可救药。

人们常说:"打假不可假打。"所以,要清除学术腐败,一定要动真格。连同当事者一起,大家在思想感情和态度上争取一致和达成共识,即把这种腐败看作学术界的奇耻大辱,对它深恶痛绝,不可容忍。在具体分析时,必须实事求是,主客观因素之间要有区别也要有联系。外因要通过内因而起变化不能否认,意志坚强、一丝不苟者大有人在,但也不宜完全无视环境的消极作用或负面影响,尤其是具有"指挥棒"性质的政策措施、规章制度,也很值得深思、反思。人们在谈论科技"泡沫"、学术"垃圾"时,主要是说学术造假有"泛滥"之势,并非苛求在正常情况下,每项成果都是精品。问题便不约而同地集中到某些失之简单和不尽合理的所谓量化要求上。重量不重质,结果只能是"文海战术"大行其道。

(原载《中国行政管理》2007年第1期)

实事求是

在理论和实践方面、正式和非正式场合，以及日常生活中人们撰文或讲话时，对于"实事求是"一语，使用频率应是最高或较高一类的了。别小看这简简单单的四个字，要真正地完全做到、做好，却不是那么容易。其主要甚至是最大的障碍，很可能是形式主义。有了"哗众取宠"之心，便会忘了"实事求是"之意。

关于形式主义的思想和行径，只要沾一点边，或者稍有一些倾向性，即将愈陷愈深，终会难以自拔。结果总是害人害己，严重的还要误大事。古今中外的实例不胜枚举，眼前和身边的例证，即使不能说俯仰皆是，也不难信手拈来。由于司空见惯，已常是触目而并不惊心。问题更在于，有的人不仅不以为然，甚至加以赞赏和仿效。表明这种歪门邪道还有"用场"，也就有了"市场"。

2002年12月15日《文摘报》的"微型论坛"转载的一篇短文所谈的事情，就颇有现实典型意义。文章说的是一项"造字工程"：在某省一个"国家级贫困县"的某山村，用石头制作了一幅四字标语——"封禁治理"（封山、禁伐、治理荒山的简称）。这幅标语，5个村的1 200多农民，辛苦了1个多月才做成。其过程是先在半山腰上挖 40 厘米的槽子，再埋入石头，用水泥抹平，涂上白色涂料。所有石头、水泥、砂、水等材料都需要从山下搬运（从挑水的地方再到标语中最近的一个字要 40 多分钟），其代价之高可想而知。短文作者问得好："这里的领导干部修建石头标语是为了什么？造福于民？保护水土？在我看来，更像是在搞形式主义，是为了吸引上级领导的眼球。"①

本来，进行宣传很有必要，但不能不考虑条件和效益。特别是在还远没有脱贫的比较贫困的地区，花这么多劳力、时间、资金去做些什么，是应当认真权衡的。这里有一个科学、民主决策问题，"长官意志"对"想怎么干"虽然也常可以说得头头是道，但往往经不起反映集体智慧的论证。再说此举在进行之际是否有过异议和事后评论如何，都没有报道。看来，前前后后，说事关党的十六大提出的政治文明建设似不为过。形式主义与实事求是势不两立的，政治文明水平提高了，必将明显有助于减少形式主义和加强实事求是。

（原载《中国行政管理》2003 年第 4 期）

---

① 邱贵平. 可怕的"造字工程". 人民网，2002-12-12.

哲学该热

最近消息传来，法国重新兴起"哲学热潮"。作为法国第一份从哲学角度观察现代社会的杂志《哲学》的负责人认为："危机通常是孕育哲学的沃土。"他指出，在全球危机的形势下，读者们尝试从哲学刊物中寻找有关危机的信息、解决危机的答案和危机的发展前景[1]。其实，"临时抱佛脚"不如"功夫在平常"，也就是哲学该热，应该成为经常性的热门学科。

原因很简单，无论自觉或不自觉，各种各样的人总离不开一定的世界观，包括人生观、价值观、幸福观、荣辱观等和方法论。所有思路、认识、理念之类，都直接或间接、程度不同地接触和联系到哲学范畴。关于这一点，我们不难从实际生活和学术习惯方面得到证明。

中国人重视讲"理"，常说："有理走遍天下，无理寸步难行。"有时也出现"公说公有理，婆说婆有理"的局面。其中就不免包含哲理因素。西方人干脆把"这是我的哲学""那是你的哲学"挂在嘴边，似乎各有各的哲学，谁也不能被别人说服。

---

[1] 法国与哲学的回归. 世界报（西班牙），2010-12-01.

在学术研究中，欧美的"哲学博士"是一种行之已久的学位。这里不能顾名思义，它并非专攻哲学的学位，而是涵盖不少其他学科，从哲学高度来要求的通用学位名称，即可以有不同的研究领域。硕士学位一般也只分文、理，不标明具体学科，与专业（职业）学位有别。

另外一种现象是哲学研究属于社会科学研究范畴，可平时说起来常是"哲学社会科学"。不是故意"突出"哲学，而是哲学的性质、地位和作用决定了它的特殊性。因为在社会科学和自然科学诸学科中，无不涉及与哲学有关的问题，因此要普遍加强哲学教育。

对此，法国教育部长宣布部分中学将提前两年开始哲学教育，使公民教育更贴近哲学。一项实验表明，对 3~4 岁儿童进行哲学教育亦可有效①。可见哲学思潮的兴起绝非偶然。

当然，哲学有许多流派，要学习研究必须加以比较和选择。实践证明，辩证唯物主义与历史唯物主义作为马克思主义三个组成部分之一的哲学理论，是放之四海而皆准的哲学。与之一脉相承的毛泽东思想、邓小平理论、"三个代表"重要思想和科学发展观的正确性，早已逐步由中国革命、建设和发展不断取得的伟大胜利所证实。带来胜利的哲学岂不更该热起来和热下去？

（原载《中国行政管理》2011 年第 7 期）

---

① 法国与哲学的回归. 世界报（西班牙），2010-12-01.

大势所趋

前不久，喜读附有丰子恺漫画《今非昔比》的《论汉字再简化——让汉字成为易识易写易记的文字》一文①，深有同感。对于有专家学者恢复汉字繁体字的呼吁，确是观点虽异而目标相同，都是为了使汉语能更好地推广和发展。

本人对于汉字没有研究，只是作为一个长期应用者，谈点印象和体会。前面已经说过"深有同感"，也就是认定汉字的简化和再简化是不可能逆转的大势。这并非发自什么知觉或主观愿望，而是以历史实践为观察依据的。

从历史发展过程来看，繁体与简体之间的区别早就颇难划分。如果说要恢复的繁体字是目前被简化了的一些字，其实不少本来已是简体字，一般人心目中的繁体也是如此。翻阅《康熙字典》，便很容易找到许多具体例证，其中古繁后简和古简后繁的都有，但前者居多。现在的简体字，不少属于再简化之列。最典型的莫如"尘"字，其较早的写法是三个"鹿"字下面一个"土"字，后来简化为"鹿"字下面一个"土"字，如今又

---

① 周溯源，张广照. 论汉字再简化：让汉字成为易识易写易记的文字. 光明日报，2013-02-14.

省去那么多笔画，岂不很妙？

从应用实践情况来看，求简是比较普遍的倾向。这在《康熙字典》里常有注明是"俗字"的例子，明显的特点之一是相对简便，不少人乐于采用。似乎"以讹传讹"，又很像"约定俗成"。后来不流行的也有，可见存在选择。目前我们所用的"乱""万""与"，原来古已有之，甚至"从"是"纵"的本字等。

因此，若要认真对待恢复繁体字的倡议，确实不大好办。而简化和再简化的趋势却是明摆着的客观事实，并且简化和再简化的潜力不小，或者可以说还大有可为。相信作为有心人的相关专家学者正在研究，广大的汉字使用者也可以各抒己见。仅行草楷化一点，便颇有可供考虑的余地。如果方块字里能容纳连笔、圆笔之类，会不会更有活力？记得曾有外国学者提出把已简化了的"译"字再简化为简化的"言"旁加个"一"字，并称音义兼顾，也不失为一家之言。当然，简化应当慎重，以免混乱。

为了读懂古书需要认识繁体字，那确实应该有所安排的。有人主张识繁用简，恐亦不宜作全面要求。至于在繁简杂用时闹了不少笑话，主要原因仍在于不安于简，而有崇繁心理又不知繁简关系，以至将"皇后"作"皇後"、"范"姓作"範"、"沈"姓作"瀋"之类，还可能自以为是。

（原载《中国行政管理》2013年第7期）

性别平等

性别研究的重要意义不言而喻。对于中国妇女研究会与天津大学公共管理学院共同举办的"社会性别与公共管理论坛"及研究、培训和系列活动,我曾写过我所想说的几句话:构建社会主义和谐社会,必须落实以人为本全面协调可持续发展的科学发展观,并要有优质公共管理为之服务。试想社会的组成,"和谐""全面""协调"各何所指,即可明确"社会性别与公共管理"之间关系及其自然又非常密切,对之进行研究完全有必要,且具有重大、深远的理论和实践意义:公共管理性别研究,事关两个半边天。以人为本当全面、协调和谐齐向前。

这里用"性别平等"来表述,似乎较易被人们理解、认同和接受。因为"男女平等"或"女男平等"难免先后、重轻之别,可能有"大男子主义"或"大女子主义"各种极端之嫌。不过,问题的实质,还在于是否真正地实现了应有的平等地位,而不是徒托空言,甚至只是说得好听。同西方社会稍有接触的人大概都知道,那里的绅士们把"女士优先""女士第一"经常挂在口边,一些小动作的表演也很熟练。可是,在政治、经济、社会、文化等重要领域,女性受歧视的现象仍普遍存在,

· 315 ·

有的还相当严重。"女权运动"的兴起绝非偶然，也正是现实证明。

在这方面，最可鄙的莫如那些以"人权卫士"自居的厚颜狂妄之徒。他们对己粉饰太平、虚张声势，对外指手画脚、说三道四，奉行双重标准。仅就性别平等而论，他们不顾差距尚远的事实大吹大擂，却对别人实实在在的进步熟视无睹、置若罔闻。当然，我们深信并且坚信："是非自有公论，公道自在人心。"在及时揭穿此辈的丑恶嘴脸和险恶用心的同时，继续坚持走自己正确的路，把工作做得更好。构建社会主义和谐社会绝对少不了此项重大内容。疏忽了这一点，便根本不可能有什么和谐社会。必须十分明确，以人为本的科学发展观中的人，根据我的认识和体会，应当着重强调：第一，每个人的生存和发展都受到尊重；第二，在法律面前人人平等，性别平等属天经地义；第三，人的整体既是发展所依靠的力量，又须将发展成果共享；第四，全面关注人的身心健康，不断追求人的全面发展和社会进步。

（原载《中国行政管理》2008年第7期）

文盲代价

人类社会的最新发展已经进入信息时代和开始推行知识经济了。文盲、科盲、法盲之类都不能适应共同进步的要求。值得注意的是科盲、法盲虽不一定是文盲，但文盲则往往必然会导致科盲、法盲。因此，扫除文盲的重要性也就不言而喻。当然不是说科盲、法盲不用扫，这里只是集中谈谈关于文盲的问题。

2012年，世界扫盲基金会发表的一份报告称：文盲造成的社会和经济影响使中国每年损失约1 360亿美元[①]。姑且不论这个数字是怎么算出来的和是否准确，我们不妨暂据此做一番考察。按人民币计算，这一损失相当于8 500亿元左右。我们不难估计，每年若能省下这一大笔损失，将可以办成、办好多少事情！这是一个不可掉以轻心的数字，只要稍作对比便令人大吃一惊。

不过，这还远非或至少不仅仅是个货币数字的问题。诚如上述报告的参与编写者所说："要把文盲现象当作一种必须根除的顽症。"它关系到当事人的一生，并且文盲的数量和教育水平足以反映社会文明程度。我国文盲率虽已从2000年的6.72％降至2010年的4.08％，但到2010年10月底，仍有

---

① 李砾. 中国内地文盲代价——1 360亿美元. 南华早报，2012-03-31.

5 460万人是文盲,扫盲工作尚待继续努力。

这显然与全面认真落实九年义务教育有直接联系。可喜的是,国家预算对教育的投入呈逐年增长的趋势。我国已提前实现全民教育两大目标——实现初等教育的普及和成人扫盲[①]。一位实际工作者曾说"经费也是扫盲面临的一个问题"[②],其中包括调动成年文盲上扫盲班的积极性所需的奖励和业余时间在扫盲班代课教师的报酬等,看来都应该不难解决,关键在于通过媒体和内部程序,力求做到"下情上达",让有关部门领导发挥作用。重视节约,减少浪费,相当宽广的潜"财源"便将不一而足地显现出来。

这样说是有根据的。在前不久的"两会"期间,全国政协副主席李金华建议将反腐倡廉写入《政府工作报告》。他在指出铺张浪费问题在某种程度上比腐败更严重之后曾说:"政府部门能紧一紧、省一省,作风方面稍微改进一下,一年节省几千亿不成问题。"[③]他认为,铺张、奢靡之风从上到下几乎司空见惯。可不是吗?在同一消息报道中,九三学社估计,目前全国一年公款吃喝开销已达3 000亿元。相比之下,2009年国外行政管理费用占财政支出的比重普遍低于10%,多在5%以下,我国则高达18.6%。我们深信委员、代表们的发言是负责任的。对于这方面的改革有待抓紧、深入。

(原载《中国行政管理》2012年第7期)

---

① 光明日报,2012-04-14.

② 李砾. 中国内地文盲代价——1 360亿美元. 南华早报,2012-03-31.

③ 王秀强. 李金华谈三公消费改革:紧一紧,一年节省几千亿元. 21世纪经济报道,2012-03-07.

误译当纠

有错必纠本来应该算得古今中外人们已有共识的一条重要原则。尽管在历史和现状中还存在不少将错就错或以讹传讹的情况,但一般来说,那些可能都是无关宏旨、无伤大雅的事,有时甚至成了约定俗成之事,不在移风易俗之列。

在语言文字的翻译方面,也有不少类似之处。完全符合"等值"要求的固然很多,但仍不乏一些大体上过得去的。如果错得太离谱了,还是要及时纠正,以免导致失误。比较近期的例子就是把孟子译成"门修斯"和把蒋介石译成"常凯申",真的令人莫名其妙!

当然,由于历史原因或尚未觉察的误译可能还有,那就需要发现一个,研究、讨论和解决好一个。这里提出关于汉字"龙"的正确英译问题,便是有待认真考虑的一例。本来,在中国传统文化中,龙只是传说和想象,及并未真正存在过的一种形体奇特的神兽、圣兽。众所周知,"龙"的英译是"dragon",但最近却不断有学者呼吁为"中国龙"正名,为什么呢?

这些学者认为,将"龙"翻译成"dragon"是"完全牛头不对马嘴,且有妖魔化中国之嫌,易引起文化误解"[1]。这个翻译的始作俑者是西方传教士马礼逊。彼时,中国正处于鸦片战争时期。在英文字典中,对"dragon"的解释明明是指凶暴的人、严格凶狠的监护者,例句"the old dragon"也是魔王、魔鬼的意思。对照马礼逊的《约翰启示录》,"dragon 被描述成魔鬼撒旦的化身,代表着异常邪恶的力量,基督教徒对之充满恐惧和憎恶"[2],可见译者决非无心。

  谬误流传了这么久,确是该改变了。在没有相应名词的情况下,学者们建议用音译是可行的。先例颇多,不必列举。较近的如"不折腾",据说外文反复试译,仍难表达原意也不能传神,终于选择音译。说到音译,有人认为"龙"应译为"loong"[3]。不过,英语中的"loon"是笨蛋、傻瓜、游手好闲者的意思。"loong"则是疯人、大傻瓜或发疯的、极愚蠢的形容词,为避免相近混同,按汉语拼音译作"long"如何?可以参考的是"龙眼"(水果)早已通译为"longan"了。我们英译的姓名也是按汉语拼音,如夏已不作"Hsia"而作"Xia"。

(原载《中国行政管理》2012 年第 1 期)

---

[1][2][3] 熊启煦. "龙"为"dragon"系马礼逊误解. 烟台大学学报,2011(2).

勿轻汉语

汉语是我们的母语，是我们所拥有的一种天然优势。为了同国际接轨，现在强化英语学习是完全必要的。但是，与此同时，如果在有意无意中，对汉语有所轻忽，而致降低汉语原来的水平，那就未免太可惜了。

全世界为中国巨大市场及其更大潜力所吸引，正掀起一股前所未有的学习汉语的热潮。欧美不少高等院校增授汉语课程或增设汉语系、科。有"中文 TOEFL"之称的"汉语水平考试"（HSK）也已开始流行，且发展得很快。

据说，国外许多企业和外事部门招聘员工时懂汉语者优先采用，并获得较高工资。在韩国首尔的地铁中，韩国公民利用乘车时间阅读汉语会话读本，已非偶然见到的现象。在华裔、华侨聚居的地区，中文报刊和广播、电视也与日俱增。统计表明，华人最感兴趣的网上信息，是用中文表达的。至于有些外国人在路上碰到中国人，借机表示友好和练习汉语的事也多起来了。

说到网络语言，根据联合国一项互联网研讨会报告，目前全球 4.6 亿互联网使用者中，英语背景的使用者仍占些微多数。

这种情形虽然反映了这个系统是由美国起源并得到发展的事实，但是随着互联网在国际间的日渐普及，这种状况也正在出现迅速的变化。该报告预测，到2007年时，汉语可能超越英语而成为全球互联网使用最广的一种语言。世界智慧财产权组织（WIPO）也表示，如果发展得快的话，到2002年大多数互联网使用者都将掌握一种母语以外的语言，而到2003年，将有1/3的网络使用者在线上使用英语以外的另一种语言[①]。两相对照，可知上述报告中的预测不是无稽之谈。

还有一次闲谈，给作者的印象很深。说的是在香港回归之前，一位香港名人曾表示最缺乏得力的"双语秘书"，即中英文都好的人才，还说"你们能培养多少我们就要多少"。这是因为事实上"双语"（包括文字功底）同时真正过硬者确实不多。

（原载《中国行政管理》2002年第3期）

---

① 钟声. 进逼互联网第一语言　汉语六年后当"老大". 新快报，2001-12-09.

"热"则不"难"

关于汉字和语言问题,曾分别发表过两篇短文。大意是说汉字有生命力与潜力,汉语是否难学取决于其被需要的程度。一个崭新的例证是:在对中文将纳入俄罗斯"高考"的特别报道中,记者所用的标题为《汉语"难"挡不住学汉语"热"》[①]。可不是吗?凡事"热"了,"难"便靠边站。

在学汉语"热"的全过程中,仍遇到不少难题。以俄罗斯为例,由于青少年对学习汉语抱有极大热情,国内喜欢汉语的人越来越多,"中文热"席卷了整个俄罗斯大地,政府也给予积极支持。一位深谙中国文化的俄罗斯老友告诉记者,汉语列入"高考"表达的是俄罗斯政府的政治意志,同时也是俄罗斯年轻人对未来人生的个人选择。这正是"热"则不"难"的关键所在。

常言道:"天下无难事,只怕有心人。"这个"有心"就是对一件事的"有志""有趣",总想做到最好。但表现为"热"的志趣,并非偶然、突然产生,而是自有其原因。上述报道中

---

① 汪嘉波. 汉语"难"挡不住学汉语"热". 光明日报,2016-02-05.

说了：将中文纳入"高考"的设想，离不开两国关系日益紧密、经济和人文合作蓬勃发展的"源头活水"。在世界范围内的学汉语热逐步升温，也无不反映中国发展现状。因工作需要选学中文的人越来越多。

既然如此，畏难情绪便被积极进取的精神代替了。不仅如此，已有很多人开始体验学习中文的快乐，更有人认为学习中文为人生打开了另一扇窗户。本来，这种"热"一定程度上基于广大群众的自觉自愿。中国春节已愈来愈受到全球性的关注并成为世界性的节日。

面对诸如此类的情况，我们应怎么看又怎么办？毫无疑问，我们必须不断加强道路、理论、制度、文化自信，努力地提高自身素质，为落实"四个全面"，"三严三实"，创新、协调、绿色、开放、共享"五大发展理念"，实现国家富强、民族振兴、人民幸福的中国梦而继续奋勇前进！为建设全人类共同美好家园做出应有贡献！

（原载《中国行政管理》2016 年第 5 期）

赶快补课

在最近开展的一系列纪念邓小平同志诞辰110周年的活动中,各有关方面的发言、讲话和专题文章很多。大家对小平同志的深切缅怀,以及抚今思昔和展望未来都充满敬意和信心。对此,本人除颇具同感和共识外,这里拟试从社会科学角度,由小见大,见到小平同志的高瞻远瞩和统筹兼顾。

"科学当然包括社会科学"①。这是他在科学和教育工作座谈会上讲的。随后又在党的理论工作务虚会上的讲话中谈道:"我们面前有大量的经济理论问题,……列宁号召多谈些经济,少谈些政治。……不过我并不认为政治方面已经没有问题需要研究,政治学、法学、社会学以及世界政治的研究,我们过去多年忽视了,现在也需要赶快补课。"② 紧接着还说:"凡是能学外国语的都要学外国语,要学到能毫无困难地阅读外国的重要社会科学著作。"③ 这三句话——"科学当然包括社会科学""赶快补课"和"读外国的重要社会科学著作",曾经使社会科

---

① 邓小平. 邓小平文选:第2卷. 北京:人民出版社,1994:48.
②③ 同①180-181.

学界大受鼓舞。因为都说到点子上了：过去我们习惯于重理轻文，人文社会科学似乎无足轻重甚至可有可无，现在为了补救必须赶快补课；至于学好外语阅读外国重要社会科学著作，则更是洞悉实况之谈，由于等待翻译出版，有个难以及时和保证"等值"（译文质量）的问题。

以行政学（公共行政学、行政管理学、公共管理学）这一学科为例。它原是高校政治学系的必修课程，曾于1952年高校院系调整时随政治学系的撤销而消失。但至1979年经"赶快补课"的号召后，有关学者积极行动起来，并得到国务院办公厅和国家人事部领导的高度重视，较快地恢复了该学科的教学研究。现在除高校系统有专业院系，授予学士、硕士、博士学位，设博士后流动站和全国重点研究基地等之外，有国家行政学院，各省、自治区、直辖市和很多市、县也有行政学院，学会的情况也大致如此。专业期刊、书籍的出版和国际交流等活动日益增多，仅由我国几个单位主办的国际研讨会2014年已达10届。学科补课的任务进行得较好，现在的问题是应该发扬邓小平改革开放发展创新的精神，让学科更好地为建设新时代中国特色社会主义和实现中国梦服务。

（原载《中国行政管理》2014年第11期）

经常提醒

在关于社会主义核心价值观基本内容的宣传活动中,有一项工作做得很好,即在许多报刊和电视屏幕上经常出现"富强、民主、文明、和谐、自由、平等、公正、法治、爱国、敬业、诚信、友善"这24个大字,有家喻户晓、深入人心之效果,亦有时刻提醒的作用。

联系到有关情况,不能不联想到不少重要原则性的要求,如几大什么、几项什么之类,似也应经常提醒或随时说得具体些好,使人明白并加深印象。例如,"八项规定"就是一个可能算得恰当的例子。因为某些文章或报道、讲话等在针对"八项规定"发表意见时,常从头至尾只简简单单说到这四个字,而没有提究竟是哪八项。也许以为是大家已经知道了,不必啰唆。其实未必,还是提醒一下好,稍多占一点篇幅和时间也值得。

在2014年11月27日第11版《光明日报》的"党建"版面上,《八项规定这两年》这一专题报道写得很好。全文3 000多字,其中关于"四风"也多次提及,并指明是哪四风。可是从大标题到所附漫画,尽管"八项规定"共出现了23次,却无一次将哪八项完整叙述出来(实际上有一次也是可以的)。

原因大概仍是以为不必。可是从效果，尤其是全面和长远的效果来考虑，有机会多说一次，值！

上述报道的开头说："'八项规定改变中国''八项规定，它是新时期的'三大纪律，八项注意'……这些具体生动又意味深长的话语，道出了人们对中央八项规定的由衷赞许。"话说得很对，也让人们回忆起过去的"三大纪律，八项注意"。那曾经是编成歌来唱的，不仅解放军战士人人知晓，解放区许多基层的老百姓都能说得出，更不用说广大干部了。由于没有普遍和深入地进行过调查研究，"猜想"只能是主观的，虽曾试问个别党员干部，这"八项规定"到底是哪八项，却没有得到较快的和令人满意的答复。当然，这也可能是个别现象。

报道虽也说明"中共中央政治局召开会议，审议通过关于改进工作作风、密切联系群众的八项规定。……体现了'治国必先治党、治党务必从严'的坚定决心"，后来也分散地提到不少个别的事项，但始终没有有针对性地和具体集中地说清"八项规定"是怎样落到实处的。倘若认为已经不用，但愿如此，那就太好了。

（原载《中国行政管理》2015 年第 2 期）

学科盛会

为庆祝学院成立三十周年，武汉大学政治与公共管理学院同中国行政管理学会和美国行政学会联合举办了"国家治理与公共政策创新国际学术研讨会"。这是一次学科盛会，遗憾的是因故未能参与，只信笔写了以下很简单的八句话："中华崛起岂偶然？治国理政本多元。记取特色坚自信，创新引领集群贤。武大公管三十年，不忘初心永向前。努力共圆中国梦，喜迎日月换新天。"这其实是原来准备在会上发言的高度概括，不妨略予展开以明学科在中国的发展。

首先，前四句说的是任何一个国家的现实状况，都无不与治理方式、水平等密切相关。中国之所以能和平崛起，也同样有如何治国理政这一极其重要甚至是具有决定性的因素。但是，由于各国的具体国情不同，治理理论和实践也自然表现为多元化。那种以某种模式为唯一和最高标准的论调，实质上是欺人之谈。事实已充分证明，我们走建设和发展中国特色社会主义的道路是完全正确的，因而必须坚定不移地继续加强道路、理论、制度、文化自信。众所周知，我们的发展理念是创新、协调、绿色、开放、共享。值得注意的是创新居首，因为不创新便难以发展，我们的老祖宗早就再三强调"日日新又日新"了。这次学科盛会也正是要听取专家学者们的新观点、新经验,以便互相参考借鉴。

其次,后四句说的是学院办学,即进行学科专业教育的问题。目标是培养建设和发展中国特色社会主义治国理政的优秀人才。不可忘记的"初心"就在这里。事关全局的社会主义核心价值观一定要深入人心并见诸行动。国家要富强、民主、文明、和谐,社会要自由、平等、公正、法治,个人要爱国、敬业、诚信、友善。大家都要尽心尽力,为实现中华民族伟大复兴的中国梦多做积极奉献。现在,全面实现社会主义现代化小康社会正指日可待。"两个一百年"(从现在到 2020 年,是全面建成小康社会决胜期;从 2020 年到本世纪中叶可以分两个阶段来安排,把我国建设成富强民主文明和谐美丽的社会主义现代化强国)已为期不远。此外,海内外对中国的发展纷纷议论,诸如:"从 G20 杭州峰会看中国在全球治理中的角色"①、"中国或将成为世界发展的领头羊"②、"如何理解中国的巨大成就?"③"从中国的改革开放促进全球的改革开放"④、"中国在人工智能研究领域超过美国"⑤,对这些我们又应该有怎样的体会和感悟呢?

(原载《中国行政管理》2017 年第 1 期)

---

① 魏艾. 从 G20 杭州峰会看中国在全球治理中的角色. 海峡评论, 2016 (10).
② 林毅夫. 中国或将成为世界发展的领头羊. 海峡评论, 2016 (10).
③ 宋鲁郑. 如何理解中国的巨大成就?. 海峡评论, 2016 (10).
④ 杨开煌. 从中国的改革开放促进全球的改革开放. 海峡评论, 2016 (10).
⑤ 中国在人工智能研究领域超过美国. (2016 - 10 - 13). http://www.washingtonpost.com

卷七　治学箴言与人生寄语

　　做学问一定要认识到自己的渺小与不足，不断地读书、充电和加油。我从来不同意"人到中年万事休""七十老翁何所求"这类的说法，只要一息尚存，我就会在学术道路上继续前行。

——夏书章

敬用五事

这个题目原是我国古籍《尚书·洪范》里指（一般当官的）修养身心的五个方面，就是："一曰貌，二曰言，三曰视，四曰听，五曰思。"一目了然，似已不必再加解释。在表示重要性的排列顺序上，宋代王安石在其《洪范传》中认为："五事以思为主，而貌最其所后也。"此言有理。"以思为主"，亦即凡事总要动动脑筋，谁说不是呢？

看来，这句老古董，虽然时代背景不同，但其具体要求仍可古为今用。在强调执政为民、为人民服务、由人民当家作主，发展社会主义民主政治的今天，试就某些有关实际情况而论，要注重"敬用五事"，岂不更加应该给广大公共管理人员认真提个醒吗？

以在某报近日刊出的一期"读者版"内容为例，其中包括读者"点评""直言""呼声""交流"和"编读"等栏目，8篇短文（见《光明日报》2004年10月16日A4版）无一不涉及执政水平、态度和能力，也正好表现于"貌、言、视、听、思"，尤其是不能不令人发问：各有关方面对事情是怎么想的，或究竟有没有想过？

在《请为教师减负》的呼声中，反映的是某县中小学教师压力过重和分数是评价的唯一标准，以及"音、体、美、劳"形同虚设等。

在《控制辍学后有法律保证》的交流意见中，反映的是农村义务教育辍学失控，如允许辍学、要求退学、谎报辍学率、厌学、贫困等。

在《多一些笑脸》的点评中，说的是某些干部对下级、对群众"冷若冰霜"，没有好脸色。

在《公厕何必成"星"》的直言中，说的是打造"日式""欧式"等"四星级"公厕，用花岗石贴墙，安放彩电、VCD等。

在《减少城建中的浪费》《莫用金钱划等级》《厌农教育要不得》等直言中，分别指出的是问题不受重视，不听取群众意见和说话，办事不顾后果、影响，甚至应制止而无行动等。

在《改进文风需各方努力》的编读意见中，说的是某些讲话稿的"八股"味：照本宣科、说空话、浪费时间等。

由此可见，我们的公共管理人员都确实需要一个好的精神状态：发表意见、观察形势，听取意见也都要用心思索，工作才能使公众满意。若说这些属于基本功，那就要勤学苦练，去下功夫。

（原载《中国行政管理》2005年第2期）

九项能力

2004年1月,人事部公布《国家公务员通用能力标准框架(试行)》,适逢某班行政管理专业研究生期终考试,任课老师临时在试题中增加了这方面的内容。问题很简单,就是国家公务员需要具备哪九项通用能力。因为今后公务员的培训、录用、竞争上岗、考核都将以这一标准框架作为参考依据。列入试题并非"为难"学生,而是观察和提醒平素所强调的"理论必须联系实际",培养复合型、应用型人才,不能仅靠书本知识等原则要求的落实状况。

毫无疑问,专业研究生的有关基础不同于一般本科生,更不用说中、小学生,因而在回答,特别是理解即使是同样一个问题时,其角度、广度、深度也大不相同。就九项能力而论,他们不应也不会停留或满足于知道、记得、背得,必然会进行有针对性的思考,包括为什么要具备和怎样才能拥有这些通用能力等,更重要的考虑便是在实践中如何发挥这些能力的作用,以取得较好的效果。

这里让我们看看这九项能力。既是国家公务员所通用的又是必备的究竟是些什么能力呢?虽然文件表明是"作为参考依据"的"试行"的"标准框架",但对它的重要性、严肃性不可低估。在试行过程中和试行以后，还要认真总结、修订，使之更加明确和正规化。因此，实践者和研究者也都不能掉以轻心。

一是政治鉴别能力。是一个辨明大是大非、识大体、晓大义、顾大局的问题。

二是依法行政能力。是一个有法可依、有法必依、执法必严、违法必究的问题。

三是公共服务能力。是一个真正做到、做好全心全意为人民服务的问题。

四是调查研究能力。是一个从实际出发，全面、深入了解具体情况，完成工作任务的问题。

五是学习能力。是一个树立终身学习观念，为不断开拓进取随时"加油""充电"的问题。

六是沟通协调能力。是一个作风民主，善于团结合作以顺利发展共同事业的问题。

七是创新能力。是一个解放思想、与时俱进、勇于开创新局面、登上新台阶的问题。

八是应对突发事件能力。是一个充分掌握有关信息、密切注意情况变化和及时采取有效措施的问题。

九是心理调适能力。是一个有强烈事业心和高度责任心，保持良好心态乐观向上的问题。

（原载《中国行政管理》2004年第9期）

听言观行

"听其言,观其行"虽是前人留下的一句老话,但它言简意赅,不仅没有过时,而且历久弥新,依然被广泛引用。为什么?很明显:看人论事,必须如此。这是从古至今放之四海而皆准的经验总结。英语里也有"in word and in deed"或"in deed as well as in word"(言行一致)之说。如果只"听其言"而信之,不"观其行"以证之,那么,判断是否"言而有信"便没有根据了。要是言不由衷、言过其实、言行相悖,说的原是不能兑现的空言和专门骗人的谎言,结果必致听信者轻则吃小亏,重则上大当。教训极多,岂能淡忘!

事实上,古今中外都有一些"食言而肥"的人。有趣的是"食言"在英语里有对应的说法:"eat one's words"。防治这种毛病的最好的药方,就是"听其言,观其行"。除了言行对照之外,在"听"和"观"上还应当有所考虑和讲究,提高辨别和分析能力,不宜简单、轻率从事。例如,讲者是谁、讲什么、怎么讲,主要讲给谁听,什么动机和目的等,听者是谁、听清、听懂和感兴趣否、听时感受和听后反应如何等,行者怎么行、言行是否完全相符、有无虚假现象等,观者严格核对或认真"验收"了否、满意程度怎样等,既要有思路、方法,也要有程序、制度。在面临重大决策之时,尤忌心中无数。

不是谁故意把事情弄得这样复杂,因为实际情况本来就不简单。"言"的种类(不是指语种和方言之类)、性质有别,"行"的表现、变化各异。若说"言为心声",有些事情确是"人同此心,心同此理",而很多时候却是"人心不同,有如其面"。人的行为也分善恶、正邪、真伪、虚实、显隐、难易,等等,不能等量齐观、一概而论。上述言行和听观双方存在互动关系。即使没有表错情或会错意,也难保主客观完全一致,何况还有可能夹杂其他因素包括感情或意气用事?因此,对于"言"的印象和对于"行"的评估,在正常情况下应力避成见、偏见,不可先入为主。遇到非常时刻,特别是紧急关头,更必须保持冷静、清醒。所谓忠言逆耳、危言耸听、妖言惑众、流言伤人、意在言外、谣言止于智者,要善于察言观色,都无非须增强洞察力。

(原载《中国行政管理》2005 年第 3 期)

说话算数

在西方民主政治活动中，流行发表竞选演说，以争取选票。此事由来已久，但一直名声欠佳，致有"选举结束，虐政开始"之说。这主要是指当选者把说过的好话习以为常地忘得一干二净，甚至倒行逆施。久而久之，选民们也知道政客们食言而肥，所以投票兴趣不大。

最近因查资料翻阅旧报，偶然看到一则其实没有多了不起的小消息。但是在特定的社会条件和时代背景下，国际媒体当作新闻来传播，总还算得是比较罕见的事。说的是不大城市的一位年逾花甲（65岁）的人的当选市长，因为他在竞选活动中，曾经许下如果当选将更加关注无家可归者的生活的诺言。所以，他接受了该市一名流浪汉的要求，去同他们一起度过一个夜晚。这就算是履行了诺言，用他自己的话来说，是他看到的许多事情都让人心碎。24小时短暂的接触，给了他与很多流浪汉交流和参与他们活动的机会，包括和他们共用卫生间："太可怕了，我要一直捂着鼻子才行。"[1]

---

[1] 埃菲社美国旧金山2003年4月24日电。

情况就这么简单，还要补充说明的是他的晚餐吃的是教堂提供的米饭、肉和沙拉；睡在公园里用的是自己带去的睡袋。再有一个细节，就是凌晨二时，一个警察把他叫醒，说不能在公共场所睡觉。看来，这幕《市长当"流浪汉"》短剧作秀的味道很浓，但应肯定的是他没有违背自己的承诺，并坦率地讲了做"流浪汉"的体会。对一个上了年纪又养尊处优的人来说，也可以认为多少是有点意思的。至于后来还会有些什么实质性的下文，例如怎样改善公共卫生间，解决那些让人心碎的问题，不再在公共场所睡觉等，则都不得而知。真正做到说话算数，可不那么容易。空头支票开多了，诚信便说不上。

咱们是社会主义国家，在革命时期就形成了关心群众疾苦和取信于民的传统。"进城"以后，好作风曾经有所淡化，有人已滑到忘本的地步。可喜的是现在高层领导以身作则，使世人耳目一新。讲社会主义政治文明，说话算数无疑是最重要的具体表现之一。应当深信，"群众的眼睛雪亮""公道自在人心"。光是信誓旦旦，却口惠而实不至不行。寄语广大党政干部，让我们共勉：发扬优良传统，掏真心、说真话、明实情、干实事，为全面建成小康社会大立新功！

（原载《中国行政管理》2004年第8期）

贵在有方

人们称赞领导工作做得好叫"领导有方",夸把孩子教育得好的父母"教子有方"。于是有"指挥有方""调度有方"等等,指对各个领域的管理,贵在"有方"。

"有方",一般理解为得法,即"方法"正确、适当。这没有错,但是还不够。不能把"方"仅仅孤立地、单纯地看作"方法"和作为技术性问题来处理。如果忽视相关的具有前提性的更高、更深、更远、更大的"方面",则"方法"虽好,成效却未必佳。有时,甚至很有可能走向反面,起到消极的、负面的作用。

何以见得呢?原因非常简单,事实也很清楚。办事者总有个立足点或立场,也就是所处的"方位"。譬如打仗,必须明确主攻"方向",不能乱打一气,混战一场,因而少不了要制定作战"方针",考虑实战"方略",提出兵力部署和攻守"方案",等等,然后才是交手的"方法"。兵法有云:知彼知己,百战不殆。对敌我双"方"情况的深刻了解,明显是"有方"内容中的一个至关重要的"方面"。

倘若只讲"方法",不顾"方位""方向""方针""方略""方案"等"方面",似与"有方"的原意不符。汉字往往一字多义或其义颇广。例如这个"方"字，除上述词语外，还有方正、正直的意思，像"智欲圆而行欲方"，便是如此。因而也借指准则或有原则。又如"大方"，可解释为根本的法则，或谓不吝啬、不拘束、不俗气为"落落大方"。至于说"见笑于大方之家"，其中的"方"就相当于"道"，"大方之家"是懂得大道的人，后来亦泛指见多识广之士。还有治病的如"药方""方剂""处方""配方"之类，都说的是对什么症下什么药，也可以视为治病用药的方案。总之，"有方"中的"方"，应当是广义的，才能表明其高度概括的意义。

因此，谈到"管理有方"，尤其是"治国有方"，都离不开有立场、有原则、有目的要求、有路线政策、有发展战略、有实施计划，以及领导者和工作人员的德才兼备（包括能掌握和运用的科学方法）。而有才无德之辈常热衷于邪门歪道，聪明才智适足以济其奸、助其恶，与"有方"背道而驰，属于丑类、败类。

（原载《中国行政管理》2001年第12期）

数贵切实

人们常说，待人接物、讲话办事都要"心中有数"。有信用、负责任叫作"说话算数"。很流行和受重视的"计量方法""定量分析"和实行"量化"，也莫不与"数"有关。现在更处于"数字或数码时代"，从"数字地球""数字城市"到"数字相机""数字电视"等等，真是到处是"数"。

但是，不管是什么"数"，总贵在切实，应该准确无误。差一点都不行，不用说差得太远了。因此，任何夸大、缩小的弄虚作假、营私舞弊的行为，皆应在坚决反对之列。什么"干部出数字、数字出干部"，无非腐败表现。还有巧立名目的"层层加码""雁过拔毛""经手不穷"的陋规恶习之类，正是不忠诚老实的证明。"一是一，二是二"才是数字的本色，耍小聪明，玩"数字游戏"或"数字花招"都经不起认真核实。

当然，不能排除用心、动机很好而由于计算方法欠妥出现讹误的情况。那无疑是性质完全不同的另一回事，与上述失实不可相提并论。但是，在不切实际这一点上，毕竟难以令人信服，影响或作用以及预期的正常效应也不能得到发挥则是事实。

· 343 ·

目前常见的例子，如本来想借一些数字所构成的比例去说明某种积极、热烈或紧张程度的，却由于计算不当而未能如实体现，还往往打了很大的折扣，则可能为始料不及。不仅如此，而且似乎有"约定俗成"的普遍趋势。究竟应该怎么看和怎么算，不妨一议。

在一般的招考、招聘活动中，离不开报名人数和录取人数的统计和对比。譬如报名2 000人，录取20人，或报名300人，录取3人，通常作2 000：20或300：3，然后简化为100：1；或报名30人，录取3人，通常也看作30：3，简化为10：1。也就是说，前者为20/2 000或3/300＝1/100，后者为3/30＝1/10，习惯上称之为"百里挑一"和"十里挑一"。按数学计算规则没有错，大家也认为这样被录取的难度已经不小。可是，这并不符合实际，事实上，2 000中挑20、300中挑3和30中挑3的难度远远大于"百里挑一"和"十里挑一"，因为它们没有分成20组或3组去挑，而是在总数中择优录取。也就是说，前者20人都要优于1 980人，3人都要优于297人，后者3人都要优于27人，习惯的说法显然把实际难度大大缩小了，所以，应当明其事实真相。

（原载《中国行政管理》2002年第4期）

勇改积习

很多人都知道"积重难返"是怎么一回事，因而联系到"积习难改"和"积弊难除"。当然，难并不是不可能，只要真有认识，痛下决心，鼓足勇气，是完全可以克服困难、扭转局面的。否则，按愈积愈难的趋势发展下去，难度不断加大，后果可想而知。

但是，也有一种情况，即迫于形势，非改不可，会出现"奇迹"，老习惯、老规矩很快就发生变化。抗击"非典"便是一个很好的例子。不仅个人、家庭、社会生活习惯有大改变，而且领导、机关作风也大变样。各种不讲公共卫生和个人卫生的坏习惯已开始改，有的地方还流行以点头、拱手、双掌合十和鞠躬去代替握手致意。从中央到地方，各级党政领导更是工作深入、踏实，雷厉风行。有人感慨地写道："多年顽症竟'不治而愈'。从这个角度看，抗击'非典'同时成了一剂治疗领导、机关陋习的良药。"[①] 也有人提出希望："坏事可以变成好事。让我们在抗击'非典'中努一把力，从此养成讲卫生的好习惯吧！"[②] 相信这应该是人同此心、心同此愿的事，然而

---

① 一刀. 疫情"逼"出转变. 工人日报，2003-05-06.
② 柏石. 从此养成卫生好习惯. 光明日报，2003-05-12.

在事过境迁以后会不会故态复萌呢？这个问题也该问，及早提醒注意一下好。

人们记忆犹新，当甲肝一度猖狂之时，提倡用公筷、实行分食，许多家庭都那样做了。可是没有多久，一切恢复原状。是"好了伤疤忘了疼"吗？老习惯根深蒂固，可见真正彻底改不易。为了不再走回头路、开倒车、重蹈覆辙，全面认真总结，明确经验教训很有必要。这是关系到文明进步的大事，不可掉以轻心。让我们借此机会，好好想想，为什么会有"最可怕的是千百万人的习惯势力"之说？为什么会发生习非成是、习焉不察（习而不察）、见惯不惊到麻木不仁之类的事情？又为什么形成坏习惯易，形成好习惯难，改掉坏习惯更难？看来，突出的问题在于是否能与时俱进地更新观念。

在人类社会发展的进程中，如果听任惰性支配，发展缓慢固不待言，还有日益落后和终究被淘汰的危险。没有"日日新、又日新"的自觉要求，极难摆脱每况愈下的命运。任何改革成果的保持、巩固和提高，都离不开开拓创新的精神。一定要警惕前功尽弃和功败垂成！

（原载《中国行政管理》2003年第8期）

从"头"做起

公共管理（包括政府与非政府公共组织管理）的水平有待不断和大力提高，全世界各国的有关人士对此已达成共识。因而究竟应该如何和在哪些方面进行提高，也就成为理论界和实际工作者所同感兴趣和有较大积极性去从事探索、研讨的热门话题。这里提出"从'头'做起"，正是试图对这个问题所作回答的一种思路或具体意见。

所谓"从'头'做起"，并不是说一切要重新开始，而是借汉语特点和习惯之助，讲三个主要方面，期望能够切实做到（非贬义的）"头头是道"，从而使公共管理得以合理、有效、顺利、健康发展，不再长期落后于客观形势发展的需要和及时满足广大群众日益增长的各种新的要求。

一是用好"头"，善思考。

我们说的用好"头"，就是要发挥头脑思考的作用，以聪明才智分析和解决问题。对待各项改革、提高管理水平，首先应重视人的因素。思想懒汉不可能与时俱进，思维能力低下也难以出什么好主意、好对策。能干还要肯干，有事业心、责任心才能办成和办好事情。

二是带好"头"，会领导。

"头头抓，抓头头"是一条行之有效的经验。培训领导是公认的好办法，领导科学的兴起和受到普遍高度重视正好证明这一点。我国早有"强将手下无弱兵"之说，因为强将可以转弱为强。虽没有听说过"弱将手下无强兵"，但不难设想，领导无能、无方，由强变弱也很自然。公共管理必须改善和加强领导，才能提高管理水平。

三是开好"头"，保实效。

俗话说："万事起头难。"西方也有类似的说法："好的开始是成功的一半。"古人强调"慎始"，道理都差不多。因为凡事若是头没有开好，或难以为继，或留下后患，或影响质量，或拖延时日，或增加成本，总之是成事不足而败事有余。这又直接与动脑筋的程度和领导水平有关。

看来，只要善于思考、领导得好和确保实效，便能稳步地提高管理水平，显得"头头是道"，而不致茫然无绪，甚至陷入走投无路的困境不能自拔。

(原载《中国行政管理》2004年第3期)

预为之计

"凡事预则立，不预则废。"这句老话至今仍不时为人们所引用，因为它说得有理。本来嘛，干什么都得好好准备，完全应当"不打无准备的仗。"

现在，应急管理或危机管理、灾害管理成为热门话题，而所管之事却是突如其来、变生意外、猝不及防，甚至是防不胜防的，这也必须"预"吗？回答是肯定的，并且更需要预为之计，以免措手不及和陷于被动，产生严重后果。

对于危机、灾害之类的紧急状态，虽然未必能保证彻底做到"有备无患"和"防患于未然"，但若有所防备，则紧张和损失程度必将缓解和减轻得多。关于"预"，前人还有一个说法："先患虑患谓之豫，豫则祸不生。"（《荀子·大略》）也有点绝对化，不过祸总会少些、小些。如果"不豫"，在祸生时就有可能任其肆虐，直到不可收拾。

怎样"预"呢？对付重大的天灾人祸，无非应充分做好精神、物质、思想的准备。

在精神或思想方面，按顺序首先要能够居安思危和治不忘乱，其次是认识到积极和正确应急及政府职责所在，复次为见

诸实际行动的决心,不托空言。

在物质或具体方面,可采取以下措施:

·立即全面进行应急管理专题研究,可考虑设置专业,以培养研究和应用人才。

·及时广泛开展应急管理宣传教育,如新加坡国立大学已列"非典"为必修课①。

·认真总结过去和近年来有关经验,肯定成绩,找出不足之处,以利今后工作。

·深入了解世界各国、各地区相似和有关情况,分析比较、参考、借鉴。

·在调查研究和集中可靠信息的基础上,对可能发生的危机、灾害等,做科学预测。

·必要时发出预警,以便协作、配合,进一步做好"临战"准备,沉着应对。

·统筹各种制度包括从防范管理开始的全过程的运作和国际合作等事项。

·强化资金和物资储备,有效应对急需。物资、器材、工具等保持良好状态。

·处理好善后工作,尽快复原和继续前进。

·保持足够的训练有素的人力、人才队伍可供安排、调遣、使用。

(原载《中国行政管理》2004年第7期)

---

① 美联社新加坡2003年8月25日电。

争分夺秒

大家都知道，事分轻重缓急。可缓的不必急，当急的不容缓，是个时间安排问题。这里要说的是在时间的利用上，应注意节约和避免浪费。现在倡导建设节约型政府，除要求节约人力、物力、资金外，节约时间从而提高效率也是至关重要的一个方面。"任何节约归根到底是时间的节约。"这句马克思的名言，已被人引用过无数次。难怪"时间就是金钱，效率就是生命"的标语口号会广为流传。

奥林匹克格言是："更快！更高！更强！"多项体育赛事，争的就是速度。不仅是争分夺秒，而且早已发展到按秒以下的单位定高下了。但在一般工作特别是在公共管理领域的日常具体实践中，时间观念尚非普遍表现得很强。作风拖拉、效率偏低、公众常有反映。在改革开放和建设发展过程中已提出"又好又快"的标准，光快不好固然不行，好而不快也有失时误事的可能。"多少事，从来急；天地转，光阴迫。一万年太久，只争朝夕。"这是毛泽东诗词中的名句，用"只争朝夕"的精神去办好事情，是应该努力争取的。

其实，争分夺秒已不限于体育赛事，联合国第60届人权会议规定，每个国家代表发言时间不超过 7 分半钟，非政府组织代表发言每人不超过 3 分钟，两人联合发言不超过 4 分钟。并且执行起来是动真格的，计时器到"0"就停止发言[①]。如此精打细算，确有其不得已的"苦衷"。因为面对数以百计的国家和非政府组织，若让大家都畅所欲言发表长篇大论，必将延长会期，所以"慷慨"不起。看看如今有些会议情况，实在应该下决心改进。最要紧的一点，莫如珍惜时间。

俗话说："慢工出细活。"有的事是急不来的，但问题出在"慢工"没有出"细活"，而是拖延、应付，或者叫"磨洋工""混日子"。"急惊风"偏遇上"慢郎中"，显然救不了急，这与简单图快有原则的不同。退一步来说，也要想想"不怕慢，就怕站"，急于求成欠妥，慢到一事无成难道还可以容忍吗？因此，在竞争空前加剧面临严峻挑战的形势下，一定要牢牢记住"又好又快"这四个字，踏实勤奋地完成各项任务。

（原载《中国行政管理》2008 年第 5 期）

[①] 新华日报，2004-03-22.

学以致用

"学以致用"是大家都知道的一句老话。现在不少大、中、小学讲起校史来,发现其前身叫"致用书院"。可见由来已久,前人早已注意了。至于表达这个意思的说法,则溯源更早。

道理并不难懂,学而不用等于不学、白学,反而浪费时间。当然,仔细推敲一下,并不那么简单。关于学的目的、学什么、怎么学、学得怎样,和用于何事、怎么用、用得如何等是应该考虑的一些问题。这里暂不展开,只集中在可用、适用、需用、必用等方面略抒浅见。

与"学以致用"不无联系的还有"磨刀不误砍柴工"和"工欲善其事,必先利其器"之类的常言。"磨刀"和"利其器"就是为了"砍柴"时更快更省力,得以"善其事"。这与"学"和"用"的关系在实质上是一致的。

可是,如果在"磨刀"的时间干了别的,或没有认真去"磨"而致改变不大,那就不可能"不误砍柴工"。"利其器"也是如此,若是"器"不"利",即难以"善其事"。这在"学"和"用"之间,可能更加复杂。

要求"学以致用",至于能否做到和用的效果,都因人而异。有学用俱佳的，也有学得不好或完全不学无术的，还有学了不用、无用、难用，用得很糟以及不知、不会、不想用的，等等，各有各的具体表现。怎么办？看来最好是从提高、端正、统一基本认识，即达成共识入手。

现在我们正深入开展学习实践科学发展观活动。这可大大不同于通常泛泛之谈的学以致用，而是关乎继续和平发展、民族复兴、建设小康社会、和谐社会直到经济社会不断进步和人的全面发展前途命运的头等大事。

改革开放30多年来，全国各族人民同心同德，在建设中国特色社会主义伟业中取得辉煌胜利，已为举世公认。"没有共产党就没有新中国"和"只有社会主义能够救中国"的理论自信、道路自信更是得到极大增强。科学发展观是同马克思列宁主义、毛泽东思想、邓小平理论和"三个代表"重要思想一脉相承、与时俱进的科学理论，在新的历史条件下，是我国经济社会发展的重要指导方针。因此，必须坚持用它来武装头脑，解放思想、实事求是、与时俱进，夺取新胜利。其中关键在于学习实践，不认真学习难以提高认识，不努力实践不能落到实处。总之，要刻苦学习，埋头苦干[1]。

（原载《中国行政管理》2009年第1期）

---

[1] 中共中央宣传部. 科学发展观学习读本. 北京：学习出版社，2006.

冷静思"考"

这个题目有两层意思：一是指考虑问题要冷静，不可头脑发热。二是说冷静地想想关于考试的事。这里主要谈后者。

古今中外，考试很多。既有各种各样的名目，也有分门别类的内容，方式方法更因不同要求而异。其利弊如何、效果怎样，都很值得认真总结并进行专题研究。

试以时下常为人们诟病的"应试教育"为例，倘将教育归结简化为应付考试，则不仅不能全面实现教育目标，而且可能出现畸形病态，难以满足建设和发展在人才方面的需要，甚至产生负面影响。对于某些流行的说法，即使实际情况不那么普遍严重，亦当引起警惕，像"高分低能""有学历没能力""有文凭没水平""理论一大套、行动不对号"，等等，所针对的正是通过考试取得高分、学历、文凭和对理论知识的认可的。但这不意味着简单否定一切考试，而是要正确对待和运用。考试绝非万能，在具体运用中不宜独沽一味，必须针对目的任务去安排，还要周密地商讨考什么和怎么考等才对路。

就现在比较热门的大规模考试来观察，人们的议论很多，表明受到关注。先说作为高等院校入学考试的"高考"，恢复以后颇得人心。经过扩招,"千军万马过独木桥"的紧张气氛稍有缓解。由于有相应措施出台,考得上却上不起的问题可望解决。这些还不是考试本身的事,重要的是怎样才能真正地体现公平竞争和选拔到完全符合客观形势发展要求的高材生。

再说"考研"也曾热过一阵,那可能与就业状况有关。长远来说,这也应该总结、改进和有所创新,主要着眼点在于高层次人才的培养。

当前最引人注目的莫如简称"国考"或"公考"的国家公务员考试了。有媒体用最"惨烈"的竞争来形容,正因为是这样,对考试的研究更须加强。仅以试题范围而论,便大有可以斟酌的余地。关于现代行政管理知识中的外国有益观点和成功经验固不可少,对于基本国情和历史文化亦应给予重视。消息传来,日本有不懂中国历史考不上公务员之说,认为"汉学"是衡量个人素质的重要指标,被奉为"治世之术"。韩国学者已有专著将《论语》《孟子》与行政学直接联系起来[1]。还有西方管理学界对《孙子兵法》的推崇等。这些"中为洋用"的情况,也可参考、深思。

(原载《中国行政管理》2009年第4期)

---

[1] 素文永.《论语》、《孟子》和行政学. 北京:东方出版社,2000.

走路行为

走路作为一项极其普通、普遍的行为，对古今中外正常的男女老少来说，都是必不可少和少不了的。"生命在于运动"，走路虽算不上剧烈的运动，但也在动。养生谚语中有"管住你的嘴，迈开你的腿"之说，迈腿就是要走动。有人描写乡下工艺不精的泥菩萨是"一声不响，二目无光，三餐不食，四肢无力，五官不正，六亲不认，七窍不通，八面威风，久（九）坐不动，十分无用"。要害即在不动。看来，一个大活人不动或少动是会出问题的。

不久以前，在"上海国际运动与健康高层论坛"上，有专家指出，走路这一行为正在从日常生活中飞快消失，必须警惕[①]。这对"上班一族"和长期从事案头工作的人来说，可能是更重要的提醒，所谓"办公室综合征"，显然与此有关。提倡做"工间操""课间操"，也不无小补。根据上述同一消息来源，对成人最基本步行数的要求是每天8 000步，青少年由于身体发育需要，应当加倍。姑不论这些具体数字是否准确，或者还有因人而异可以斟酌的余地，但对适当运动这一要求不宜

---

① 西安晚报，2008-12-02.

甚至不容忽视。

毫无疑问，在现代社会尤其是城市生活中，走路的时间越来越少，代步的机会日益增多的趋势已经形成，但其也有利弊两面：一方面，效率有所提高；另一方面，由于缺乏体育锻炼等原因，导致数量惊人的"亚健康"现象。长期处于"亚健康"状态的人往往精神不振、经常倦怠，直至病假连连，难免对工作有负面影响。这就要看怎样去算总账了。联系到自行车利用的问题，由于它具有步行功能，最近在世界范围内，首先是在发达国家重新受到重视，这对我们也很有启迪。

其实，前人对此早有深刻体会，流传了不少经验之谈。例如，说某些旧知识分子是"文弱书生"，便不免有"四体不勤"这一条。又如，有高寿老人在回答什么是他的养生之道时说："基本吃素，经常走路。"可见走路是个重要因素。至于"饭后百步走，活到九十九"等说法，不同意见只在饭后是否适宜，而非要不要走路。总之，必须改变好逸恶劳的生活习惯，才能保持健康。可是，凡事成了习惯，要改也难。最好是认真想一想，再不时试一试。思想通了，自觉行动，开始有点勉强，逐步尝到"甜头"，终将得偿所愿。

（原载《中国行政管理》2009 年第 7 期）

亲笔签名

古今中外的各种公私文件包括条约、公约、契约、协议、合同、交易或借贷凭证、认可、证明或举荐文书等，通常都很重视当事人、负责者的亲笔签名，成为至关重要的环节或程序，否则无效。

但是，无论是拼音还是方块汉字，亲笔签名一般总比较潦草，有其表现个性的风格和特色。正如一句俗语所说："草字出了格，神仙不认得。"有时大家一起费劲也猜不出，真是非常尴尬。

怎么办呢？要求或规定签名者一律把姓名的字母或笔画写得清清楚楚倒是很简单，那就像填表的字迹应当明白无误一样。可对于亲笔签名，却从来没有如此提出过，可能与为存其真有关。

问题需要解决，办法还是有的。远的不去说了，且看英文函件，稍具正规性质的，常在信末签名处打印负责人姓名和职称，并留有空位，给负责人亲笔签名用。由于行之有效，所以已普遍推广。

看来，汉字文件也不妨照此办理。事实上，个别、零星的例子已经出现，如贺年片等。只是有的印了职称、职务和姓名以后就不再亲笔签名，似乎有待考虑。因为那样给人的印象将是显然可以由别人代办的应景式的例行公事，缺乏亲切感。这种考虑已超越原来的法律意义，进入了人际关系或人情味之类的范畴。签名与否，无关宏旨，却有微妙的区别。大家不会当一回事去计较而已。

联系到学者、作家签名售书，各种名人的"粉丝"群索取签名等热烈场面，亲笔签名不是针对任何承诺，而是作为一种特殊的纪念。同时，在已经知名的情况下，签名即使潦草到看不清、认不出的程度，照样欣然收藏，必要时自己注明就是了。

因此，让我们把话说回去，我们说的是在公私正式文件上，为预防签名难以辨认，最好加印规范字体的姓名，以免事过境迁、年深日久以后变成无从查考的"糊涂账"。何况，在现实生活中，早已出现过来件签名无法认定只好照描的困境。也就是说，文字上打交道了，仍不能确知对方的尊姓大名。好在是普通应酬，问题不大，否则不能不设法查询，或将失时误事，那就更遗憾了。

（原载《中国行政管理》2009年第12期）

繁简之间

在管理领域、公共关系、人际交往的具体运作实务中，书面即文字表达不可避免，有时还比较常见。例如名片、牌匾、公告、函件、说明书等便是，有关书报、刊物、文件之类就更不用说了。

这方面存在的相当突出的现象和问题之一，是繁体字和简体字之间的误用、混用、乱用和滥用。原因有知识上的，也有心理上的，或者兼而有之，甚至莫名其妙、难以说得清楚。

误用、混用常多出于新旧交替，知繁而不知简或记繁而忘简。如系手稿，则较易于在付印（除复印外）时得到调整。但声明一定要用繁体字者又当别论。后者亦必另有原因。

至于乱用、滥用，若非亲眼所见，实在难以置信。曾经有一股似乎以用繁体字为"时髦"的暗潮，用得对已不值得提倡，弄错了更加令人啼笑皆非。以下所举的都是实有其事的例子。

一封邀请信上，把"范先生"写成"範先生"；一份贵宾名单中，把"沈某某"写作"瀋某某"，将"岳某"写作"嶽某"的也有，香港的"皇后大道"被改作"皇後大道"，把"公里"

写成"公裏",等等。主其事者的"逻辑",大概是认为前者是后者的简化,复繁理当如此。殊不知根本不是那回事,后者确已简化为前者,而前者的原意却不能乱改。这是自作聪明又懒得去查字典所闹出的笑话。

作者也不止一次地受到上述"礼遇":"夏"变成了"厦"!有人开玩笑说,让你进"厂"了。这可比上面的思路更离谱,完全是想当然、自以为是,多加了两笔还真正落得个吃力不讨好。动机不得而知,有可能表示自己懂得繁体或以为对方会欣赏。

信不信由你,在印刷精良的名片上,有把编制委员会印作编"製"委员会的,有把某大学某系印为某"係"的。此外,还有以"兰"为"蓝"、以"营"为"管"、以"苯"为"笨"的简体字。若非原稿有误,至少是未经认真校对。"理发室"成了"理發室","干洗店"成了"幹洗店","不老松"写作"不老鬆"。这些都是盲目追求繁体字但并不了解其变化轨迹的结果。

其实,就算繁体字用得正确,也很不合时宜。简体字有生命力,用起来节约时间、提高效率,真是何乐而不为,又何苦故示"高明"反而弄巧成拙、贻笑大方呢?

(原载《中国行政管理》2002年第2期)

烦繁拣简

曾经写过一篇《繁简之间》的短文。那是关于繁体字和简体字的一点小议论，其实意犹未尽。这里的所谓"烦繁拣简"，说的是人们一般有厌弃繁文缛节和选择简单明快的情绪和倾向。

精兵简政、简政放权的呼声听得多了；精简机构、简化手续的要求时有所闻；语言文字提倡简明扼要、言简意赅；论理办事贵简练、简洁、简便易行。若说人心趋简，似乎说得过去，并不为过。

仍以汉字为例，书法里有草书、行书，便早有求简、求快之势。就说"书法"二字，书是行书楷化而来，法字与古体相比，也简化多了。有的字据说是古字繁化，现在简化是恢复本来面貌，如"气"，如"网"，如"丽"，如"尘"。但有的字尚未复古，如古字上下为"⊥""丅"等。可见简化要得当，必须进行研究。

从简称、略语或缩略语来看，更加证明喜简、求简是普遍现象。中国如此，全世界亦如此。在非必要的正式场合，中华人民共和国简称中国，英文缩写为 PRC；美利坚合众国简称美国，英文缩写为 USA；世界贸易组织简称世贸组织，英文缩写为 WTO，加入该组织简称入世……例子举不胜举。

在日常生活中，各行各业无不有习惯简称、略语。中国共产党中央委员会简称中共中央，中国人民政治协商会议简称政协，某某大学简称某大，土地改革简称土改，地名有的还另有简称如山东称鲁、广东称粤、上海称沪、广州称穗等。

长话短说受欢迎，废话太多令人反感。文山会海的问题必须解决，否则对正常、健康发展极为不利。竞争不是要比效率、比质量吗？睁着眼睛浪费自己和别人的时间、精力，实为不智，所以此风不可长，应当群起大张旗鼓而攻之。不过，必要的合理合法的程序、制度还要遵照执行；从简也不是粗枝大叶、草草了事。这个分寸不难掌握，可恶的是该改的找借口不改，或假简化之名行偷工减料之实，这都是些欺人之举。

如果对"时间是最宝贵的资源"这一观念达成共识，那么，我们不妨着着实实地计算一下，在繁简及其后果的对比上，所付出的各是什么代价，然后做出明智的选择。

（原载《中国行政管理》2002 年第 7 期）

简未必易

习惯上，简单和容易常被联系在一起，似乎看上去简单的事就一定容易。其实不然，或者说并不尽然。姑不论化繁为简有相当大的难度，就是某些说来非常简明的要求，要想真正做到做好，即须花大力气和有真功夫，而不是轻而易举。当然，这里也会有"难者不会，会者不难"的情况，确是"看人挑担不吃力"。但至少已透露了"难否"与"会否"的关系，关键在于要"会"。也就是要有转难为易的知识、方法、本领，尤其要见诸具体有效的行动。否则，一味掉以轻心，只能是依然故我，"简单"的问题得不到及时解决，久而久之变成了"老大难"！在现实生活中不乏其例，我们不妨看看事实。

本来应该算是一些微不足道和简单不过的小事，由于长期不加注意，成为积习、恶习、陋习，有损文明古国形象，不合世界时代潮流。以下是几个常见的现象：

一是缺乏守时信用，表现为不少人上班迟到，下班早退；开会晚来，中途开溜；预约随便，常多延误。时间观念不强，没有守时习惯，表面上是自我中心，实际上是既不尊重别人，也不尊重自己。此风不改，让守时者也学"乖"了，必将陷入恶性循环，损时误事，难以胜计。

　　二是无视公共秩序，表现为不少人在公共场所不愿排队，尽力拥挤，或者胡乱抢先，损人利己。这种"表演"相当普遍和突出，实在令人恶心：别人已排队静候，自己后到却强立于前，在这种人的心目中，无"礼让"二字。

　　三是随地吐痰弃废，表现为不少人随地吐痰、擤鼻涕和丢弃废物等。这些都是很不文明的行为，遗憾的是至今仍司空见惯。不能说从小没有进行公共卫生和环境保护教育，恐怕这在很大程度上受家庭、社会长期不良影响，形成负面习惯势力，不痛下决心便难以改变。

　　四是安于嘈杂喧哗，表现为不少人安于不分场合地大声说话、显得嘈杂喧哗的场景。噪声是一种声污染，任意吵闹叫骂应该算得污染源之一了。谈心、叙旧低声细语就可以了，大声喧哗干扰别人，又是一种恶性循环。

　　看来，简确实未必易。即使是易如反掌或只是举手之劳，奈不反，难举何！

（原载《中国行政管理》2004 年第 12 期）

业余阅读

不久前，看到一篇有调查作根据的短文——《中学生课外阅读状况堪忧》①，很自然地联想到大学生、研究生、在职人员（尤其是各级领导者），以及教师、家长等在这方面的状况如何的问题。虽然没有调查，但是很值得关注。

中学生课外阅读太少甚至全无，会影响其继续成才的基础和基本素质，已经引起教育工作者们的注意。可是，上述人群的课外或业余阅读不多将会发生什么情况呢？回答也应该是不妙，或者可以认为更糟。是否如此？请看事实。

众所周知，我国古代早已有诸如"读万卷书，行万里路""读书破万卷，下笔若有神""读书多，积理富""学海无边""学无止境""学如逆水行舟，不进则退""三日不读书，则面目可憎，语言无味"之类的说法以勉励或警示世人，表明读书是多多益善的。

对现代大学生特别是研究生来说，一般都有扩大知识面或拓宽知识视野的共同需求，如果只局限于教师讲授和少量教材，

---

① 厉承贵. 中学生课外阅读状况堪忧. 光明日报，2005-05-10.

并停留和满足于应试之需,通常是不会被认为有多大"出息"的。比较一致的共识则是应当博览群书,接触尽可能多的文献资料,才有希望与时俱进、不断创新。

学习与就业的环境虽然不同,但是不等于说就业以后便不再学习。人们常说"学而优则仕"这句古话,却很少提到或者忘了与之相连的"仕而优则学"一语。"优"的本意是"有余力",显然指的是进行业余学习。在近现代世界教育史中,"成人教育""继续教育""终身教育""在职培训""离职培训"之类兴起已久,也都与业余学习(包括阅读)有直接和密切联系,可见是社会发展的需要。

进入知识经济时代,建设学习型社会、城市、组织等呼声,很快提上议事日程并逐步付诸实践。曾有领导同志提出干部要通今博古、学贯中西,要求确实是高了一点,但符合发展的趋势。总的精神在于重视、抓紧、认真学习,不可安于无知、少知以及陈旧的知识。

于是,大量的业余阅读对认清环境和形势者来说,就势在必行。非常可喜的现象是图书馆、书店早已不再门可罗雀,各高校的双休日校园里格外热闹,原来是各行各业的在职人员正忙于"加油""充电"!可不是吗?只有这样才有利于实现可持续发展。

(原载《中国行政管理》2005 年第 12 期)

关注睡眠

留心时事的人大概都知道，3月21日是"世界睡眠日"，同月21—27日是"全国睡眠知晓周"。睡眠受到如此关注，当然事出有因。原来这不仅关系到个人身体健康，也对社会生活和发展有很大影响。人们常说，衣、食、住、行是人生四大需要，其中的住，就必然要联系到睡眠问题的解决，而且在正常情况下，人生一辈子，一般睡眠时间总要占到1/3，还存在睡眠质量的差异。睡眠问题产生的后果直接反映于工作和行动，于是引起普遍而高度的注意，及时兴起相应的调查研究，以求有较大的改善。

为什么睡眠医学逐渐成为一门新兴独立的科学？事实是："各种睡眠障碍性疾患正日益成为突出的社会问题，……而睡眠质量差又与90余种疾病相关。"[1] 我国大约有2亿人在睡觉时打鼾，近3亿人有失眠症状。英国大约有1/3的人会偶尔失眠[2]。美国则因7 000万人睡不好觉，造成巨大的经济损失[3]。这就毫不奇怪，除睡眠医学正在兴起外，美国已有像全美睡眠

---

[1] 光明日报，2008-03-23.

[2] 每日电讯报（英国），2008-04-02.

[3] 今日美国报（美国），2008-03-03.

基金会这样的非营利组织、英国已有《睡眠》这样探讨睡眠问题的专业期刊了。对此，我们不难领会，在本文一开头指出的，将"日"的活动延伸为"周"的缘故，也就是说，我们过去还重视得不够。

应当认为，强调以人为本、关注民生是有具体内容的。如果仅将睡眠不足或不好纳入病有所医的范畴，恐怕这个问题会旷日持久且难以根治。因为一方面它常不被看作病，到了很严重的时候人们才当回事；另一方面又不总是单靠药物所能完全奏效。其中包括比较复杂的环境和社会因素，如生活节奏的加快、精神压力的加大、生活方式的改变、生态环境的变化，等等。按国内外已经出现和正在发生的情况来考察，不能精神饱满、精力集中地工作，效率必低，还有造成巨大损失和危险事故的隐患（如开车等）。

可见，关注睡眠绝非个人小事，需要全国都知晓其利害所在。可喜的是我国起步不晚，现在不仅已有中国睡眠研究会在开展活动，医学界动作也快，例如在"全国睡眠知晓周"的每天晚上，即有近百位睡眠医学专家，利用互联网先进技术平台在线解答睡眠问题[1]。据39健康网调查，穗、深、京、沪四地仅一成人睡眠充足[2]。因此在公共管理领域，也必须行动起来，把此事列入重要议事日程，以期家喻户晓，使大家都能精神抖擞、精力充沛，投身中国特色社会主义和谐社会的建设事业之中。

（原载《中国行政管理》2008年第9期）

---

[1] 光明日报，2008-03-24.
[2] 羊城地铁报，2008-06-18.

完人无过

在长期流行的一些说法之间，常有各说各的、难以互通和自圆的现象。这里提出的"完人无过"所涉及的有关说法，即属此例。

关于什么叫"完人"，似乎不用多加解释，无非是十全十美、尽善尽美、完美无瑕之人就是了。问题在于有没有这样的人呢？

有人认为有，不仅过去有，现在也有，如若不然，便不会有"法古今完人"之说了。可是，我们同时又常听到人们在讲"金无足赤，人无完人"或"瓜无滚圆，人无十全"。"完人"肯定是没有的，效法也只能是虚拟的或相对的。如值得崇敬和学习的伟人、好人、善人、英雄、模范、先进工作者、积极分子、杰出人士等，都不是原来意义上的"完人"。既不能把他们看作"完人"，更不应要求他们是"完人"。因为即使是伟人自己，也常感到有不少遗憾的事情。

谈及此，令人想起"人非圣贤，孰能无过"这句话非常自然，但同样的问题是"圣贤"无过也未必是事实。由于智慧超群、品德高尚的圣人、贤人都还是人，而不是"神"，过错、失误来自主、客观的不完全一致，人之一生这种不一致总是难免的，所以，"圣人也有错"的说法并未污损"圣人"。如果说那是推理，我们也可以找到证据。

孔子这位世界公认的大圣人，就曾因对一位名人有过误解、怀疑而对他避不见面。后来弄清真相，不仅勇于自责、托学生去道歉，而且称对方为师，主动去见，是真正的"过则不惮改"精神的生动体现。

以上只是这个故事梗概，详见《晏子春秋》第八卷外篇第八"仲尼之齐见景公而不见晏子子贡致问"①。其中除孔子和晏子外，还有两个有关人物，即孔子的学生子贡和宰我。前者对老师的言行敢于提问，后者为老师失言致歉。尽管人们对《晏子春秋》的作者和成书年代还有分歧，但内容伪造之说应可排除。看来，一个承认有误解、虚心接受批评，并以实际行动进行改正的圣人，实在令人尊敬、信任和爱戴。历史上，被称为"圣上"的皇帝中，比较"开明"的有时还会下"罪己诏"，可笑的是那些唯我独尊的独夫才认定自己是一贯、完全、绝对正确的。

（原载《中国行政管理》2008年第11期）

---

① 晏婴. 晏子春秋. 北京：中华书局，2007：344-348.

应当小心

汉字难认,这是事实。大概谁也不敢夸口,有把握完全无误。所谓"江湖愈老愈寒心",其实这里没有什么好寒心的,要格外虚心、小心而已。

就拿地名来说,有的可能出于习惯,或者多少有点道理。例如,在广东,东莞的"莞"与番禺的"番",分别读作"管"与"潘",而不同于"莞尔一笑"的"莞"和番茄的"番",分别读如"宛"和"翻"。大埔的"埔"读如"捕",而黄埔的"埔"却读如"普"。

又如,安徽的亳县的"亳"读如"勃",一个大意就会看成"毫"了。广西的百色的"百"也读如"勃",人们却常将它读同十个十的百,一般也不太讲究。陕西的鄜县的"鄜"不读如"鹿",而读如"富"的音,后来干脆改称"富县"。

还有如,上海的莘庄的"莘"读作"辛",而山东的莘县的"莘"却读作"深",后者与莘莘学子的"莘"读音相同。不无趣味的传说是关于江苏的浒墅关的"浒"为什么读作"许",而不是像《水浒传》的"浒"那样读如"虎"。据说是因为某朝的皇帝在船上看到"浒墅关"三个字时,正好一阵风将旁边的大旗刮落,遮住了那三点只露出个许字,皇帝便以为是"许墅关",

所谓"金口玉言",流传至今,便不改了。是否真如此,尚不得而知。

在姓氏读音方面,存在类似的情况。例如,"解"读如"械",不能读作"姐";"覃"读如"秦",不能读作"谭";"单"读作"善",不能读作"丹";"单于"的"单"还要读作"禅",那是古代匈奴的君主;"区"读作"欧",不能读作"趋";"仇"读作"求",不能读作"愁";冼读作"显",不能读作"喜";习惯上倒是有把"史"读作"喜"的,由于"史""死"读音相近,便认为称呼起来"不吉利",讲迷信;还有如"查"读作"渣",不能读作"茶"等,真是不胜枚举。

其他方面的例子更多,如"阿猫阿狗"的"阿"与"阿其所好"的"阿"和"阿胶"(中药)的"阿"有别;"方便"的"便"与"大腹便便"的"便"不同;"屏弃"的"屏"与"屏风"的"屏"一读作"丙",一读作"平";将"荼"读成"茶"难免闹笑话;一石米的"石"与一块石头的"石"是两个音……诸如此类,不一而足。

列宁在他早年的革命生涯中,曾被沙皇政府关进监牢。在监狱里,他认真地阅读字典。这对我们很有启发,在信息时代,语言文字的功能不仅没有减弱,而且还在增强,汉语汉字也是这样。

(原载《中国行政管理》2002年第4期)

新年旧话

新年伊始，下面想说的只是一点与新年有关的旧话。

从前有一副对联："天上月圆，地上月半，月月月圆逢月半；阴历年尾，阳历年头，年年年尾接年头。"上联说的是阴历，下联说的是阴历和阳历。

在辛亥革命之前，除太平天国实行过"天历"外，都用阴历（实为阴阳合历即阴阳历）。现在大多数国家用阳历，也称公历。在采取阳历后，阴历曾一度被称为"废历"，但实际未废，如与农事有关的节令：清明、端午、中秋、重阳、春节、元宵等，民间一直沿用下来，所以常叫旧历，有时更多地叫农历。农历新年又叫春节，比阳历新年要热闹得多。

阴历在中国还有一个特点，即用"天干"和"地支"中的各一个字依序轮流组合。前者有10个字，后者有12个字，每60年为一个周期。过去许多历史事件，都以那个年代的代号去简称。辛亥革命是这样，甲午战争也是这样。不仅如此，"地支"的12个字还各有一个生肖即动物来对应表示。在广大农村，尤其是北方，只要说是属什么（十二生肖之一）的，便可以知道是哪一年出生的了。

但是，上述情况本来按阴历计算，而阴历年尾与阳历年头交叉有一个月左右，于是在这个交叉期内，还应当是阴历年尾。具体来说，例如 2002 年，就不能笼统地称为马年（壬午），因为在当年春节未到之前，还是蛇年（辛巳）的继续。

因此，来自阴历年的生肖，总要跨阳历的两个年度。遗憾的是许多阴阳历对照的万年历、日历、月历把二者混同起来，并以阳历为主，硬说 2002 年元旦起便是马年。依同理，2003 年头还是马年的继续，要到春节开始，才算羊年（癸未），一直跨入 2004 年初。也就是说，阳历一年有两个生肖，根据什么月份而定，以春节为界。

为什么要谈这段旧话呢？因为发生过误会和争议。说 2002 年是马年，春节前生的实仍为蛇年。有人坚持 2001 年是蛇年（其实也不完全是，当年年头应是龙年），显然是受了不切实际的"简化"的误导。虽然是小事一桩，但对我们不无启迪：凡事总要有个有理有据的说法，尤忌囫囵吞枣。

（原载《中国行政管理》2003 年第 1 期）

自食其果

说的是被当作"趣事"来传，其实是令人啼笑皆非的一件真人真事：一对夫妇因多年不育而求诊。医生做尽了检查仍找不到病因，于是问起了他们平时的饮食习惯。大概是出于求诊心切，该夫妇不得不羞答曰："时时会到广场上偷只鸽子炖了吃。"医生听了恍然大悟，笑曰："为防鸽子繁殖太快，人们是给它们吃了避孕药的。"① 原来如此！下文就不必再说了。这很可能算是一个典型的自食其果的例证。

此事还很容易被认为是"贪小便宜吃大亏"，或者叫"得不偿失"。但是，按问题的性质而言，其严重性要大得多，即所亏损的，不仅是个体生理方面的影响，还有精神状态方面的。试问：如果那些鸽子没有吃药，他们吃后平安无事，那么他们是不是占了便宜没吃亏或有得无失了呢？回答是"否"。请注意他们在回答医生提问时的那个"羞"字，因为是"偷"的行动，所以问心有愧。何况那是公共广场，鸽子原是供公众观赏的。

---

① 阿尧. 9块钱可以做什么. 新快报，2010-01-26.

这里要说的，正是我们对于公共领域的事务所抱的态度。从事公共管理、公共服务的人员固然应有公共精神，要讲公共道德，作为服务对象的广大人民群众也必须处理好公私关系，同样不可损公肥私、以私害公，而应尊重和维护公共利益，包括以当家作主的精神对有关人员进行监督。像偷鸽子这样的行为虽用不着小题大做，但至少是应当正视和改正的。否则，还将有继续恶性循环发展和扩大的可能，更不用说一旦有担任公职的机会就难以保证公私分明了。

显然，我们已经开始转入借题发挥了。不过，这个"题"也确实具有较能广泛适用的意义。尽管事情的具体内容和表现形式、过程等大不一样，其不良性质的严重程度也不相同，但必有大大小小的恶果，有待当事人自食其果或后果自负，则是无可避免的。至于自食、自负的情况如受到法律的制裁、道义的谴责、舆论的抨击，以及内心的羞愧，等等，都很有可能。

联系到另一种通俗的说法："善有善报，恶有恶报；不是不报，时辰未到；时辰一到，一切皆报。"这可不是封建迷信之谈，而是与"自食其果"和"后果自负"有异曲同工之妙。现在是信息时代了，公共事务的透明度和敏感性越来越高。损公、害公的"报应"自然也会来得快些、更快些。

(原载《中国行政管理》2010 年第 6 期)

时间宝贵

在全世界范围内,很多古圣先贤、英雄豪杰、高人名士、专家学者等都有关于时间宝贵的论述、格言、警句流传开来,至今仍颇有现实意义。深信读者诸君必不难背诵和引证几句,这里暂不列举。

问题不在于是否知道时间宝贵,而在于知而不行。具体表现为在实践中对时间不予珍惜,甚至严重浪费。个人损失虽然是后果自负,但也对家庭和社会产生直接或间接不利的影响。在集体活动和公共事务中,则危害性更大,其严重程度,有的可以计算,有的难以估量。像效率降低、工作延误、错过时机(如战机、商机、事机之类)不仅极有可能,而且久已出现过各种大小例证。

2009年,在为期三周、共有8 000余名职场人员参与的调查中,竟有八成参与者认为,自己所参加的会议2/3是在浪费时间,其中在开会时走神的超过五成,因对会议选题不感兴趣拒绝当众发言的和不为会议做准备的各占六成①。这是信手拈来的一个普通常见案例,很值得我们重视和深思。如果确实有

---

① 羊城地铁报,2009-12-07.

代表性，则 2/3 可是个惊人的比例！是不是有不少可开可不开、走过场、做样子的会？为什么不能调动开会者的积极性？看来，会议主持者首先必须认真负责总结、研究，不能任由大好时光被如此浪费！

另一份调查数据是针对部分党员干部重应酬轻学习的，超过 75% 的网友认为其主要是因为主观不努力，缺乏学习动力和求知欲望，有 24.7% 的网友认为是"缺乏学习时间"的客观因素造成，另有 37.6% 的网友认为"热衷应酬、忙于事务、不勤学"的干部最多[1]。这是一个怎样利用好宝贵时间的问题。要建设学习型政党，一定要形成良好的学习风气。对此，当然有许多措施可以采取，各种制度需要建立，但是最根本的莫过于端正和提高对时间及其价值的认识。

正如本文开头所说，关于爱惜时间的语录古今中外都有。我们不妨随时温习、对照，自省、共勉。无论是个人、集体，还是单位、团队的领导，时间管理都是一门必修课，是领导艺术和管理技术中的关键。马克思说，"一切节约归根到底都归结为时间的节约。"那就让我们牢牢记住并身体力行。

(原载《中国行政管理》2010 年第 9 期)

---

[1] 江淮晨报，2009-12-07.

姚明送书

姚明是谁？其知名度很高了，就不必再介绍了。据说他很爱读书，在接手上海男篮队后，给队员送不少书。此举本来正常，但曾被认为"做法很不中国，'书'和'输'谐音，只怕有人迷信"[①]。还说："好在上海之前一年已经输到底，今年不用担心输得更多。"[②]

且不说过去的"输"明显同"书"没有任何关系，对谐音字的迷信也十分可笑。很多人知道，2010年是第15个"世界读书日"。各国"书"的发音不同，那是事实。可是，全国国民阅读调查课题组第七次调查结果显示："中国人越来越爱读书了。"[③] 而总体的背景形势则是在应对世界金融危机、抗震、抗旱中捷报频传。

我想这里已经完全没有必要再作关于读书的太多名言、警句的引证，只看人们是怎样看待和行动的，其重要性便可想而知。现在我们要建设创新型国家，缺乏各种知识，创新岂非徒托空言？于是而有建设学习型政党、城市、社会等要求。也随之而有如以"保障阅读权利，享受阅读快乐"为主题的第四届

---

①② 新快报，2010-03-22.
③ 光明日报，2010-04-20.

"全民阅读论坛"的隆重举行①。原来读书事关国家综合实力的加强和人民总体素质的提高，提倡勤读、多读好书符合科学发展之道，决不可视同儿戏，掉以轻心。

再说把此类迷信看作中国特有的似亦未必，仅表现形式和内容有所不同而已。如西方对数字"13"的忌讳，日语中不少汉字读音的回避等，都属于一种习惯性的迷信。

至于谐音问题，其实是纯主观的庸人自扰。有时换个说法，甚至会使情况截然相反。例如现在流行对"8"这个数字的偏爱，总认定它意味着"发"，并且一定是"发财""发福""发达"，却丝毫不去想也有可能是"发疯""发病""发昏"。不仅如此，由于对"8"的着迷，连"18"（谐音"实发"）、"168"（谐音"一路发"）都被看作"好意头"。又如祝寿和婚嫁的贺礼中，是不可送"钟"的，因为"钟"和"终"谐音，很不吉利。可是话在人说，据传在改革开放初期，上海兴起送书和钟的风气，叫作"有始有终"（沪语"书"和"始"谐音），意在祝婚嫁双方白头偕老。这又表现了普通话和方言读音的不同，何况上述"8"的读音，远不等同于"发"，一厢情愿，倒真的像煞有介事！

（原载《中国行政管理》2010年第10期）

---

① 光明日报，2010-04-11.

说中山装

因读《中山装：一个时代的生命符号》这部"奇特的书"而发的《中山装的时代意义》一文①，感到中山装确应与辛亥革命挂钩，其实用性亦仍将继续。

据回忆，中山装是孙中山首创和带头穿着的新装。对待这一"遗产"，后来在国民党统治区和共产党领导的解放区有不同的景象。当时公职人员着中山装较多，一些大城市也有类似中山装的学生校服。而在知识分子中，则仍多保留穿长衫或西服的习惯。在共产党领导的解放区则非常普遍，大有"工农兵学商，都着中山装"之势。特别是在新中国成立后，到处可见中山装。虽然略显"单调"，毕竟是空前罕见、盛极一时的风尚。

曾经有一段时间，人们对中山装隐隐约约怀有"官"味之感，于是"敬而远之"，不愿沾边。试想"官老爷"高高在上、作威作福的样子，与不摆臭架子、深入群众、平易近人，岂可同日而语！这里，老舍对中山装的心态和行动就很有代表性②。

---

① 中国社会科学报，2010-01-19.
② 徐德明. 老舍着装的历史内涵与精神表征. 书城，2009.

被扭曲的状况一旦改变，本来方便实用的服装设计自然受到广泛欢迎。国外曾称为"毛式服装"的，其实就是中山装；国内也有称之为"干部装"和"人民装"的，革新的意识很浓。

改革开放以后，在公共场所和社会活动中，中山装已日益为西服所代替。要与国际"接轨"，可以理解。但人们对中山装的印象，并未完全淡忘、消失。且不说在改革开放初期，大批华侨、华人入境改着中山装者不乏其人，后来还有因不易买到中山装而感到遗憾的。看来，中山装已进入民族服装范畴，其生命力不可低估。记得季羡林、钱学森二老，均在国外生活多年。前者在新中国一直着中山装，后者回国后也不再穿西服。近年来有不少年轻人爱上类似过去学生装的一种新装，也可以看作中山装的变化。2010年我国驻奥地利大使馆举行新年招待会，代办就未着西服[1]。另一个例子是时任广东省委书记汪洋着中式立领服装"拜年"[2]。事实表明，西服也不是一成不变的，看看美国历届总统的服装就大不一样。同样，相信服装专业的设计大师和能工巧匠，将对中山装进行不断创新，必将大有施展才华以做出贡献的余地。

（原载《中国行政管理》2010年第11期）

---

[1] 光明日报，2010-01-28，照片。
[2] 羊城晚报，2010-02-12，照片。

读报偶议

　　读报引起一些议论。这很平常，也很正常。关于中国科大微尺度实验室激发创新活力连续八年入选"中国十大科技进展"的报道，有人认为，其中"对热心创造的科学家们来说，'管理'二字显然不太适合"一语可以商榷。大意是科技工作也需要管理，光凭科学家们的热心创造，未必能顺利进行，因为管理就是服务，领导也是服务。没有相关服务的支持和配合，科技工作即难以开展，最明显的如人财物的配备等后勤服务，报道已在多处提到和强调了。

　　因此，"'管理'二字显然不太适合"那句话，不宜孤立地看待和理解，而应将报道全文联系起来分析。值得注意的是，此言出自科大校长兼该室常务副主任之口，身为管理工作的领导者，当然知道优质服务的重要性，但又不可居功吹擂。重要的是，他始终认为，创新源于科学家的原动力而不是各种名目繁多的管理与约束措施。这里指的是妨碍创新的消极管制，至于保证、促进创新的，记者已在报道中列举很多，如为激励创新活力，科学家没有量化考核，为科学家提供完善的服务，没有画地为牢，可以享受国内一流的科研保障和完善服务、一般课题组无力购买的大中型仪器设备,等等,都为科学家创新研究提供了坚强后盾。仅该报道提及的 280 多场讲座和报告,就需要好好组织和安排①。实际情况已经非常清楚,已无必要继续议论。

不过,这使我们想起淡忘已久的过去发生过的关于科技与管理重要性的争论。当时国内普通流行并重视管理理念。曾有国际会议打出"管理就是一切"的横幅,引起科技界的强烈不满,但后者又不能完全否认管理的作用,于是就有了"七三""八二"之说,即七分、八分科技,三分、二分管理。后来终于以"两个车轮"的比譬收场。其实,这种争论没有什么价值。因为谁也不可能是"一切",比重不能固定,常因具体情况而异。只需明确管理就是服务,如果没了服务对象,岂非白搭? 要想科技发达,如果缺乏必要的支撑条件(包括通过管理环节实现的优质服务等),也会困难重重。记忆犹新和不应忘记的科技成果进当铺的故事,就是由科技与宏观管理脱节造成的。正确可行的思路应是:对社会主义价值体系达成共识,顾全大局如下一盘棋,或者像风雨同舟,只有各展所长充分合作,才能获得胜利。

(原载《中国行政管理》2011 年第 5 期)

---

① 李陈续. 中国科大微尺度实验室激发创新活力 连续八年入选中国"十大科技进展". 光明日报,2011-02-12.

不拘小节

"不拘小节"是人们的惯用语之一,而且往往说得似乎很随便、轻松。但稍加琢磨,又好像颇有必要对究竟什么是"小节",为何可以"不拘"和在"不拘"之余有何期待等有比较明确的理解,才能判断"不拘"是否恰当。

"小节"是指与重大基本原则无关的生活琐事,因而有如"胸怀大志,不拘小节""论于大事,不守小节"之说等。那就不妨认为,凡属无关宏旨、无伤大雅、无损全局的小事,都可以是不必"拘""守"的"小节"。其中包括对人不求全责备,要看大方向;对事要抓大放小,不在小事情上纠缠不清,等等。也就是说,一切为了办成、办好正业、大事。

不过,这可绝对不等于说不再需要小节了,而是应当在认真看待原来意义上的"不拘小节"的同时,高度警惕它有可能受到的有意或无意的曲解、误解而致滥用、乱用所产生的不良后果,如成为某种险情、困境的借口、托词、掩护之类。即"小节"虽然"不拘"了,正业、大事却没有办成、办好,大悖"不拘"的初衷。

从管理服务的角度来观察,尤其是高层领导者,在"不拘小节"的问题上,都要权衡轻重、谨言慎行。为了精细管理、良好形象和优质服务,他们对本可"不拘"的"小节"自觉地"拘"了起来,像一些习惯性的有个人特点的语言、姿态、表情、动作等,在敏感的领域、场合或对象面前,"小节"的觉察率及其消极影响常始料不及。

把话说得更清楚点——可以"不拘小节",但不可轻忽小、大之间的关系。"天下大事,必作于细。"(《道德经》)"不拘小节"既然是为办成、办好正业、大事,便绝非为"不拘"而"不拘"或止于"不拘"。倘若"小节"与大事的对比是前者落实、后者落空,或前者有余、后者不足,岂不遗憾!

无可讳言,在实际生活中,有人好大喜功不干实事,有人贪大求洋不切实际,有人好高骛远缺乏行动,有人志大才疏懒得学习,有人家大业大坐吃山空,有人挥霍无度损公肥私,有人净说空话眼高手低……凡此种种,都用"不拘小节"来做伪装和打马虎眼,或者给了他们在这个幌子下以对正业大事开小差的机会。

(原载《中国行政管理》2011 年第 6 期)

新、行、醒、信

《中国行政管理》刊登过一篇《职、责、质、值》的短文，有点像玩拗口令，其实是简要叙事的巧合。这里的题目是《新、行、醒、信》，也似有搞汉字游戏之嫌，但也不然，而是碰巧提出顺口易记的四点要求。

说的是所在高校一次包括研究生和本科生的开学典礼上的几分钟发言，意在共勉。

一曰新：不要把开学、开业、开工之类的典礼看作"例行公事"的一种形式，其重要意义在于宣布进入新阶段，面临新局面，对新任务有新要求，等等。仍率由旧章、依然故我不行，应振作精神、鼓足干劲，去学习新知识、闯进新领域，立新、创新，才能取得新的成就和胜利。否则，只会在激烈的竞争中失去优势，直到败下阵来，甚至被淘汰出局。我们为什么要建设创新型国家？值得深思。

二曰行：就是要见诸实际行动。正如开工、开业之后必立即按计划施工、经营和运作一样，开学后要马上投入新的学习研究。倘若没有行动，任何美好的想法、说法，均将成为空话、废话。明摆着的事实是：新格局、新成果不可能自发地出

现，都是干出来的。但对具体和经常的业务实践不可掉以轻心，要有持之以恒、克服困难的毅力，此外，方法也大有讲究。

三曰醒：保持清醒。在全新的行动过程中，显然缺乏经验，但勿为一时的表面性困难所吓倒。有时也会有令人迷惑的假象，那就需要有善于分析和判断的本领，以免受骗上当，或误入歧途，遭遇本可避免的挫折和损失。由于行动总是在一定的物质和精神环境中进行，自然少不了对各种关系的正确处理，所以具备清醒的洞察力，便成为比较顺利地走向成功的重要条件之一。既要埋头苦干，又要抬头看路。

四曰信：这是一个内涵相当丰富的汉字，既包括要有信心、守信用、重信誉、被信任，又应突出强调信息在现代社会生活中的特殊作用。信心不足和不讲信用则难受信任，大事难成固不待言，如果信息观念不强，也会自陷于非常不利的境地。不仅对"新"和"醒"的水平无从体现，而且对"行"的积极效果也将大打折扣，甚至徒劳无功。我们已经进入信息时代，在捕捉信息之际，还要在过剩的信息面前保持清醒。

让我们一起在这四个字上多下功夫！

（原载《中国行政管理》2012年第3期）

太离谱了

对于是否合乎常识、常规、常情、常理的事情，习惯上有"靠谱"或"不靠谱"的说法。例如，曾有中国学者把孟子译成"门修斯"和把蒋介石译成"常凯升"的新闻，便显然很不靠谱。最近消息传来，竟又有"名校副教授不知'念奴娇'为词牌名，而将毛泽东名字错译为'昆仑'"①的事，简直是太离谱了。

说太离谱实在一点也不夸张，因为前面的两个例子虽不知其人，还就音译音，当然已经错得很不靠谱。而后面的例子则不仅根本不知其人其词，更不假思索地把词牌名当标题，把标题当作者，乱搞一通，真让人在深感太离谱之外，不知究竟怎么说才好。其实情况非常简单，稍微动动脑筋，即可避免发生这样的低级大错误。

由于资料来源语焉不详，没有说明具体背景和过程，这里权且做些设想。

一如所据中文原件在引用《念奴娇·昆仑》时，已在前后即上下文中标明是"毛主席诗词"，译者竟"疏忽"了，而把

---

① 德邻. 名校副教授错译伟人姓名说明了什么. 中国社会科学报，2012-02-03.

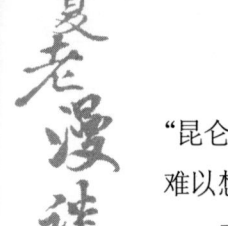

"昆仑"定为作者。那就显得既缺乏知识又极不负责,一般是难以想象和不大可能的。

二如在遇到《沁园春·长沙》《西江月·井冈山》《如梦令·元旦》《清平乐·六盘山》之类时,译者大概也会同样办理。但若是《浣溪沙·和柳亚子先生》《蝶恋花·答李淑一》《满江红·和郭沫若同志》等,又怎么办呢?也许译者从未见过,也无从想过。

三如该题全文中有"莽昆仑""而今我谓昆仑",说到"昆仑"之处,不知译者又做何解释。除非只译出"念奴娇·昆仑"五个字为止。那好像也不太可能。

说来说去,这一"招"确实令人惊讶和纳闷:如此低级错误竟然发生在拥有高级职称的名校学者当中!有人觉得出版把关也有责任,据以认定或估计的情况如:

一是审稿、责编是"例行公事",反正"文责自负",大开绿灯拉倒。这是估计。

二是心怀"敬意"。可能"高深莫测",投"信任票"算了。已见有这样的"表白"。

三是故意让作者出"洋相",给广大读者一个"奇文共欣赏,疑义相与析"的机会。按常理大概不会有这样的恶作剧。

对于此类现象和问题,比较集中的意见是"浮躁"二字,这里就不再多说了。

(原载《中国行政管理》2012年第5期)

星座歧视

国外报纸曾有一篇报道的标题是《中国的星座歧视》，转载的媒体则用更大号的字体标出《"星座歧视"让中国人求职更难》。事情起因于一家英语培训机构在当地一所大学校园内张贴的招聘教师和文员的启事，其中具体指明了不要哪些星座，还列出三个星座会被优先考虑。这当然会引起广泛关注。招聘机构的负责人在接受采访时还煞有介事地说那是多年的经验[①]。可见，这种西方占星术的洋迷信在中国也有市场。

不仅如此，在同篇报道中，作者又借题发挥，把中国人认定为"世界上最迷信的民族之一"，并认为"对中国人而言，一切都是运气问题"等等。但是，此类说法明显地以偏概全：一方面，搞各种洋迷信和土迷信的确实大有人在，甚至包括某些知识分子和干部；另一方面，我们试从纵向来观察，通过革命建设、改革开放，中国人并没有被"命运"束缚。中国正健步走向中华民族的伟大复兴，其成就举世瞩目。因此，轻率地下结论是不可取的。

---

① "星座歧视"困扰求职者. 参考消息，2012-01-10.

对于"星座歧视"这条新闻，人们的议论不少。认为荒诞、荒谬、荒唐、胡闹、胡扯、胡来、无知、无益、无聊、可笑、可叹、可悲的都有。也有人指出，这算是罕见的怪事。至于那个负责人所谓的"经验"，只要简单分析一下，求职者如果"强势、脾气不好，……过于挑剔，经常干不久"，就不难估计他们必然存在有关人际相处、互动问题。各种具体环境的条件、因素及其所发生的积极、消极、正面、负面作用，把这些都归结到"星座"上去，倒是一个很方便的解释。可是，以后的经验将会证明，不仅"星座"未必如愿，还会失去优秀人才。

再说，众所周知的科学发展观强调以人为本，而"星座歧视"者的心目中则只有属于某些"星座"的人才会被看中，其余均在不要、不受欢迎甚至拒绝之列。这种洋迷信与类似的土迷信在本质上没有两样。时至今日，后者早已为进步群众所抛弃。最明显的例子，莫如旧式婚姻，过去必按双方"生辰八字"进行"合婚"（合然后婚），现在很多人都没听说过。破除了土迷信，捡起了洋迷信，同样是开倒车。思想解放了的人们是不会干那种蠢事的，也希望并相信一时失察、不慎者会迷途知返。

（原载《中国行政管理》2012年第6期）

读一封信

有一份登在美国报纸上的公开信，题目是《致2012届毕业生》[①]。虽然基本国情不同，但可参考借鉴。

尽管信的作者自己坦言在做正面评价时可能有点言过其实，可通篇来看，实话实说的味道很浓，给人以忠言逆耳的印象。信的主要内容在于说明四个真相，针对性很强。

第一是在知识经济中，知识很重要。"然而，你们或许是有史以来知识最贫乏的一届毕业生了。"美国情况是否如此？这话是否过重？我们难以判断。不过提醒一下，借机好好反思一番，似乎没有什么不好。作者定期面试过大量来自一流高校的大学生，才有这一发现。我们只有通过切实的调查研究，方能证明此言之虚实。当然，这里还包括对"知识"的理解，等等。

第二是面临的竞争是全球性的。作者提到"抢饭碗"的问题，涉及经济环境比美国更加萧条的不少国家，还举了一个很不恰当的例子，说有人抱怨尼克松访华导致他如何如何。其实，

[①] 斯蒂芬斯. 致2012届毕业生. 参考消息，2012-05-16.

竞争与"抢"不应该画等号，在竞争中，注意取长补短、积极合作、共同进步还是大有可能。大家都重视提高竞争力才有利于社会发展。

第三是"你未来的雇主一眼就能看出你有几斤几两"，紧接着的一句很重要："而你们中的大多数人并不知道自己有多差劲。"作者对日渐变得自吹自擂的美国人不以为然，说到毕业生简历中无聊的吹嘘，认为最优秀的人是不会那样干的。这种现象在中国也有，一旦形成风气，必将欲益反损，所以还是坚守诚信为好。

第四是"能够独立思考的人永远有市场"。作者一方面估计毕业生大概具备独立思考能力，另一方面又强烈地肯定随波逐流倾向在这一代人身上尤其严重。于是建议设法放低自我，调动各自的聪明才智，并以与众不同的方式思考，或能做出不枉此生的事。"甚至还能找到工作"这个"甚至"，简直把就业说得太难了。不管怎么说，保持清醒、明智、谦虚、求真、务实、创新总是好事，要切忌一个"混"字。

读信之余，难免有些感慨。我的思路是：最好能防患于未然，不能因噎废食、讳疾忌医。治病也贵能对症下药而不是杂药乱投，还要警惕庸医。

（原载《中国行政管理》2012 年第 10 期）

严厉警告

早在2012年3月,《烟草地图》第四版的作者就说过:"吸烟每年要消耗世界GDP的1‰~2‰,并将在本世纪导致大约10亿人丧生。"① 到同年10月,又有专家发出同样的严厉警告,还认为:"吸烟是世界历史上最大的公共健康灾难,而吸烟者则被比作恐怖分子。"②

关于吸烟有害的报道经常可见,似乎难做一律都是夸大其词和危言耸听的判断。对烟草公司受益特高的现象,人们有所议论,也可以相信绝非出于单纯的什么"眼红"之类。经得起查对、核实的一些具体数字很能够说明问题,例如烟民总量、消费支数、每年死于吸烟相关疾病的人数、烟草相关疾病的发病人数、遭受二手烟危害人数,等等。

这虽然是一个世界性的问题,上述警告也是在一次高级别论坛上向世界各国政府发出的,但是,我们不可掉以轻心的情况是:中国已成为世界上最大的香烟消费国,从2000年到2008年,中国人吸烟造成的损失竟翻了两番。在中国烟草每年造成120万人死亡,到2030年将增加到每年350万人。就说这120万,比艾滋病、肝炎、结核、甲流等传染病加在一起

---

① 参考消息,2012-03-23。

② 参考消息,2012-10-30。

的死亡人数还要多 7 倍①。中华人民共和国卫生部发布的《中国吸烟危害健康报告》是中国第一部系统阐述吸烟危害健康的官方报告，其权威性和可信度当然都很高。除认定中国是世界上最大的烟草生产国和消费国，烟民超过 3 亿外，还认定有约 7.4 亿不吸烟人群遭受二手烟的危害②。

对此，中国有关的专家、学者和高层人士已深感有采取相应对策措施的必要。最有代表性的莫如卫生部长陈竺的意见。他说，作为世界头号香烟市场的中国可能遭遇经济增长放缓的问题，因为癌症和其他慢性疾病正在侵害中国劳动大军。……烟草在中国制造了一个困境。"一个重要目标是加强政府对烟草相关商业行为的监管。"③

值得注意的是世界卫生组织总干事也敦促中国加强对烟草的控制，包括加大努力劝阻吸烟行为④。说到吸烟行为，这在很大程度上与个人的认识有关。有待认真考虑和回答的正反诸方面的问题很多，主要的如对个人、家庭、环境、社会、国家的发展等，究竟有没有、有什么影响和作用？吸烟是否应当看作不可侵犯的一种公民权利？认识清楚了，紧接着便是个下决心的问题。实践经验表明：下决心戒烟就一定能够成功！

（原载《中国行政管理》2013 年第 3 期）

---

① 21 世纪经济报道，2012-05-31.
② 参考消息，2012-06-01.
③ 参考消息，2012-04-04.
④ 参考消息，2012-03-21.

前事不忘

面对"前事不忘"这个标题,相信一定有很多熟悉中国成语的人会立即联想到甚至情不自禁地脱口说出紧接着的"后事之师"四个字。没有错,我们要谈的正是"前事不忘,后事之师"。

当然,我们所要"不忘"的"前事"并非那些日常生活中的琐事,而是对"后事"有启发、帮助,可供参考借鉴的重要经验教训。如果忘了,就不仅非常可惜,而且可能造成原本可以避免的损失。

试以始于20世纪60年代中后期、历时10年之久的"文化大革命"为例,人们对它记忆犹新,痛感其是一场灾难和噩梦。最近,有一位年逾花甲的学者即将出版诗集,其中有不少是对"四人帮"罪恶行径的严厉批判。在有机会把读书稿之余,我也写了如下几句,以表达对诗集出版的贺意,并与作者、读者共勉。

> 前事不忘后事师,
> 全凭实践验真知。
> 复兴大业循正道,
> 中华儿女岂可欺!

世所周知，邓小平同志之所以成为20世纪的中国伟人，首先在于他对"文化大革命"进行了拨乱反正。党的十八大提出，要倡导富强、民主、文明、和谐，倡导自由、平等、公正、法治，倡导爱国、敬业、诚信、友善，积极培育和践行社会主义核心价值观。然而，"文化大革命"所展现的情景，却无一不与这些价值相反，并且反得离奇。

　　关于当时乱象丛生的具体情况，没有亲历其事者难以置信，但确实是发生过。一如农民不种田，工人不做工，学生不读书，国民经济濒于破产边缘；二如把知识分子列为"臭老九"，要打翻在地再踏上一只脚使之永世不得翻身，其恶劣和深远的影响不难想象；三如仗着一股歪风邪气大搞"斗批改""打砸抢""破四旧"等，凡此种种，不一而足，我们不能忘记。

（原载《中国行政管理》2013年第6期）

旁观者清

"旁观者清"这句俗话，一般是指听取和参考别人的议论大有裨益。它常同"当局者迷"连在一起说，果真是那样就更显出两者的差别了。但若当局者不迷，而能保持清醒和颇有自知之明，情况便大不一样。同时，对某些内情特别是深层次的或隐蔽的、潜藏的细节，旁观者没有身历其境，缺乏实践体验，即难以言清。还有，各种旁观者实际上也存在观察、分析能力和自身品德、素质水平等问题。可能抱有成见、偏见、私心杂念，甚至恶意、敌意，戴上有色眼镜，扭曲事实真相，混淆黑白、颠倒是非，甚至到了借题发挥、无中生有的程度。想想在现实生活中尤其是错综复杂的国际事务里，诸如此类的例子，简直不胜枚举。由此可见，"旁观者清"未必尽然，更不宜绝对化，正确的态度应是既谦虚又谨慎，好话坏话都听，最难做到的莫如心中有数。

这里很自然地想起宋代苏轼《题西林壁》的著名诗句："横看成岭侧成峰，远近高低各不同。不识庐山真面目，只缘身在此山中。"后人常以此表明视野超脱的重要性和必要性。但诗中所指的是宏观的庐山真面目，那不是在山中能看到的。

于是"不识庐山真面目"(微观的),就应当是"只缘身在此山中"了。也就是说,当局者与旁观者各有其优势和局限,真正做到优势互补,才算最佳格局。因此,不妨这样认为:宏观的全面总体的形象与微观的经常持久的实质有直接联系,前者是后者的反映,后者是前者的基础。当局者与旁观者如主与客,若执迷不悟,永难反客为主或喧宾夺主。

其实,避免"当局者迷"还有更积极的一面是坚持科学合理的自信。最近流行一句极为通俗易懂的话:"鞋子合不合脚,只有自己才知道。"可不是吗?"合脚"了,好好走自己的路,办自己的事。别人说你的"鞋子"不合脚岂非笑话、奇谈?我们正在畅想国家富强、民族振兴、人民幸福的"中国梦",坚持中国特色社会主义核心价值观和道路自信、理论自信、制度自信是不可动摇的。因为凡此都是经历长期革命和建设实践的检验,逐步总结、提升出来的。除此之外,对于别人的理念和经验,我们仍重视参考借鉴,继续实行深化改革和扩大开放。

(原载《中国行政管理》2013 年第 9 期)

吃动平衡

"生命在于运动"这句话,估计知道和会说的人一定不少。事实证明,知而不行或行而不力者都大有人在。本人在这方面必有待加油。

消息传来,作为2013年系列公益活动的"中国健康知识传播激励计划(吃动平衡,走向健康)"已经启动[①]。具体情况是,我国慢性病患者人数已超过2.6亿,超重和肥胖人数超过2亿,非常重要的原因即缺乏运动,为此而呼吁公众保持吃动平衡。办法并不太难,日行4 000步为及格,日行7 000步可预防慢性病,最佳运动量为日行10 000步。

其实,在上述消息发布之前,媒体已经有过相关或类似报道。例如说"慢性病影响中国经济增长",其中主要是我国卫生部长陈竺在接受媒体采访时所讲的一些事实[②]。原来"癌症和其他慢性疾病正在侵害中国劳动大军","中国80%的死亡案例是由造成慢性疾病的非传染性疾病导致的,而全球……所占比例为63%……消耗了中国大约70%的医疗开支……很多因慢性病死亡的人在60岁以下"。他还指出:"烟草在中国制

---

① 光明日报,2013-06-30.
② 参考消息,2012-04-04.

造了一个困境。"可见应努力遏制。

令人震惊的还不止于此。"有统计称,中国每年过劳死亡人数达60万,已超越日本成为'过劳死'大国,越来越多白领处于'亚健康'状态。"① 这可不能不引起我们注意,"过劳死""亚健康"都与慢性病有密切联系。

话题再回到因缺乏运动而致生慢性病的主题上去。英国保诚保险和美世公司联合调查的研究报告称"沙发土豆式生活方式"折寿②。原文如:"近90%的职工因其久坐不动的生活方式和不良饮食而使自己的寿命缩短了。……数百万英国人因其沙发土豆式生活方式而'比他们认为的要老4岁'……他们每况愈下的健康状况正给企业'制造定时炸弹',职工请病假给企业造成了上百亿英镑的损失……最主要因素是缺乏运动和超重……英国职工休病假的天数是美国和亚太职工的两倍。"美国也已打响反肥胖的"硬仗"③。

看来,保持吃动平衡还是最对症的办法。首先必须痛改久坐不动的老习惯,但也不宜操之过急,有一个逐渐提升的过程,从及格、达标到最佳境界。总之,走向健康是大好事,甚至事关国家富强、民族振兴和人民幸福。

(原载《中国行政管理》2013年第10期)

---

① 21世纪经济报道,2012-10-31.

② 参考消息,2013-06-26.

③ 参考消息,2013-07-03.

半世纪后

《参考消息》在 2013 年 6 月 30 日的《人生絮语》栏目中刊登过《一封写于 2070 年的信》。这当然是虚拟的,但读来令人为之一怔:怎么只要大约半世纪的时间,情况就会变得那样糟糕?!我们确实应该好好想一想:节约用水、保护环境、拯救地球……不可再不当回事或徒托空言以免后悔莫及了。

信里描绘的基本情景大致如下:作者当时刚满 50 岁,看起来却像 85 岁,已属于最老的人群,并知道来日无多。原因是很少喝水致患很严重的肾病,不是不喝,而是水被污染或水源枯竭,每天只能喝到半杯,随眼可见的只有沙漠。由于缺水,那里的人 20 岁的肤质像 40 岁的,平均寿命仅 35 岁。水成了最贵重的珍宝,黄金和钻石已一文不值。女孩子都剃了光头,只因无水洗发。水少了,树木稀少,氧气变得日益稀薄,新生代的智商也随之降低。如此等等,不一而足。作者回忆自己 5 岁时还清楚地记得满眼绿树、花园,能痛痛快快地饮水、洗澡,父亲大洗其车之类的事。可是,仅仅 45 年,事情竟变得大不相同,实际上还不到半个世纪!

对此,也许有人认为难以置信,或者有些危言耸听,似乎杞人忧天，但不妨认真思考一番，便不难察觉其警示作用。例如信中也提到很多类似"节约用水"的标语没人在意；有人大声疾呼要保护环境也被忽视，甚至在破坏环境时参与其中。作者深感愧疚，很希望时光能够倒转，回到还可以做些事就能拯救地球的时候，并希望整个人类都深切理解这一切。

问题还在于：作为"万物之灵"的人类，"灵性"到哪儿去了？现在科学昌明，一日千里，尖端、前沿难计其数。面对水资源的污染和枯竭，难道就熟视无睹、听之任之，在可以预见的将来同归于尽吗？其实，拯救地球就是拯救人类自己。放眼全球，人类自身的发展还很不平衡、很不协调。在错综复杂的国际关系中，各谋其利的特点显而易见且非常突出。在这种格局下，有时难免出现"聪明反被聪明误""损人并不利己"以及无法独善其身的情况。最好是："太平世界，环球同此凉热。"（毛泽东：《念奴娇·昆仑》）大家都是地区居民，要共同维护好地球环境。否则，即使不马上见效，也会报在晚年或祸及子孙。总而言之，还是和平发展、合作互利，一起保持一个美丽、宜居的地球好。

（原载《中国行政管理》2013 年第 11 期）

开学感言

开学仪式的重要意义是：学习进入新阶段和走上新平台应有新期待和新的计划安排，全神贯注和全力以赴去争取实现收获丰富的美好前景。若掉以轻心便很可能消极应付，结果时光虚度后悔莫及。前人早有"慎始""善始"的教导，西谚也有"好的开始是成功的一半"之说，都是长期实践经验教训的总结。

面对开学二字引起的一些联想，如能将"开"和"学"分别全面领会、掌握、运用或处理适当，则必将对持续健康发展大有助益。事关汉语汉字的妙趣所在，而非牵强附会的文字游戏或故弄玄虚的标新立异。以下是实话实说。

先说这个"开"字。查查字典辞书便知其详。用"开"字构成的词语很多，只能酌举数例。人们常说要继往开来，其中"开"字就不止于客观静态地描述一个过程的开始，而是要求积极发挥主观能动性去努力开创未来的崭新局面。开学也是继往开来，一定要加深理解开字的积极意义。此外，思想心态要开明，视野心怀要开阔，解决难题要开窍，创业要有开拓精神，想方设法要开动脑筋，闭关锁国要改革开放，对陷于困惑者要加以开导，对陈腐落后的风气要进行开通，许多重大建设活动要开展，讨论问题得开好会，想得开、看得开、吃得开的情况是客观存在，"富二代"中"拼爹""坑爹""啃爹"的不少是小开，犯严重错误和犯罪的党员干部常被"双开"……正反两面的说法都有。值得注意的是其中都与学习状况有程度不同的联系。

再说这个"学"字。最重要的是树立终身学习的观念。活到老，学到老，还有三分学不到；学然后知不足；好好学习才能天天向上。要考虑为什么学、学什么、怎么学等问题。同样也要问为什么开、开什么和怎么开。目标不明、内容不宜、方法不对都不能收实效。比如，恶例不可开和坏事不可学均自不待言。应当看到：在我们共同的建国大业中，有无数的重要活动有待顺利开展，也有无数的相关学习活动有待进行。两种活动都直接影响到共同事业的成败，所以要开所当开、学所当学，把开得好、学得好、配合好看作取得伟大胜利的关键。

学以致用，善用于开；开得顺利需要认真学习有关知识、技能和经验。也就是说，在有志者事竟成的规律中，二者互助互动相得益彰，开学所给予的启示正在于此。

（原载《中国行政管理》2013年第12期）

旧闻杂忆

年纪稍大,旧闻亦必随之增多。其中既有说来话长的一些往事,也有不少简明扼要的语言文字。以下是信笔写来与旧知识界有关的几条杂忆。

在"万般皆下品,唯有读书高"的年代,勤奋好学的故事很多,不用说了。倒是某些有读书条件者却发出"春天不是读书天,夏日炎炎正好眠,秋景凄凉冬又冷,不如收拾过残年"的论调。这其实恰是此辈过的寄生虫式的生活和白白浪费生命的写照!

说到"夏日炎炎",想起另外几句:"赤日炎炎似火烧,田中禾苗半枯焦。农夫心内如汤煮,公子王孙把扇摇。"这样鲜明的对比,实在不需要再说什么。但愿人们在摇扇之余,能稍顾及"一粥一饭,当思来之不易;半丝半缕,恒念物力维艰。"因为各种浪费是惊人的客观存在,结果所形成的尖锐对比便是"朱门酒肉臭,路有冻(饿)死骨"。

除了饿死的,还有冻死的,在冬天就有个取暖问题了。在关于卖炭翁的诗句中有"可怜身上衣正单,心忧炭贱愿天寒"的描绘,表明在饥寒交迫之际,只好先忍受寒去对付饥了。与此相类似的,如在白居易的《红线毯》中,有"地不知寒人要暖，为少夺人衣作地衣"之问。更不用说对宠物的各种特殊待遇，甚至可"接受"巨额遗产之类的事。

中国旧知识界的情况复杂，不能一概而论。有些讲"风雅"的，总想摆脱一些生活琐事，但到不得已时，仍难以免"俗"。下面这几句很有代表性："书画琴棋诗酒花，当年件件不离他。如今七件都改变，柴米油盐酱醋茶。"本来，倘若连饭都吃不上了，脱"俗"的生活又如何为继？于是就有"一枝秃笔，为诸生改之乎者也；半盏孤灯，替全家谋柴米油盐"的自况。大概也没有别的什么大处或本领，只好如此这般了。

不过，上述情况即使有点"穷酸"的味道，而与无行的文人相比，则仍在高尚之列。笼统地说"文人无行"是不妥当的，并非凡是文人都品德不端，而是文人中确有品德恶劣者。具体表现为舞文弄墨或巧舌如簧去助纣为虐、大干坏事；有的卑鄙无耻，有的阴险狠毒，令人震惊、愤怒，都被看成活生生的反面教员。

时代不同了。现在大家都应该多读好书，以充实和提高自己，为实现我们共同的国家富强、民族振兴、人民幸福的中国梦努力奉献！

（原载《中国行政管理》2014年第4期）

时间问题

中央电视台开展过一次"时间去哪儿了"的社会问话活动。应当认为,此举很有意义。

在崭新的历史时期,增强时间观念、端正对时间的态度、抓紧时间利用和管理,无论对个人或集体,都显得格外重要和迫切,但不能认为,凡事只要一味图快就行了。因为实践早已充分证明,不少急于求成的事,往往欲速不达,反而失时误事。也就是说,在时间问题上,我们应努力做到把时间用得科学、合理、有效。所谓"好整以暇",即既严格紧张,又从容不迫。在保护广大群众的工作积极性方面,还要注意劳逸结合,即在积极工作的同时,安排适当的休息,只有这样,才能保证持续高效。

说到高效,不能不令人想起低效、无效和负效等情况。这些无不与在一定时间内的工作质量直接和密切相关。别看大家都在忙,忙些什么、怎么忙的、真忙还是假忙,等等,在忙的结果中就可见分晓。有人尽心尽力,有人敷衍了事,而时间却是完全"平等"地被消耗了。联系到"同工同酬"的原则,尽管有各种标准和规则去配合其执行,但在实质上"同工"真正体现的难度很大。因为具体的客观条件较易掌握,主观能动性

的积极发挥程度是因人而异和难以估量的。后者涉及个人素养包括对时间问题的领悟和体验，也与所受学校、社会、家庭教育和成长环境以及自学能力有关。

看来，高度自觉并持之以恒地珍惜时间是实现中国梦的时代要求。古人早有"人生百年，不可虚度"① 的警语，在资本主义社会，也出现不少关于研究时间管理的著作，如《如何掌控自己的时间和生活》② 之类。那么，我们岂不更应该好好考虑怎样才能既无愧于先烈、前辈们所开创的伟业，又坚决审慎地继承下去并发扬光大，朝向崇高的目标不断迈进。说到底，还是要回到时间问题上来：时间不可浪费，也浪费不起，特别是把时间用于邪门歪道、作奸犯科，那些都是不可饶恕的罪行。

（原载《中国行政管理》2014 年第 5 期）

---

① 洪应明. 菜根谭. 武汉：湖北人民出版社，1995.
② 拉金. 如何掌握自己的时间和生活. 北京：金城出版社，2005.

执迷不悟

人们常说,世界之大无奇不有。其中包括执迷不悟的人,也算得上一种"奇观",不仅古今中外不乏其例,而且还在不断出现和继续"表演"着。瞧!明明已入了邪门、走上歪道,却没有迷途知返,反而昂首阔步地"勇往直前",甚至认为善意指出者是别有用心。结果或下场如何,自然有目共睹。

可见,执迷不悟者其实是"择迷不误",即对自己所选择和坚持的一切都肯定是完全正确的,因而很难避免较强的主观片面性和盲目性。所谓"官迷心窍""财迷心窍""色迷心窍"之类,无非不顾一切地独沽一味和一厢情愿,终于形成像"鬼迷心窍"那样不能醒悟。正如一种说法叫"酒不醉人人自醉,色不迷人人自迷"了。问题在于:如果只是个人或一家一户因此受到损害,已经应该引起社会关注;倘若事关国家或地区的重大决策,则必将严重影响公共事业的发展和各类大小集体的现实和长远利益。对于后者,我们更必须认真看待,切不可熟视无睹和掉以轻心。历史的教训实在够多了!我们不能忘记邓小平同志的教导:"一个党,一个国家,一个民族,如果一切从本本出发,思想僵化,迷信盛行,那它就不能前进,它的生机就停止了,就要亡党亡国。"

在各种迷信中,这里试就在一定程度上还相当流行的封建迷信来说,其共同心愿正是祈求神灵保佑能升官发财和消灾降福。值得注意的是在这些执迷不悟的信男信女当中,竟然有不少是大大小小的当权者。他们营私舞弊、作奸犯科,还希望天赐"好运"不致败露,于是烧香跪拜、许愿结缘,忙得煞有介事。这些荒唐滑稽的丑剧,在科学、民主、法治的时代,也只能是原形毕露和受到应有的制裁。

对于封建迷信,民间早有论断。回忆儿时已有民谣如:"烧香烧的榆树皮,叩头叩的满头泥,到底为何事?不过除除疑。"说的只是一种心理作用。有的人出于怕吃亏的心理,于是来一个:"宁可信其有,不可信其无。"实在说不过去了,应付的办法是:"信之则有,不信则无。"人家是"敬神如在"……反正大家心中有数也心照不宣,"当局者迷,旁观者清"这里也用得着。说到底,执迷不悟者是万般可笑的:"经文可超生,难道阎王怕和尚?纸钱能赎罪,居然菩萨是贪官!"本来,迷信者心目中的"阎王"是公正无私的:"阎王叫你三更死,谁能留你到五更?"除了纸钱还有纸房子、纸汽车等一烧到"阴间"就成了真的,简直胡闹到了极点,还有什么好说的呢!

(原载《中国行政管理》2014 年第 7 期)

老当益壮

用"老"字构成的俗语、成语很多,其中有褒有贬。查查字典辞书,即可一览无余。但不管怎么说,有几个重要问题需要明确:从全面和总体来看,老人的共同优势和劣势何在?某些特点是大家一样,还是因人而异?在性质近似的具体表现中,程度是否存在差别?因此,对于老人的品评,不宜一概而论,最好是作些分析对比。例如,现在上当受骗者老人居多,这就从正反两面证明,并非个个都能"老谋深算",也不是人人都是"老奸巨猾"了,其余可依此类推。

这里且说"老当益壮",指的当然分明是精神状态,而非生理上的体格、体力更强壮了。本来,老人早已和久已归于弱势群体。老弱病残中不仅有老,并且以老为首。何况弱、病、残者不一定老,而老则往往兼弱、病、残而有之,兼其一二者更多。纵使无病、未残,渐弱是一般的必然趋势。视力不佳了、听力下降了、手指不灵了、不能健步如常了、负重能力大大减轻了……总之不是益壮而是日弱。

精神上却大不相同,可以做到老当益壮、老而弥坚。老人一般见多识广、经验丰富,对是非曲直常能心中有数,在真、善、美与假、恶、丑之间对比分明。"老当益壮"的原意是说年纪愈大志气应当更壮。现在人们仍常引用，有称赞和鼓励之意。事实上，许多老人都能做到这一点，或正在这样做。有些退而不休的，仍在想方设法，为社会贡献余热。最近一个时期以来，媒体关于老人大学"一位难求"的报道，可以从另一个侧面反映出老人们通过积极学习显示出自强不息的心态。在讨论实干兴邦之际，我们视"老当益壮"为实干者的本色，似无不当。

可是，遗憾的是老人中也有败类。那就是一些贪污腐败分子。其中不乏曾经是似乎并不差劲的"干将"，但最终经受不住诱惑而致所谓"晚节不保"，实在非常可悲、可惜！此辈其实只是稍老而非太老，抢在退休之前，以免"有权不用，过期作废"，致有"59岁现象"。有的官位已经很高，也毫不珍惜荣誉，成为罪犯，致有此一说：现在贪腐分子有低龄化和高学历化的倾向。那就是说，这帮自甘堕落者们连表现老当益壮的机会也没有了。希望与正在实干的中青年和稍老、较老的同志们共勉！

（原载《中国行政管理》2014年第10期）

勤工俭学

关于"法国蒙塔日命名邓小平广场"的消息①,可能很多人都看到过。那是法国卢瓦雷省的小城蒙塔日所开展的"红色旅游",为纪念邓小平曾在1922年至1923年间到该市哈金森橡胶厂"勤工俭学"当过"制鞋工"而开展的纪念活动。一位市长助理表示:"我们这里拥有情感和历史优势,希望未来与中国的合作能全面展开,而不仅仅只局限在旅游这一领域。"他们的这种想法是可以理解的,但我们应该想得更高、大、远、深些。

据原报道:"邓小平曾回忆说,他在这里初次接触了'资本主义社会的黑暗'。此时的邓小平开始对政治表现出了兴趣,并成了一个具有一定政治觉悟、选择共产主义为自己理想的革命青年。"后来的情况现在全世界都知道,他已成为20世纪中国三大伟人中的第三个,是中国社会主义改革开放和现代化的总设计师。在邓小平理论中,关于改革开放的论述,不仅是中国的振兴之道,而且对于争取世界和平也很有积极意义。

"勤工俭学"本是第一次世界大战期间和以后一个时期我国在法国留学的一些青年所采取的一种求学方式。后来也泛指

---

① 蒙塔日. 追寻邓小平足迹的"红色旅游". 参考消息,2014-09-21.

自力更生、勤俭办学的一种方式。实际上,"勤俭"二字是我国优秀传统文化的一个基础组成部分。要"勤俭持家""勤俭建国""勤政爱民""勤能补拙,俭以养廉""业精于勤""勤学苦练""人勤地不懒""勤俭办一切事业",等等,无一不充分、高度体现"勤俭"的正能量。可见"勤俭"是成人之美的美德。

做过"制鞋工",对年轻的邓小平同志不无启示,直到成为伟大的共产主义革命家,当然,这不可能是单一直接的决定因素,但即使是短暂的经历,其有关影响也不能排除,甚至不可低估。对此,我们应当深长思之的是:要注意、警惕、防止、避免、杜绝与"勤俭"背道而驰的反面现象,如好逸恶劳、怠惰成性、铺张浪费、追名逐利、假公济私、徒具形式、营私舞弊、苟且偷安、尸位素餐,直到贪污腐败,诸如此类,不一而足。倘若听之任之,后果不堪设想。最好是防微杜渐,从家庭教育做起,直到学校教育和社会教育,都要加强"勤俭教育",国家必须强化法治,治理那些严重犯罪行为。

(原载《中国行政管理》2014 年第 12 期)

车祸背后

一条以《潜规则》为题的小消息,不妨照录如下:"车祸频发是现代社会之痛,而许多车祸背后隐藏着人为因素。近期,记者在湖北等地调查发现,被欧美国家视为有效降低事故发生率、强制要求安装的汽车车身电子稳定系统,在我国却被诸多厂商置于减配名单中,如此'减配车'上路,无疑加大了交通事故隐患。"①

这显然不是一个小问题,而是人命关天的大事!相信这位记者已向有关主管方面郑重反映,看到这条消息的读者也会有"原来如此"之感。值得注意的是:在这一短讯旁边,还有一幅大几倍的"时事图说",漫画中的对话是"问:为什么车身电子稳定系统被减配?答:法律没有强制规定安装……"这既成了"潜规则",又分明是钻了法律的空子和缺乏社会责任感以及商业道德良心的体现!当务之急应是赶紧实现有法可依和科学立法,认真依法办事,不能让原有情况继续下去。

再说记者是在湖北等地调查发现的,不知是否全国皆然?想起我国汽车工业已有较大发展,不少出口外销,是不是那些

---

① 光明日报,2015-08-12.

外销的车辆都按当地要求安装了车身电子稳定系统呢？记者未言其详，看来事情很有可能就是那样。有强制要求，不安装也不行，但对没有强制要求的国家、地区，倘若同样供应"减配车"，则这种隐患迟早是会被察觉的，市场技术信誉必将严重受损。这是在正常、健康发展过程中切忌出现的明知故犯和咎由自取的不智之举。

现在，有目共睹的是，我们已经能自己制造大飞机、航空母舰、高铁等等，机器人、无人飞机等也成了热门。上述车身电子稳定系统的减配根本不是技术水平问题，而是另有不切实际的考虑。关于这一点，颇相类似的是不少中国人到日本去买中国生产的马桶盖的事，还有人到新加坡去买中国出产的中草药。听起来似乎有点滑稽，其实是重外轻内的心理在作怪，看不到国内的消费水平已不断提高。那么，在现阶段，要买安装了车身电子稳定系统的国产汽车，岂不要到国外去买？这样说也许太简单了一些。不过，为使国家经济发展持续增长，除加强出口贸易外，国内消费市场也不可忽视。但须整治伪劣和恶性竞争，对保证安全尤应高度重视，以免频生祸患，成为社会之痛。

（原载《中国行政管理》2015 年第 12 期）

一项民调

民调的项目很多，这里要说的是最近看到的一项：《中国年轻人对世界的未来最乐观》[①]。这原是总部设在英国的非营利组织瓦尔基基金会发布的《Z一代：全球公民资质调查——世界年轻人的所想所感》报告的内容。报告的一开头就说："根据对20个国家的2万人的民意调查，从全球来看，中国年轻人对世界的未来最乐观，但也对气候变化最担忧。"稍后，基金会总裁指出："中国年轻人意识到气候变化问题的严重性令人鼓舞。"因为，"这个动向无疑给人希望。碳排放量最大国家的年轻人比谁都清楚气候危机的严重性，并将努力做出改变"。值得注意的是接受调查的是15～21岁的年轻人。报告还有别的内容，这里且不去谈。

首先，这个年龄段都是1995以后出生（调查是2016年9月至10月进行的）的年轻人，他们年纪轻轻能有这样的认识，确实很不简单。接下来的问题便是：他们为什么会有最乐观的表现？报告实际上已分散地做出一些说明或回答。例如："印度青年第二乐观。""结果表明，与生活在欧洲、北美和澳大利

---

① 中国年轻人对世界未来最乐观. 勤奋就能出人头地. （2017-02-11）. http：//news.xinhuanet.com/world/2017-02/11/c_129475703.htm.

亚的年轻人相比，新兴经济体的年轻人更有幸福感，对未来更怀有希望。"29％的中国受访者表示："他们觉得中国是安居乐业之所，……'只要勤奋就能出人头地'。"约93％中国受访者"还因为医药、可再生能源和计算机等技术的进步而对未来充满希望。"

作为一个从旧社会过来的老人，回想我在15～21岁的时期，中国正值国难当头、为救亡图存做生死搏斗之际。还不满13岁，就遇到"九一八"事件；21岁时，包括自己家乡在内的很大一片国土已为敌寇侵占。后来终于获得最后胜利，国民党反动派消极抗日、积极夺取胜利果实不说，竟热衷于挑起内战，弄得民不聊生，当然极不得人心。结局是在短短的四年之后，中华人民共和国在万众欢呼声中成立。"没有共产党就没有新中国"，这是全世界有目共睹的历史。紧接着的是："只有社会主义能够救中国"。由于没有经验，经过摸索、试探，终于找到建设和发展中国特色社会主义的光明大道。现在，全面建成小康社会在望，国家富强、民族振兴、人民幸福的中国梦必圆。中国年轻人对世界未来最乐观是必然的。可爱的年轻人，老汉真羡慕你们！

（原载《中国行政管理》2017年第6期）

老兵新愿

起源于 20 世纪 30 年代的中国现代行政管理教育，经过 50—70 年代的曲折历程之后，终于在 20 世纪 80 年代获得恢复和重建。在过去的 20 多年间，它的发展与我国改革开放事业的进程紧密相关。今天，中国进入改革开放的新阶段，行政管理教育也正迫切需要更大的发展。可以说，中国行政管理教育经过十几年的恢复发展之后，正在进入一个崭新的时代。2001 年到了！这可不同于一般的年份，而是一个具有特殊意义的崭新世纪的开始。在我们共同跨入这百年一遇的新世纪第一个新年的激动人心的时刻，作为行政管理学科领域的一名仍未退役的老兵和《中国行政管理》月刊编委会的成员之一，我仅借此机会，对《中国行政管理》杂志的全体同人和广大作者、读者同志们致以深深的祝福！与此同时，还想略谈一点与专业活动有关的具体心愿。

世所周知的事实是：由中国行政管理学会从筹办、试办到正式主办累计出刊已达 186 期的《中国行政管理》杂志，是我国行政管理学科领域中的独一无二的全国性专业期刊。人们有时为图简便，常称之为"行政专业刊物"，这似乎也很明确无误。实际上,我国不少高等院校设置的"行政管理专业"也往往被简称为"行政专业",大家早已习惯了。

但是,说起"行政专业"来,不能不令人自然地联想到"行"的是什么"政"、"专业"所"专"是何"业"等问题。笔者不揣简陋,对此曾经尝试作如下的回答:

> 行建设有中国特色社会主义之政,
>
> 　　须勤政、廉政;
>
> 专为人民服务当好人民公仆之业,
>
> 　　应敬业、乐业。

如果认为可以这样理解的话,那么,在本学科的教学研究中,无论是实行"洋为中用",还是实行"古为今用",都应当要求用于和有助于加快中国特色社会主义的建设,应当要求用于和有助于更好地为人民服务,当好人民公仆。否则,将尽失理论与实际一致的现实意义。

如果认为可以这样理解的话,那就让我们共同继续努力,在《中国行政管理》所提供的宝贵"园地"上,使落实勤政、廉政研究和反映敬业、乐业精神的气氛更加活跃和浓厚起来。愿与杂志社的全体同人和广大作者、读者共勉!

(原载《中国行政管理》2001 年第 1 期)

编后记

2009年，在夏书章教授90岁华诞之际，中国行政管理杂志社选编了夏老在《中国行政管理》"夏老漫谈"专栏中发表过的100篇短文，于2010年结集出版了《夏老漫谈——夏书章行政学随笔》一书。

时光转瞬，年近百岁的夏老依然精神矍铄，笔耕不辍。《中国行政管理》的"夏老漫谈"专栏依然每个月都与读者见面；编辑部收到的文稿依然是写在夏老惯用的、让我们倍感亲切的方格信纸上；字里行间依然是夏老的拳拳之心和不竭智慧。在即将迎来夏老100岁华诞之际，中国行政管理学会和中国行政管理杂志社组织力量，重新编辑了《夏老漫谈——夏书章行政学随笔（增订版）》。

当前，我国取得了改革开放和社会主义现代化建设的历史性成就，其变革力度之大、范围之广、效果之显著、影响之深远，在中国共产党发展史上、中华人民共和国发展史上和中华民族发展史上都具开创性意义。中国特色社会主义已进入新时代，与之相伴的中国治国理政的理论和实践也有了长足的进步。这个时期的"夏老漫谈"专栏文章也真实反映了夏老的思考和心路历程。增订版不仅将文章由100篇扩展到近200篇，在内容、框架上也充分征询了夏老的意见，而且延续了第一版的方式——文章没有按在"夏老漫谈"专栏中发表的日期顺序编排,而是根据我们的理解,依照中国公共管理的实践和行政管理、公共管理学科的发展,分专题编排;专题分类名称也是我们自行设计和添加的,如有不妥请夏老及读者见谅。

《夏老漫谈——夏书章行政学随笔(增订版)》的编辑出版,得到了各方的关心与支持,凝聚了学术界对夏老的崇高敬意:中国行政管理学会的老领导郭济同志、龚禄根同志,以及现任会长王澜明同志,副会长高小平同志、段国华同志、于永水同志等,都给予了极大关心,学会秘书处各部门给予了大力支持。"夏老漫谈"栏头漫画作者、著名漫画家王成喜先生创作了巨幅水墨肖像漫画——《椽笔不老》。中山大学政治与公共事务管理学院提供了极大帮助。中国人民大学出版社对本书做了精心策划、编辑。尤其是夏老弟子朱正威教授为编辑、装帧、设计等具体事务,不辞辛苦,多次赴广州与夏老沟通商讨,并带领其研究生段栋栋、吴佳、段君泽等为书稿的编辑做了大量烦琐细致的工作。

在此也要特别提到中国行政管理杂志社的同志们,近18年来,夏老每月邮寄的稿件如期而至,杂志社设专人对夏老手稿进行拆封、复印、打印、校对、排版和归档保存。无论人员如何流动,这个流程始终如一。大家感念并精心守护着夏老的这份学术情怀——夏老或许是我国办刊史上年龄最长与开办专栏时间最长的专栏作家!感谢先后在杂志社工作的姜炳芝、杨百喜、赵素荣、胡仙芝、郑成武、王佃利、张定安、解亚红、张红彬、纪玉琴、宣银花、毋世扬等同志。

"夏老漫谈"是《中国行政管理》杂志的荣耀,是中国行政管理学会的荣耀,也是中国行政管理学界的荣耀。在夏老百岁华诞之际,能够为夏老、为学界,也为读者们再次编辑出版《夏老漫谈——夏书章行政学随笔(增订版)》,更是所有参与者的荣耀。

最后,借此机会再次感谢为本书出版付出辛劳的领导和同志们,感谢《中国行政管理》的读者们,感谢敬爱的夏老!

鲍 静

中国行政管理学会执行副会长兼秘书长

中国行政管理杂志社社长兼主编

2017年12月8日

图书在版编目（CIP）数据

夏老漫谈：夏书章行政学随笔/中国行政管理学会，中国行政管理杂志社编. —增订本. —北京：中国人民大学出版社，2017.12
ISBN 978-7-300-25290-2

Ⅰ.①夏… Ⅱ.①中… ②中… Ⅲ.①行政学-文集 Ⅳ.①D035-0

中国版本图书馆 CIP 数据核字（2017）第 313413 号

夏老漫谈——夏书章行政学随笔（增订版）
中国行政管理学会　中国行政管理杂志社　编
Xia Lao Mantan

出版发行	中国人民大学出版社		
社　　址	北京中关村大街 31 号	邮政编码	100080
电　　话	010—62511242（总编室）	010—62511770（质管部）	
	010—82501766（邮购部）	010—62514148（门市部）	
	010—62515195（发行公司）	010—62515275（盗版举报）	
网　　址	http://www.crup.com.cn		
	http://www.ttrnet.com（人大教研网）		
经　　销	新华书店		
印　　刷	北京德富泰印务有限公司	版　次	2010 年 3 月第 1 版
规　　格	148 mm×210 mm　32 开本		2017 年 12 月第 2 版
印　　张	13.75 插页 3	印　次	2017 年 12 月第 1 次印刷
字　　数	285 000	定　价	68.00 元

版权所有　侵权必究　印装差错　负责调换